高 等 教 育 立 体 化 精 品 系 列 规 划 教 材

Excel

U0734300

物流应用教程

◎ 彭进香 主编

人民邮电出版社
北 京

图书在版编目（CIP）数据

Excel物流应用教程 / 彭进香主编. -- 北京：人民
邮电出版社，2013.10
高等教育立体化精品系列规划教材
ISBN 978-7-115-32890-8

Ⅰ. ①E… Ⅱ. ①彭… Ⅲ. ①表处理软件－应用－物
流－物资管理－高等学校－教材 Ⅳ. ①F252-39

中国版本图书馆CIP数据核字(2013)第189267号

内 容 提 要

本书采用项目教学形式，讲解了 Excel 在物流环节中的应用，主要包括 Excel 的基本操作及 Excel
在采购管理、仓储管理、运输管理、配送管理、信息管理、人员管理、客户管理、成本核算管理过程
中的实际应用。本书还在附录中收集了物流管理工作流程中各类实用的表格和模板。

本书所涉内容由浅入深、循序渐进，每个项目均以情景导入、任务目标、相关知识、任务实施、
上机实训、疑难解析、拓展知识、课后练习的结构进行讲述。全书着重对学生实际应用能力进行培养，
并将职业场景引入课堂教学，让学生能够模拟工作中的角色。

本书可作为高等院校和高等职业院校物流管理专业相关课程的教材，也可作为各类社会培训学校
相关专业的教材，同时还可供 Excel 初学者和物流管理初学者自学使用。

◆ 主　　编　彭进香
　　责任编辑　王　平
　　责任印制　杨林杰

◆ 人民邮电出版社出版发行　　北京市崇文区夕照寺街 14 号
　　邮编　100061　　电子邮件　315@ptpress.com.cn
　　网址　http://www.ptpress.com.cn
　　北京建宏印刷有限公司印刷

◆ 开本：787×1092　1/16
　　印张：16　　　　　　　　　2013 年 10 月第 1 版
　　字数：357 千字　　　　　　2025 年 7 月北京第 22 次印刷

定价：42.00 元（附光盘）

读者服务热线：(010)81055256　印装质量热线：(010)81055316
反盗版热线：(010)81055315

前 言 PREFACE

近年来，随着高等教育体制的不断改革与发展，高等教育的规模在不断扩大，课程的开发逐渐体现出职业能力的培养、教学职场化和教材实践化的特点。同时，随着计算机软硬件日新月异地升级，市场上很多教材内容涉及的软件版本、硬件型号以及教学结构等内容都已不再适应目前课程的教授和学习。

鉴于此，我们认真总结了已出版教材的编写经验，利用2~3年的时间深入调研各地、各类高等教育院校的教材的需求，组织了一批优秀的、具有丰富的教学经验和实践经验的作者团队编写了本套教材，以帮助高等教育院校培养优秀的职业技能型人才。

本着"提升学生的就业能力"为导向的原则，本书在教学方法、教学内容和教学资源3个方面体现了独有的特色。

教学方法

本书精心设计了"情景导入→任务目标→相关知识→任务实施→上机实训→疑难解析→拓展知识→课后练习"结构，将职业场景引入课堂教学，培养学生的学习兴趣；然后在职场案例的驱动下，实现"做中学，做中教"的教学理念；最后有针对性地解答常见问题，并通过课后练习全方位帮助学生提升专业技能。

- **情景导入**：以主人公"小白"的实习情景模式为例引入本项目教学主题，并贯穿于项目的讲解中，让学生了解相关知识点在实际工作中的应用情况。
- **任务目标**：对本项目中的任务提出明确的制作要求，并提供最终效果图。
- **相关知识**：帮助学生梳理基本知识和技能，为后面实际操作打下基础。
- **任务实施**：通过操作并结合相关基础知识的讲解来完成任务的制作，讲解过程中穿插有"知识提示"、"多学一招"两个小栏目。
- **上机实训**：结合任务讲解的内容和实际工作需要给出操作要求，提供操作思路及步骤提示，让学生独立完成操作，训练学生的动手能力。
- **疑难解析**：精选出学生在实际操作和学习中经常会遇到的问题并进行答疑解惑，让学生可以深入地了解一些应用知识。
- **拓展知识**：在完成项目的基础知识点后，再深入介绍一些知识的使用。
- **课后练习**：结合本项目内容给出难度适中的上机操作题，让学生强化巩固所学知识。

教学内容

本书的教学目标是循序渐进地帮助学生掌握Excel在物流管理中的实际应用，具体包括掌握Excel 2003的基本操作、熟悉物流管理环节以及掌握物流管理活动中常用表格的制作方法。全书共9个项目，可分为以下几个方面。

- **项目一**：主要讲解Excel的基本操作。
- **项目二**：主要讲解Excel格式设置方法和物流采购管理的表格制作。
- **项目三**：主要讲解Excel函数使用方法和物流仓储管理的表格制作。
- **项目四**：主要讲解Excel 数据编辑方法和物流运输管理活动的表格制作。
- **项目五**：主要讲解Excel条件格式和物流配送管理的表格制作。
- **项目六**：主要讲解Excel图片对象和物流信息管理的表格制作。
- **项目七**：主要讲解Excel数据分析和物流人员管理的表格制作。
- **项目八**：主要讲解Excel中VAB功能的使用和物流客户管理的表格制作。
- **项目九**：主要讲解Excel数据和图表，以及物流成本核算管理的表格制作。

教学资源

本书的教学资源包括以下3个方面的内容。

（1）配套光盘。

本书配套光盘中包含书中项目涉及的素材与效果文件、各项目实训及习题的操作演示动画、整理的模板库（对应于书中附录）和模拟试题库4个方面的内容。模拟试题库中含有丰富的关于Excel物流应用的相关试题，包括填空题、单项选择题、多项选择题、判断题、简答题和操作题等多种题型，读者可自动组合出不同的试卷进行测试。另外，光盘中还提供了两套完整模拟试题，以便读者测试和练习。

（2）教学资源包。

本书配有精心制作的教学资源包，包括PPT教案和教学教案（备课教案、Word文档），以便教师顺利开展教学工作。

（3）教学扩展包。

教学扩展包中包括方便教学的拓展资源以及每年定期更新的拓展案例。其中拓展资源包含Excel教学素材和模板、Excel教学演示动画等。

特别提醒：上述第（2）、（3）教学资源可访问人民邮电出版社教学服务与资源网（http:// www.ptpedu.com.cn）搜索下载，或者发电子邮件至dxbook@qq.com索取。

本书由彭进香任主编。虽然编者在编写过程中倾注了大量心血，但恐百密一疏，恳请广大读者不吝赐教。

编者
2013年6月

目 录 CONTENTS

项目三　仓储管理　57

项目四　运输管理　89

项目五 配送管理   109

项目六 信息管理   137

目录

项目九　成本核算管理　　221

附录　Excel物流应用表格模板查询　　243

PART 1

项目一
Excel基本操作

情景导入

　　小白接到物流公司的录用通知。第一天上班，老张要求小白制作几个物流方面的表格。小白对物流表格不熟悉，感觉无从下手，于是老张决定让小白从头开始学习Excel在物流方面的应用。

知识技能目标

- 认识Excel 2003的工作界面。
- 熟练掌握新建、编辑和保存Excel工作簿的操作方法。
- 熟练掌握美化和调整单元格、输入和设置单元格数据的操作方法。

- 了解Excel在物流管理中的具体应用。
- 掌握"物流业务计划表"、"物流业务质量跟踪表"、"物流业务订单统计表"等工作簿的制作方法。

项目流程对应图

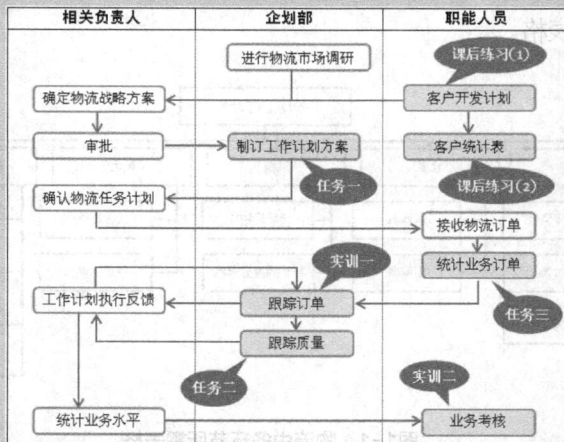

任务一 创建 "物流业务计划表"

物流业务计划表是发展物流客户、拓展物流业务的常用表格，它与其他类型的计划表的内容相差无几，唯一的区别在于，在制作物流业务计划表时，要综合考虑物流行业的行业特点和专业背景，从而确定业务计划表的具体项目。

一、 任务目标

小白对Excel软件的使用不是特别熟悉，老张为了让他快速掌握Excel软件，同时又能熟识物流中的相关表格，决定从物流工作最基本的环节对其进行指导。因此，老张开始制订工作计划，让小白尝试制作 "物流业务计划表"，希望他能在最短的时间内学会Excel的基本操作。

效果所在位置 光盘:\效果文件\项目一\物流业务计划表.xls

二、 相关知识

Excel在物流管理中的应用非常广泛，因此，了解Excel在物流管理中的具体应用、认识Excel的工作界面及其主要组成部分等内容，都非常必要。下面讲解Excel与物流的关系及Excel 2003的相关知识。

1. Excel在物流管理中的应用

物流管理过程中涉及多个环节的工作，具体包括：商品采购、运输、配送、仓储、包装、搬运装卸、流通加工以及相关的物流信息等。物流活动的具体内容又包括：用户服务、需求监控、定单处理、配送、存货控制、运输、仓库管理、工厂和仓库的布局与选址、搬运装卸、采购、包装、情报信息等。

由此可见，物流过程中每个环节之间的信息沟通和交流是物流活动的关键，而将这些信息准确、清楚地表达出来，是物流环节之间信息沟通和交流的关键。图1-1所示为物流中各个环节及各自需要的表格。

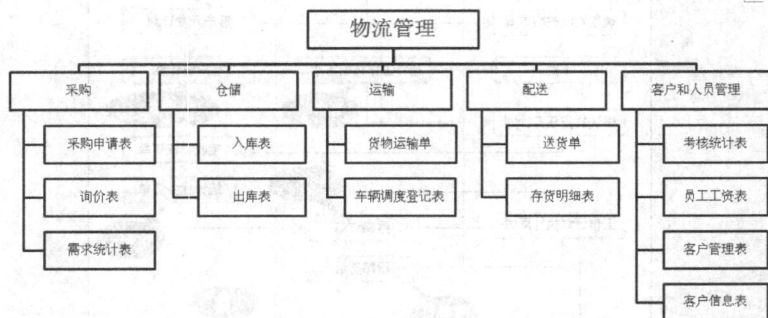

图1-1 物流中各环节所需表格

2. Excel 2003 工作界面

启动 Excel 2003 后，即可进入如图1-2所示的工作界面。Excel 2003的工作界面主要由标题栏、菜单栏、工具栏、编辑栏、任务窗格、工作表区、状态栏组成。

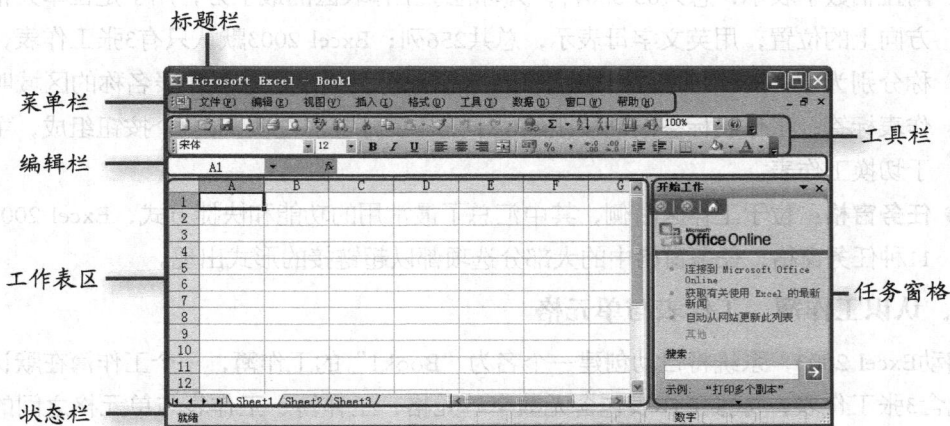

图1-2　Excel 2003工作界面

- **标题栏**：主要由Excel图标、名称显示区和界面控制区三部分组成，其中，界面控制区主要包括"最小化"按钮 ▬ 、"向下还原"按钮 ▣ （窗口未处于最大化状态时，该按钮变为"最大化"按钮 ▢ ）和"关闭"按钮 ✕ 。

- **菜单栏**：主要由"文件"、"编辑"、"视图"、"插入"、"格式"、"工具"、"数据"、"窗口"和"帮助"菜单组成，每个菜单下包含多个菜单命令，有的菜单还包含勾选标记 ☑ 、子菜单标记 ▶ 等，如图1-3所示。

- **工具栏**：由各种工具按钮组成，常用工具栏包括"格式"工具栏和"常用"工具栏。"格式"工具栏主要用于设置单元格格式和文本的字符格式；"常用"工具栏主要用于完成对Excel的基本操作，如图1-4所示。

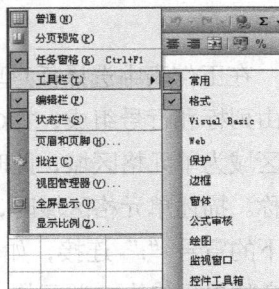

图1-3　Excel菜单

图1-4　"格式"工具栏和"常用"工具栏

- **编辑栏**：编辑栏由名称框、编辑按钮和编辑区组成。名称框用于显示当前单元格或单元格区域的名称；编辑区用于输入或显示各种数据；在编辑按钮区中单击"插入函数"按钮 ƒx ，将打开"插入函数"对话框；单击"取消"按钮 ✕ ，可以取消编辑区中输入的数据；单击"输入"按钮 ☑ ，可用于确认输入的数据。

● **工作表区**：工作表区是Excel 2003工作窗口中最重要的组成部分，主要由单元格、行号、列标、工作表标签、标签滚动按钮组等组成。单元格是存储数据最小的单位，可用于输入数据或公式；行号位于工作表区的最左侧，用于定位单元格的位置，用阿拉伯数字表示，总共65 536行；列标位于工作表区的最上方，用于定位单元格垂直方向上的位置，用英文字母表示，总共256列；Excel 2003默认只有3张工作表，其名称分别为"Sheet1"、"Sheet2"和"Sheet3"，显示这些工作表名称的区域叫作工作表标签；工作表标签滚动按钮组位于工作表标签的左侧，由4个按钮组成，主要用于切换工作表。

● **任务窗格**：位于工作区右侧，其中汇总了最常用的功能和快捷方式，Excel 2003共有11种任务窗格，任务窗格中的大部分选项都以超链接的形式出现。

3．认识工作簿、工作表与单元格

启动Excel 2003，系统将自动创建一个名为"Book1"的工作簿，一个工作簿在默认情况下只包含3张工作表，每张工作表包含无数个单元格，工作簿、工作表与单元格之间的关系如图1-5所示。

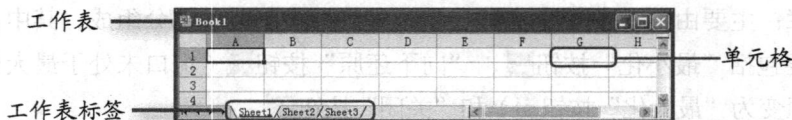

图1-5 工作簿、工作表与单元格

在工作表中选择任意单元格，在编辑栏的"名称框"中将显示单元格的名称。单元格名称由列标和行号组成，如C列第三行的单元格名称为"C3"。当选择多个单元格时，称选择的区域为单元格区域，此时编辑栏的"名称框"中只显示单元格区域左上角第一个单元格的名称。描述单元格区域时，通常以该区域左上角和右下角的单元格地址表示，中间用半角状态下的冒号"："连接，如单元格区域"C3:E5"表示区域中左上角的单元格为C3单元格，右下角的单元格为E5单元格。

三、任务实施

1．创建快捷图标并启动Excel

安装Excel 2003后，桌面上会出现软件的快速启动图标，若不小心将其删除，可以通过"开始"菜单重新创建，其具体操作如下。

STEP 1 单击 ![开始] 按钮，打开"开始"菜单，选择【所有程序】/【Microsoft Office】菜单命令，在打开的子菜单中找到"Microsoft Office Excel 2003"菜单项。

STEP 2 将鼠标指针移到该菜单项上，单击鼠标右键，在弹出的快捷菜单中选择【发送到】/【桌面快捷方式】命令，如图1-6所示。

STEP 3 返回系统桌面，可见已添加的Excel 2003快捷方式图标，如图1-7所示。

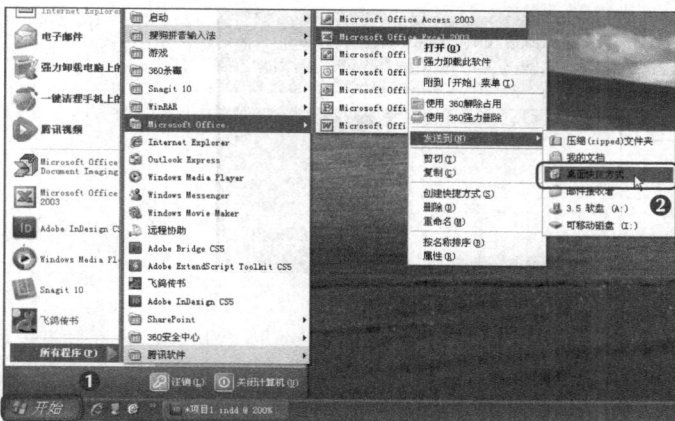

图1-6 发送桌面快捷方式 图1-7 查看桌面快捷方式

STEP 4 选择"Microsoft Office Excel 2003"桌面快捷方式图标,按【Enter】键,即可启动Excel 2003。

> 创建快捷方式图标的其他方法。
>
> ①找到Excel 2003的安装文件夹,选择启动程序(文件名为"Excel",后缀名为".exe"),单击鼠标右键,在弹出的快捷菜单中选择【发送到】/【桌面快捷方式】命令。
>
> ②直接拖曳安装文件夹中的"Excel"程序图标到桌面,释放鼠标后即可创建快捷图标。
>
> 启动Excel 2003的其他方法。
>
> ①选择【所有程序】/【Microsoft Office】/【Microsoft Office Excel 2003】菜单命令,即可启动Excel 2003。
>
> ②双击桌面快捷方式图标。
>
> ③选择桌面快捷方式图标,单击鼠标右键,在弹出的快捷菜单中选择"打开"命令。
>
> ④双击任意已保存的Excel 2003工作簿。
>
> ⑤双击安装文件夹中的"Excel"程序图标。

2.新建工作簿并重命名工作表

要制作Excel表格,必须创建Excel工作簿,然后再进行工作表的其他操作。

STEP 1 启动Excel 2003,系统会自动创建一个名称为"Book1"的工作簿。

STEP 2 选择【文件】/【新建】菜单命令,打开"新建工作簿"任务窗格,在任务窗格中单击"空白工作簿"超链接,如图1-8所示。

图1-8　新建空白工作簿

多学一招

新建工作簿的其他方法。

①在"常用"工具栏中单击"新建"按钮，新建空白工作簿。

②按【Ctrl+N】组合键，新建空白工作簿。

③选择【文件】/【新建】菜单命令，打开"新建工作簿"任务窗格，单击"本机上的模板"超链接，在"常用"选项卡中选择"工作簿"选项，创建空白工作簿；在"电子方案表格"选项卡中选择模板选项，创建基于该模板的工作簿。

STEP 3　打开"Book1"工作簿窗口，在窗口工作区下方选择"Sheet1"工作表标签，然后单击鼠标右键，在弹出的快捷菜单中选择"重命名"命令。

STEP 4　此时，"Sheet1"文本呈可编辑状态，切换输入法，输入文本"物流业务计划表1"，按【Enter】键或单击窗口中的任意位置确认，如图1-9所示。

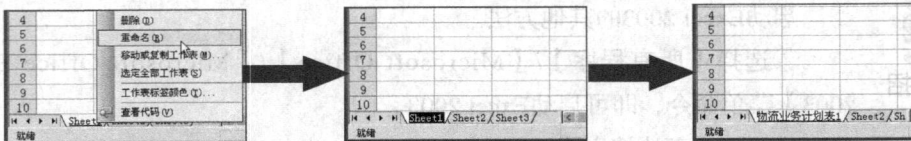

图1-9　重命名工作表标签

STEP 5　使用相同的方法将Sheet2工作表、Sheet3工作表依次重命名为"物流业务计划表2"和"物流业务计划表3"。

STEP 6　选择"物流业务计划表1"工作表标签，单击鼠标右键，在弹出的快捷菜单中选择"工作表标签颜色"命令，打开"设置工作表标签颜色"对话框。在对话框中单击需要的色块，然后单击确定按钮，为工作表标签设置颜色，如图1-10所示。

知识提示

当工作表标签呈选中状态时，标签颜色不会显示。设置第一张工作表标签的颜色后，选择第二张工作表，退出第一张工作表标签的选择状态，即可显示第一张工作表标签颜色。

STEP 7　使用相同的方法为"物流业务计划表2"和"物流业务计划表3"工作表标签设置不同的颜色，其效果如图1-11所示。

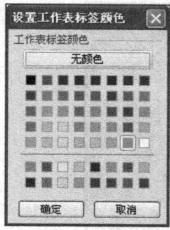

图1-10 设置工作表标签颜色

图1-11 工作表标签颜色设置效果

当工作表太多，以致工作表标签不能完全显示在界面中时，可通过单击工作表标签左侧按钮组中的按钮进行查看。单击 按钮可返回第一张工作表，单击 按钮可返回当前工作表的前一张工作表；单击 按钮可返回当前工作表的后一张工作表；单击 按钮可返回最后一张工作表。

3. 保存工作簿并退出Excel

创建的表格必须保存在计算机中，才能在下次继续对其进行查看和编辑。下面将介绍保存工作簿和退出Excel的方法，其具体操作如下。

STEP 1 选择【文件】/【保存】菜单命令或单击工具栏中的"保存"按钮 或按【Ctrl+S】组合键，打开"另存为"对话框。

STEP 2 在"保存位置"下拉列表框中选择文件要保存的位置，在"文件名"下拉列表框中输入文件名称，默认"保存类型"下拉列表框中的选项，然后单击 保存(S) 按钮，返回Excel，可以看到标题栏中的"Book1"变为了"物流业务计划表"，如图1-12所示。

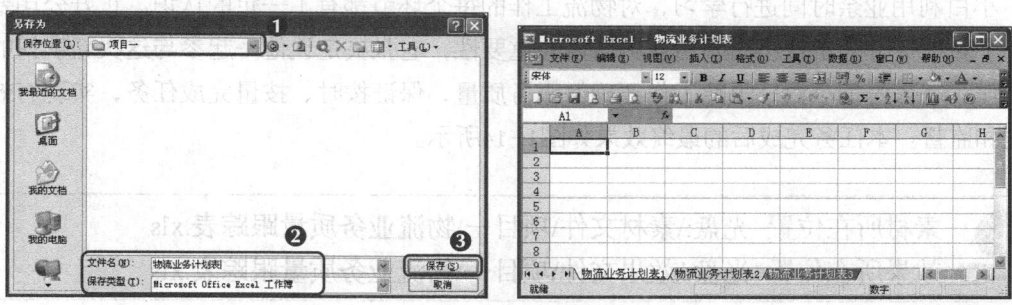

图1-12 保存工作簿

STEP 3 保存文件后，若要将文件保存在其他位置，或以其他名称重新保存，可选择【文件】/【另存为】菜单命令，或按【F12】键打开"另存为"对话框，然后重复STEP2中的操作。

STEP 4 单击菜单栏最右侧的"关闭"按钮 ，关闭工作簿；单击右上角的"关闭"按钮 ，退出Excel 2003，如图1-13所示。

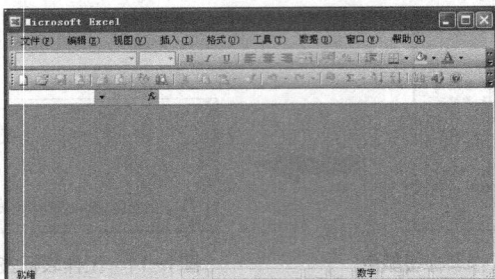

图1-13 关闭工作簿

退出Excel软件的其他方法：

①单击标题栏左侧的 🗙 图标，在打开的菜单中选择"关闭"命令。

②选择【文件】/【退出】菜单命令。

③按【Alt+F4】组合键。

多学一招

任务二 编辑"物流业务质量跟踪表"

为了确保物流过程中的服务质量，需要制作物流业务质量跟踪表。一个公司的服务水平决定了业务的综合质量，只有业务水平高、服务质量好，才能赢得更多的客户，创造更多的效益。所以在业务过程中，对物流质量进行跟踪是必不可少的环节。

一、 任务目标

小白利用业余时间进行学习，对物流工作的每个环节都有了一定的认识。正好公司要进行一个新项目，为了让小白明白业务质量的重要性，老张决定让他一起参与这次新项目的跟踪工作。老张告诉小白，跟踪工作要确保服务质量，保证按时、按量完成任务，实现有效地管理和监督。本任务完成后的最终效果如图1-14所示。

素材所在位置 光盘:\素材文件\项目一\物流业务质量跟踪表.xls

效果所在位置 光盘:\效果文件\项目一\物流业务质量跟踪表.xls

日常工作中，制作物流业务质量跟踪表有两种方法：一种是表格随流程传递而填写，即在物流环节中，始终使用一个工作表，且该工作表应随时与物流主体进行移动和传递；另一种是表格不随物流流程传递而填写，即表格始终在该物流活动负责人手里，其通过询问具体环节完成情况和查看物流报告等方法，制作物流业务质量跟踪表。物流工作人员可根据公司规模、物流类型等方面，确定具体的表格制作方法。

职业素养

物流业务质量跟踪表

日期： 年 月 日

月份	业务部门	项目单号	准点率	货物完好率	投诉	记录人
一月	采购部	CG011105	100%	100%	0	赵一
二月	运输部	YS022411	98.80%	100%	1	张三
二月	配送部	PS022501	100%	100%	0	王三
三月	运输部	YS031320	99%	100%	0	张三
三月	生产部	SC031805	98.80%	100%	0	李二
四月	采购部	CG040919	100%	100%	0	赵一
五月	配送部	PS052107	99%	100%	0	王三
六月	采购部	CG062515	100%	100%	0	赵一
七月	运输部	PS072102	100%	100%	0	张三
七月	采购部	CG071015	100%	100%	0	赵一

审核人： 填表人：

图1-14 "物流业务质量跟踪表"效果

二、 相关知识

编辑Excel表格内容，主要是编辑单元格中的数据，每一种数据都有不同的类型和格式，可以通过输入或引用的方式进行编辑，下面将介绍Excel数据的相关知识。

1．Excel数据类型及用法

Excel单元格中可以输入多种类型的数据，如数字、文本、货币、时间、日期等。默认情况下，单元格数据的类型为"常规"。选择单元格或单元格区域，然后选择【格式】/【单元格】菜单命令，或单击鼠标右键，在弹出的快捷菜单中选择"设置单元格格式"命令，打开"单元格格式"对话框，单击"数字"选项卡后，即可在"分类"列表框中查看单元格支持的数据类型，如图1-15所示。

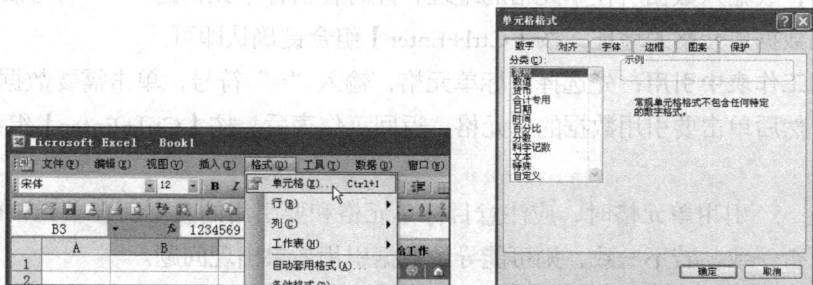

图1-15 查看单元格数据类型

- **货币**：与单价、金额、合计金额等相关的单元格或单元格区域，可以将数据设置为货币类型。在正规的计数方法中，金额一般写到分，即保留至小数点后两位，金额前要添加货币符号，如人民币符号¥、美元符号$、英镑符号£等，如图1-16所示。
- **百分比**：在对话框中选择百分比类型数据，然后设置百分比的小数位数，完成后在单元格中输入的数据将自动变为规定格式的类型。如百分比小数位数设置为2，在单元格中输入90，按【Ctrl+Enter】组合键后，单元格数据变为"90.00%"。
- **自定义**：自定义类型是在规定格式的基础上对数据进行一定格式的变形。如选择

"自定义"选项后，在右侧的文本框中输入"'编''号'????'—'00"，表示输入数据后，数据前会自动加上"编号"两字，且数据最后两位前将添加"—"符号，即输入"12345678"时，数据会自动变为"编号123456—78"，如图1-17所示。

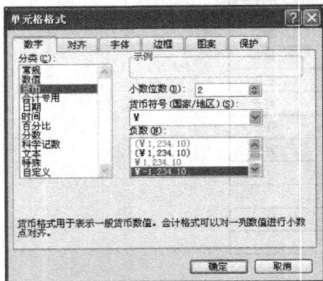

图1-16　设置货币类型　　　　　　　　　图1-17　自定义数据类型

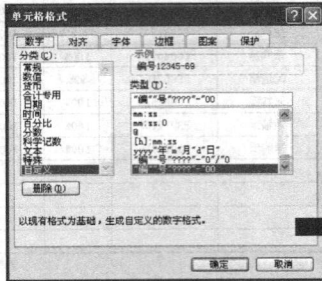

2．引用单元格数据

单元格数据的输入可通过两种方法进行：一种是选择单元格后直接按键输入；另一种是数据引用。对于一些统计、汇总类表格，其数据由多个其他类型的表格组成，此时数据量较大，涉及的表格较多，若使用人工查找输入，工作难度较大。此时使用引用单元格数据的方法制作表格则是一个有效途径。

引用单元格的实质是引用单元格地址，当目标单元格引用了其他单元格中的数据后，若单元格数据发生变化，目标单元格引用的数据将同时发生变化。单元格引用主要有以下两种方式。

● **同一工作表中引用**：先选择目标单元格，输入"="符号，然后单击要引用数据的单元格；或输入数据所在单元格的地址，此时在目标单元格的"="符号后将自动添加引用数据单元格的地址，按【Ctrl+Enter】组合键确认即可。

● **不同工作表中引用**：先选择目标单元格，输入"="符号，单击需要数据所在的工作表，然后单击要引用数据的单元格，返回工作表后，按【Ctrl+Enter】组合键确认。

> **知识提示**　引用单元格时，应注意目标单元格和要引用的数据所在单元格的类型是否一致，若不一致，则可能导致数据引用效果出现问题。

三、任务实施

1．打开工作簿并调整工作表顺序

启动Excel 2003后，打开"物流业务质量跟踪表.xls"工作簿，对其进行编辑，其具体操作如下。

STEP 1　启动Excel 2003，选择【文件】/【打开】菜单命令，打开"打开"对话框，在"查找范围"下拉列表框中选择文件保存的位置，然后选择要打开的文件，单击 打开⑪ 按钮打开工作簿，如图1-18所示。

STEP 2 在Excel工作窗口下方单击"物流业务质量跟踪表"工作表标签，按住鼠标左键不放向左拖曳，鼠标指针变为 形状，到"物流项目进度表2"工作表标签前时，释放鼠标，将工作表移动到最前方，如图1-19所示。

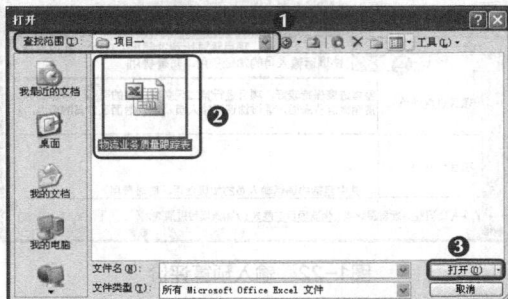

图1-18 打开工作簿

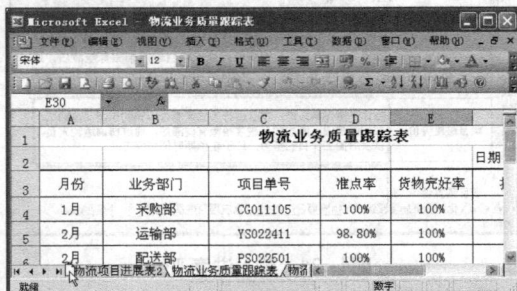

图1-19 移动工作表标签至最前方

STEP 3 选择"物流项目进度表2"工作表标签，选择【编辑】/【移动或复制工作表】菜单命令；或单击鼠标右键，在弹出的快捷菜单中选择"移动或复制工作表"命令，打开"移动或复制工作表"对话框。

STEP 4 在"下列选定工作表之前"列表框中选择"（移至最后）"选项，然后单击 确定 按钮，将"物流项目进度表2"移到工作表标签的最后位置，如图1-20所示。

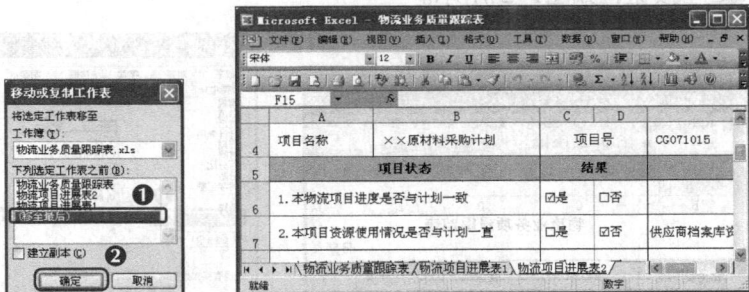

图1-20 移动工作表标签至最后

打开Excel工作簿的其他方法：
①在工具栏中单击"打开"按钮，打开"打开"对话框。
②按【Ctrl+O】组合键。
③直接双击保存的工作簿。

多学一招

2．输入和引用单元格

更换工作表标签的顺序后，即可输入或引用单元格数据，其具体操作如下。

STEP 1 单击"物流项目进展表1"工作表标签，浏览表格数据，然后选择B14:E14单元格区域，双击鼠标定位光标插入点。切换输入法，在选定的单元格区域输入对项目进度的评价，完成后按【Enter】键确认输入，如图1-21所示。

STEP 2 选择B15:E15单元格区域，在编辑栏的编辑区中定位光标插入点，输入对项目预算的评价，完成后单击编辑区左侧的按钮☑，确认输入，如图1-22所示。

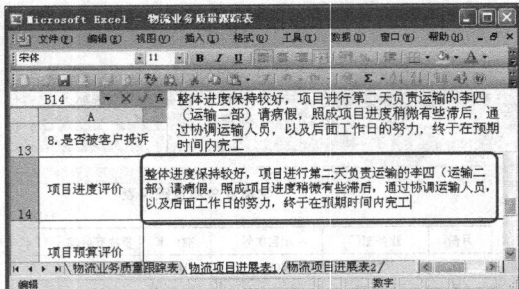

图1-21　输入进度评价　　　　　　　　　　图1-22　输入预算评价

STEP 3 使用相同的方法，输入风险评价和客户意见，以及"物流项目进展表2"工作表中的相关项目。

STEP 4 单击"物流业务质量跟踪表"工作表标签，将鼠标指针移至A列的列标上，鼠标指针变为↓形状，单击鼠标选择A列，如图1-23所示。

STEP 5 选择【格式】/【单元格】菜单命令，打开"单元格格式"对话框，在"数字"选项卡的"分类"列表框中选择"自定义"选项，删除右侧文本框中的内容，然后输入"@"月""，单击　确定　按钮，如图1-24所示。

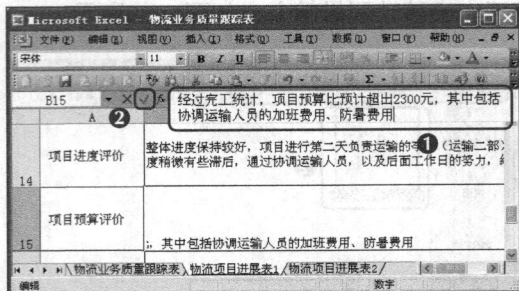

图1-23　选择A列　　　　　　　　　　图1-24　设置单元格类型

STEP 6 返回Excel，A列所有单元格中的数据后都将自动添加"月"字。选择A3单元格，打开"单元格格式"对话框，将其类型设置为常规，得到最终效果如图1-25所示。

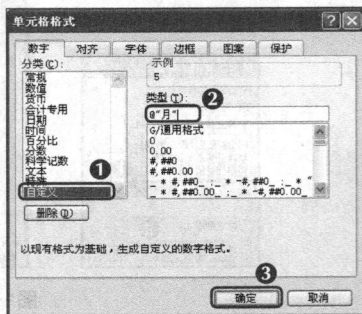

图1-25　设置单元格格式后的效果

STEP 7 选择A12单元格，输入文本"七"，按【Ctrl+Enter】组合键，文本自动变为"七月"，按键盘上的【→】键将活动单元格向右移动，选择B12单元格，然后输入"="符号。

STEP 8 单击"物流项目进展表1"工作表标签,选择B3单元格,此时在编辑栏中将出现"=物流项目进展表1!B3"文本,按【Ctrl+Enter】组合键返回Excel工作表,效果如图1-26所示。

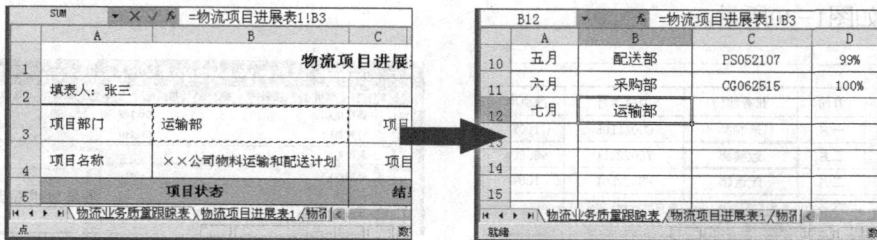

图1-26 引用单元格数据

STEP 9 选择C12单元格,输入"="符号,单击"物流项目进展表1"工作表标签,然后单击E4单元格,按【Ctrl+Enter】组合键得出引用结果。

STEP 10 继续在"物流业务质量跟踪表"工作表输入和引用数据,效果如图1-27所示。

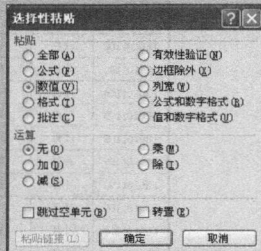

图1-27 输入和引用数据后的效果

多学一招　引用了数据的单元格会随着原始数据的改变而改变,若需使引用的数据直接转变为数值,而不是引用格式,可使用Excel的选择性粘贴功能。复制引用数据的单元格,然后选择目标单元格,选择【编辑】/【选择性粘贴】菜单命令,打开"选择性粘贴"对话框,在"粘贴"栏单击选中"数值"单元格,然后单击 确定 按钮即可,如图1-28所示。

图1-28 选择性粘贴

3．保存并关闭工作簿

完成表格数据的编辑操作后,保存对其进行的操作,然后关闭工作簿文件,其具体操作如下。

STEP 1 选择【文件】/【保存】菜单命令；或在工具栏中单击"保存"按钮🖫；或按【Ctrl+S】组合键保存工作簿，如图1-29所示。

STEP 2 选择【文件】/【关闭】菜单命令，或单击工具栏右侧的"关闭"按钮⊠，关闭工作簿，如图1-30所示。

月份	业务部门	项目单号	准点率
一月	采购部	CG011105	100%
二月	运输部	YS022411	98.80%
二月	配送部	PS022501	100%

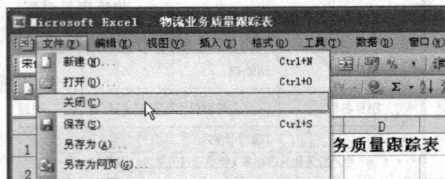

图1-29 保存工作簿　　　　　　　图1-30 关闭工作簿

任务三　美化并打印"物流业务订单统计表"

物流订单统计表用于统计一定时间范围或周期内的业务量，一般可根据物流订单中的主要数据项目制作表格，其中的数据可以通过物流业务订单表获取。

一、 任务目标

下班前老张找到小白，告诉他公司要重新更新供应商信息。为了锻炼小白的实际工作能力，让他对物流的各环节有一定的了解，老张决定将该表格的制作工作交给小白。为了满足以后工作的需要，小白决定先制作一个表格模板。本任务完成后的最终效果如图1-31所示。

效果所在位置　光盘:\效果文件\项目一\物流业务订单统计表.xls

物流业务订单统计表

统计员: 张三　　　　　　　　　　　　　　　　　　　　　　　　　日期: 2013 年 08 月 15 日

订单号	订单种类	客户名	品名	净重(KG)	金额	保险金额	始发地	目的地	客户备注	订单状态
DH0101101	小件	张晓红	衣服	1	￥10.00	无	成都	浙江省		已签收
DH0101102	小件	王小米	食品	1	￥10.00	无	成都	贵州省		已签收
DH0101103	小件	赵靓	书	1	￥10.00	无	成都	广东省		已签收
DH0101104	小件	李春芳	棉被	2.5	￥26.00	无	成都	江苏省		已签收
DH0101105	小件	张力	杯子	1	￥10.00	无	成都	安徽省	易碎物品	已签收
DH0101106	小件	张菁	裤子	1	￥10.00	无	成都	重庆直辖市		已签收
DH0101107	小件	蒋凤	衣服	1	￥10.00	无	成都	新疆自治区	请周六送货	已签收
DH0101108	小件	李玉	书	1	￥10.00	无	成都	甘肃省	送货地址改为A栋1802	已签收
DH0101109	小件	文丞	包	1	￥10.00	无	成都	广东省	送货前请电话联系	已签收
DH0101110	小件	王东	鞋子	1	￥10.00	无	成都	浙江省		已签收
DH0101111	小件	寇希	衣服	1	￥10.00	无	成都	广东省		已签收
DH0101112	小件	袁吾	衣服	1	￥10.00	无	成都	浙江省		已签收
DH0101113	小件	肖鱼	书	1	￥10.00	无	成都	安徽省		已签收
DH0101114	小件	黄灿	包	1	￥10.00	无	成都	浙江省		已签收
DH0101115	小件	金珊	鞋子	1	￥10.00	无	成都	安徽省		已签收
DH0101116	小件	王佳妮	衣服	1	￥10.00	无	成都	广东省		已签收
DH0101117	小件	王蕾	裤子	1	￥10.00	无	成都	安徽省		已签收

图1-31 "物流业务订单统计表"最终效果

二、 相关知识

输入Excel数据后，还可对数据和单元格进行美化，如设置字号、字体，以及为单元格添加边框和底纹等。下面将简单介绍数据美化和单元格美化的相关知识。

1．数据美化

在单元格中输入数据的默认字符格式为"宋体、12"。为了突出表格的显示效果或重点强调某部分数据，还需对数据格式进行美化。字符格式可通过以下两种方式进行设置。

● **通过工具栏设置**：选中单元格，在工具栏对应的下拉列表框中设置字体、字号或单击对应的按钮。工具栏详解如图1-32所示。

图1-32 工具栏详解

● **通过对话框设置**：在单元格上单击鼠标右键，在弹出的快捷菜单中选择"设置单元格格式"命令，打开"设置单元格格式"对话框，单击"字体"选项卡，设置字符格式。"字体"选项卡如图1-33所示。

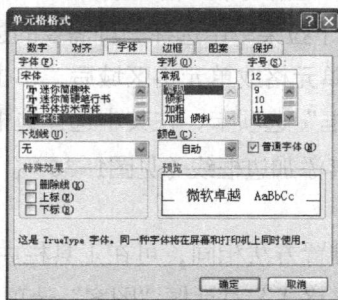

图1-33 "字体"选项卡

2．单元格美化

使用Excel制作表格，通常需要对单元格进行美化。美化单元格包括设置单元格对齐方式、添加边框和底纹等。

（1）对齐方式。

数据的对齐方式主要包括垂直对齐和水平对齐两种情况，每种情况又包含不同的对齐方式。在工具栏的对齐方式按钮组中单击对应的按钮可以为单元格设置水平对齐方式：打开"单元格格式"对话框，单击"对齐"选项卡，在"文本对齐方式"栏中可以设置水平和垂直两种对齐方式，如图1-34所示。

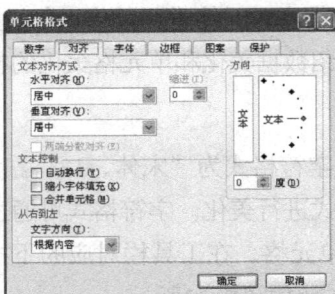

图1-34 "对齐"选项卡

> 默认情况下，单元格中的数据不会自动换行，即不论输入多少数据，数据都只放在一行中，这样会影响相邻单元格的输入。打开"单元格格式"对话框，单击"对齐"选项卡，在"文本控制"栏中单击选中"自动换行"复选框，即可解决该问题。如图1-35所示。

多学一招

整体进度保持较好，项目进行第二天负责运输的李四（运输二部）	整体进度保持较好，项目进行第二天负责运输的李四（运输二部）请病假，照成项目进度稍微有些滞后

图1-35 自动换行

（2）表格边框。

设置表格边框有两种方法。

● **通过工具栏设置**：选择单元格或单元格区域，在工具栏上单击"边框"按钮右侧的下拉按钮，在打开的下拉菜单中选择一种需要的边框选项即可。

● **通过对话框设置**：选择单元格或单元格区域后，单击鼠标右键打开"设置单元格格式"对话框，单击"边框"选项卡，在其中选择边框线样式、边框线颜色后，单击对应的边框按钮即可为其添加边框线（见图1-36）。

（3）表格底纹。

底纹的设置方法和边框的设置方法相同，可在工具栏中单击"填充颜色"按钮右侧的下拉按钮，或在"设置单元格格式"对话框"图案"选项卡中设置（见图1-37）。

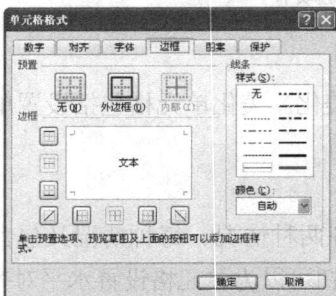

图1-36 "边框"选项卡

图1-37 "图案"选项卡

3. Excel分页符

Excel分页符通常与工作表的打印联系在一起，即插入分页符后，表格将被分为几个部分，若此时打印表格，会将分页后的每个部分单独打印到一张纸上。选择【视图】/【分页预览】菜单命令，进入分页预览状态，如图1-38所示。

● **添加分页线**：选择单元格，然后选择【插入】/【分页符】菜单命令，此时将在该单元格的上方和左方添加一条虚线，表示以该单元格的左上角为标准，对其4个方向的表格内容进行分页，如图1-39所示。

物流业务订单统计表						
客户名	品名	净重(KG)	金额	保险金额	始发地	目的地
张晓红	衣服	1	￥10.00	无	成都	浙江省
王小米	食品	1	￥10.00	无	成都	贵州省
赵毅	书	1	￥10.00	无	成都	广东省
李春芳	棉被	1.5	￥18.00	无	成都	江苏省
张力	杯子	1	￥10.00	无	成都	安徽省
张菁	裤子	1	￥10.00	无	成都	重庆直辖市
蒋凤	衣服	1	￥10.00	无	成都	新疆自治区
李玉	书	1	￥10.00	无	成都	甘肃省

图1-38 进行分页预览

食品	1	￥10.00	无	成都	贵州省
书	1	￥10.00	无	成都	广东省
棉被	1.5	￥18.00	无	成都	江苏省
杯子	1	￥10.00	无	成都	安徽省
裤子	1	￥10.00	无	成都	重庆直辖市
衣服	1	￥10.00	无	成都	新疆自治区
书	1	￥10.00	无	成都	甘肃省
包	1	￥10.00	无	成都	广东省
鞋子	1	￥10.00	无	成都	浙江省
衣服	1	￥10.00	无	成都	广东省
衣服	1	￥10.00	无	成都	浙江省
书	1	￥10.00	无	成都	安徽省

图1-39 添加分页线

● **移动分页线**：将鼠标指针移至分页线上，鼠标指针变为↔或↕形状，按住鼠标左键不放并拖曳鼠标，可移动分页线，如图1-40所示。

● **删除分页线**：选择与分页线相邻（单元格上方或左方相邻）的单元格，然后选择【插入】/【删除分页符】菜单命令，将删除与单元格相邻的分页线，如图1-41所示。若所选单元格的两条边框线都与分页线相邻，选择该菜单命令后，相邻的所有分页线都将被删除。

1	￥10.00	无	成都
1	￥10.00	无	成都
1.5	￥18.00	无	成都
1	￥10.00	无	成都
1	￥10.00	无	成都
1	￥10.00	无	成都
1	￥10.00	无	成都
1	￥10.00	无	成都
1	￥10.00	无	成都
1	￥10.00	无	成都

图1-40 移动分页线

1	￥10.00	无	成都
1	￥10.00	无	成都
1.5	￥18.00	无	成都
1	￥10.00	无	成都
1	￥10.00	无	成都
1	￥10.00	无	成都
1	￥10.00	无	成都
1	￥10.00	无	成都
1	￥10.00	无	成都

1	￥10.00	无	成都
1	￥10.00	无	成都
1.5	￥18.00	无	成都
1	￥10.00	无	成都
1	￥10.00	无	成都
1	￥10.00	无	成都
1	￥10.00	无	成都
1	￥10.00	无	成都
1	￥10.00	无	成都

图1-41 删除分页线

三、任务实施

1. 美化表格数据

打开"物流业务订单统计表.xls"工作簿，然后对表格数据的字符格式和对齐方式进行美化，其具体操作如下。

STEP 1 启动Excel 2003，单击"打开"按钮🖼，打开素材文件"物流业务订单统计表.xls"工作簿。

STEP 2 选择A2单元格，在工具栏中单击"右对齐"按钮🖼，使其居右对齐，选择B2单元格，在工具栏中单击"左对齐"按钮🖼，使其居左对齐。

STEP 3 选择A3:K20单元格区域，单击"居中"按钮🖼，使其居中对齐，然后选择J4:J20单元格区域，再次单击"居中"按钮🖼，取消其对齐效果，如图1-42所示。

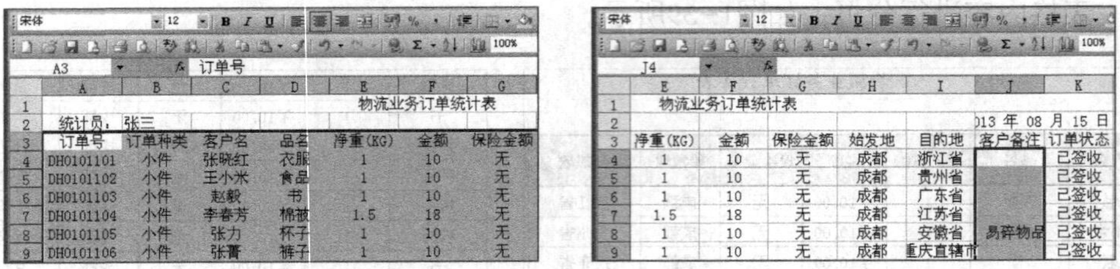

图1-42 设置对齐方式

STEP 4 设置表标题字符格式为"宋体、14、加粗"，表内容字符格式为"宋体、11"，选择A2:K3单元格区域，单击"加粗"按钮🅱使单元格数据加粗显示。

STEP 5 选择A3:L15单元格区域，打开"单元格格式"对话框，设置内边框为默认细线，外边框选"样式"列表框右侧倒数第三个线条样式，最终效果如图1-43所示。

图1-43 设置字符格式并添加表格边框

2．调整行高和列宽

设置好单元格数据的字符格式后，可以对表格的行高和列宽进行调整，使单元格数据在单元格中的位置适中，而不会显得过于拥挤，其具体操作如下。

STEP 1 将鼠标指针移至A列和B列的列标之间，鼠标指针变为➕形状，双击鼠标，鼠标指针左侧的一列（A列）将根据该列单元格中的数据长度自动调整列宽，如图1-44所示。

STEP 2 将鼠标指针移至B列和C列之间，鼠标指针变为➕形状后，按住鼠标左键不放，向右拖曳鼠标，到适当位置后释放鼠标，调整列宽，如图1-45所示。

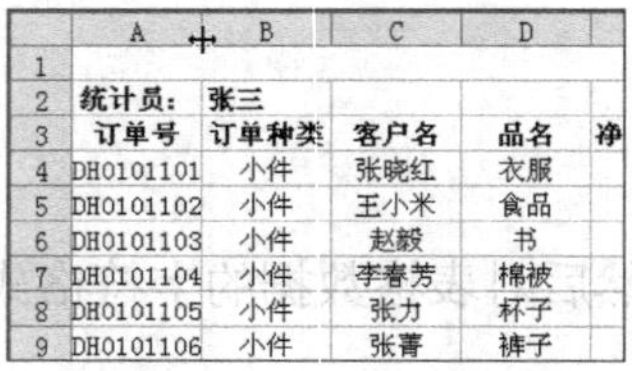

图1-44 自动调整列宽

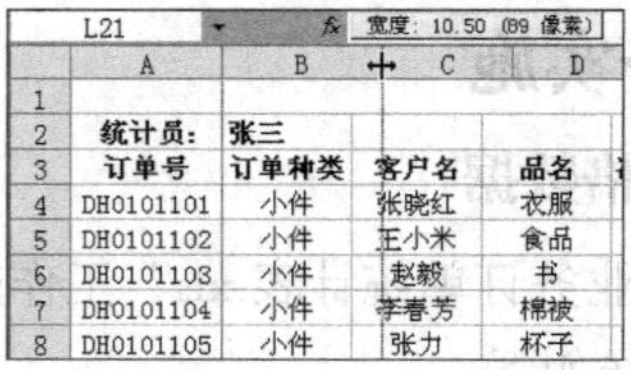

图1-45 拖曳调整列宽

STEP 3 将鼠标指针移至第1行和第2行的行号之间，鼠标指针变为➕形状时，单击并向下拖曳鼠标调整行高。

STEP 4 在左侧行号上拖曳鼠标选择第2行和第3行，将鼠标指针移至第2行和第3行之间，鼠标指针变为➕形状后，单击并向下拖曳鼠标，释放鼠标后，第2行和第3行的行高将同时调整到相同高度，如图1-46所示。

图1-46　调整多行的行高

STEP 5 在行号上拖曳鼠标选择第4~20行，使用相同的方法调整行高，并使用相同方法调整列宽。调整行高和列宽的最终效果如图1-47所示。

图1-47　调整行高和列宽后的效果

3．添加边框和底纹

Excel的工作区中显示的网格线在打印时并不会随表格数据一起打印，为了在最后的打印效果中显示网格线，还应该为表格添加边框和底纹，其具体操作如下。

STEP 1 选中A3:K20单元格区域，在工具栏中单击▦按钮右侧的下拉按钮▾，在打开的下拉菜单中选择"所有框线"选项，为选择的区域添加细边框线，如图1-48所示。

STEP 2 保持单元格区域的选中状态，再次单击▦按钮右侧的下拉按钮▾，在打开的下拉菜单中选择"粗匣框线"选项，为单元格区域的外边框添加粗框线，如图1-49所示

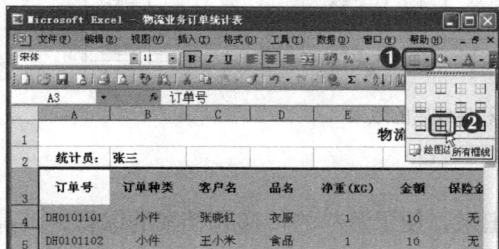

图1-48　添加所有框线 　　　　　　图1-49　添加粗匣框线

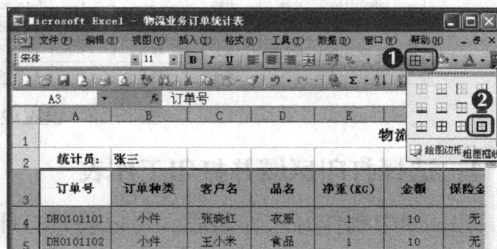

STEP 3 选中A3:K3单元格区域，选择【格式】/【单元格】菜单命令；或单击鼠标右

键，在弹出的快捷菜单中选择"设置单元格格式"命令，打开"单元格格式"对话框。

STEP 4 单击"边框"选项卡，在"样式"列表框中选择右侧倒数第三种边框线，在"边框"栏单击■按钮，在预览区预览添加边框后的效果，如图1-50所示。

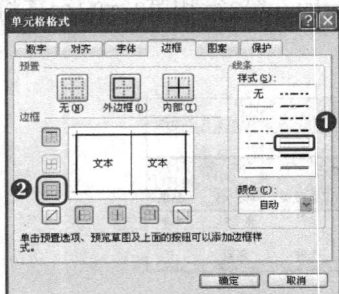

图1-50 设置表格边框

多学一招
在"边框"选项卡的"预置"栏可快速选择设置单元格区域边框的方式，包括无框线、内框线和外框线3种方式；在"边框"栏中，可通过单击对应的按钮，为选择的单元格区域设置下框线、左框线、右框线和斜框线等。

STEP 5 单击"图案"选项卡，在"颜色"色板中选择一种颜色，然后在"图案"下拉列表框中选择一种图案选项，再在图案选项下选择一种图案颜色，如图1-51所示。

图1-51 设置单元格区域底纹

STEP 6 在"示例"栏预览底纹效果，单击 确定 按钮，返回Excel工作表，最终效果如图1-52所示。

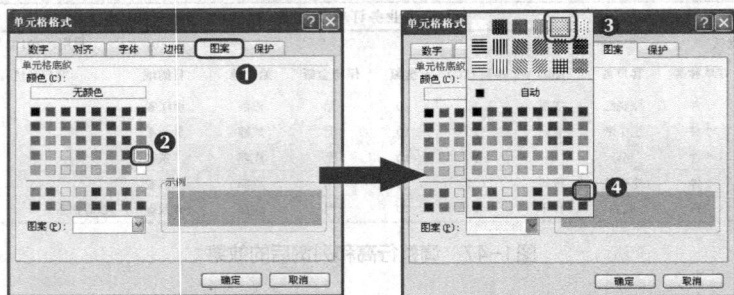

图1-52 设置边框和底纹后的效果

4．选择打印区域并打印工作表

在Excel中制作好工作表后，可以将其打印出来，便于资料的传递和档案的保管，其具体操作如下。

STEP 1 保存对"物流业务订单统计表.xls"工作簿所做的修改，选择【文件】/【打印预览】菜单命令；或在工具栏中单击"打印预览"按钮 ，进入打印预览状态。

STEP 2　在打印区中可以看到打印纸方向为纵向，表格被纵向分成了两页，单击 设置(S)... 按钮，打开"页面设置"对话框，在"页面"选项卡的"方向"栏中单击选中"横向"单选项，在"纸张大小"下拉列表框中选择"A4"选项，然后单击 确定 按钮，如图1-53所示。

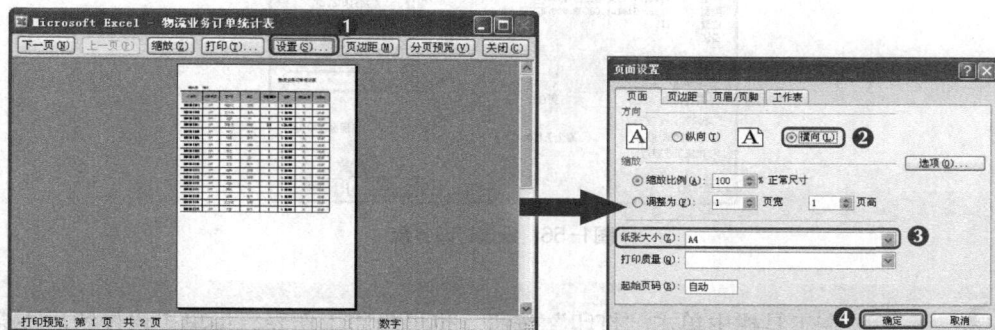

图1-53　设置纸张方向

STEP 3　返回表格预览窗口，可以看到表格左侧离打印纸边缘较近，表格在纸张中分布不合理，需将其向右移动。单击 页边距(M) 按钮，纸张四周出现页边距调整柄，拖曳纸张上方最左侧和最右侧的调整柄，调整表格在纸张中的位置，如图1-54所示。

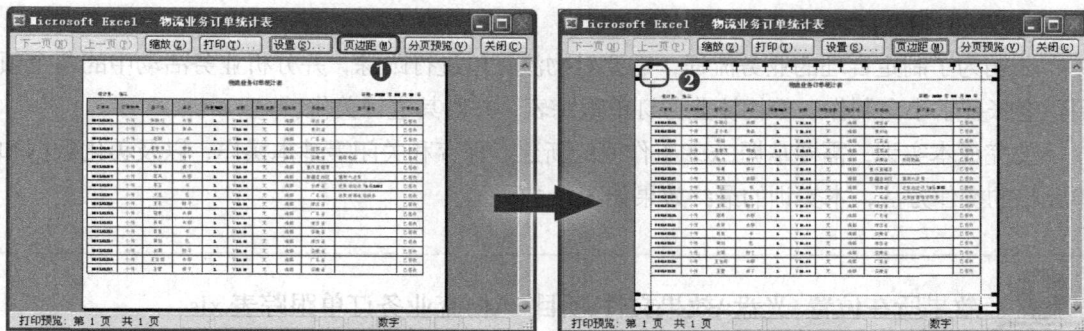

图1-54　调整表格在纸张中的位置

STEP 4　单击 页边距(M) 按钮，然后单击 分页预览(V) 按钮，进入分页预览状态，此时在预览区中的所有单元格区域都将被蓝色的边框线包围，表格中间出现"第1页"的字样背景，向上拖曳表格下方的蓝色边框线，如图1-55所示。

16	DH0101113	小件	肖鱼	书	1	￥10.00	无	成都	安徽省		已签收
17	DH0101114	小件	黄灿	包	1	￥10.00	无	成都	浙江省		已签收
18	DH0101115	小件	金珊	鞋子	1	￥10.00	无	成都	安徽省		已签收
19	DH0101116	小件	王佳妮	衣服	1	￥10.00	无	成都	广东省		已签收
20	DH0101117	小件	王蕾	裤子	1	￥10.00	无	成都	安徽省		已签收
21											
22											

图1-55　调整打印区域

STEP 5　选择【视图】/【普通】菜单命令，退出分页预览状态，然后选择【文件】/【打印】菜单命令，打开"打印"对话框，在"打印机"栏的"名称"下拉列表框中选择打印机，在"打印范围"栏单击选中"全部"单选项，在"份数"栏的"打印份数"数值框中输入打印份数，然后单击 确定 按钮，开始打印工作表，如图1-56所示。

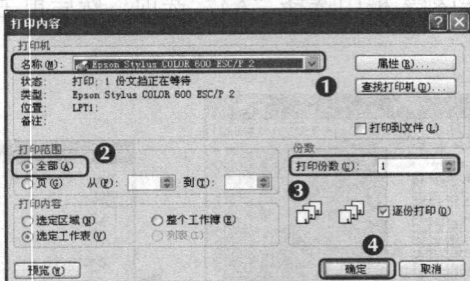

图1-56 设置打印参数

知识提示　　在工具栏中单击"打印"按钮 也可打印工作表，但单击该按钮后不会打开"打印"对话框，而是按默认设置直接进行打印。

实训一　创建并美化"物流业务订单跟踪表"

【实训目标】

公司为了制定合理的业务流程，需要对物流订单进行跟踪，并分析业务活动中的各个项目。老张要求小白制作一份物流业务订单跟踪表，并对其进行美化。

要完成本实训，需要掌握Excel工作簿的新建、保存和关闭等基本操作，以及美化数据和单元格的操作方法，本实训的最终效果如图1-57所示。

效果所在位置　光盘:\效果文件\项目一\物流业务订单跟踪表.xls

图1-57 "物流业务订单跟踪表"最终效果

【专业背景】

随着物流行业的发展，物流服务越来越人性化，订单跟踪就是物流服务中的一个重要环节。一般的大中型物流公司都有自己的网站，能够提供订单查询服务。如收发快递时，可以通过快递公司的网页随时查看物流信息，明确快递当前所处位置、订单所处阶段以及订单状态等信息。

进行业务订单跟踪不仅便于客户掌握自己物品的动向，也方便物流公司对物流过程中的货件进行管理。物流订单跟踪表包括大型物流和小型物流等多种形式。大型物流的订单跟踪表通常是一个客户、多个物件；小型物流订单跟踪表通常是多个客户、多个物件。根据当前不同形式的物流，制作合适的物流订单跟踪表。

【实训思路】

完成本实训需要先新建工作簿，输入文本，为文本设置字符格式，然后为单元格添加边框和底纹，最后再保存工作簿，其操作思路如图1-58所示。

①创建新工作簿　　　②设置字符格式并添加边框　　　③添加底纹

图1-58　制作"物流业务订单跟踪表"的思路

【步骤提示】

STEP 1 启动Excel 2003，按【Ctrl+S】组合键打开"另存为"对话框，将工作簿命名为"物流业务订单跟踪表"，并进行保存。

STEP 2 通过输入文本信息和合并单元格，创建表格的基本文本框架结构。

STEP 3 设置表格标题和"订单信息"文本的字符格式为"宋体、12、加粗"，其他文本的字符格式为"宋体、12"。

STEP 4 选择A3:F14单元格区域，为其添加"全部边框"的边框样式，保持单元格区域的选中状态，为其添加"粗匣框线"边框样式，然后使用相同的方法为A3:F3单元格区域、A7:F8单元格区域添加"粗匣框线"边框样式。

STEP 5 调整行高，然后打开"单元格格式"对话框，为A7:F8单元格区域添加底纹。

STEP 6 单击"保存"按钮保存表格，完成"物流业务订单跟踪表.xls"工作簿的制作。

实训二　编辑"物流业务考核表"

【实训目标】

每到年末，公司会要求各部门负责人将年度业务进行考核汇总，并将汇总结果上交。老张让小白跟他一起学习业务考核表的汇总和统计，同时练习Excel 2003的使用。

要完成本实训，需要综合运用项目一中介绍的相关知识，包括打开工作簿，调整工作表顺序、输入和引用单元格数据等。实训完成后的最终效果如图1-59所示。

素材所在位置 光盘:\素材文件\项目一\物流业务考核表.xls
效果所在位置 光盘:\效果文件\项目一\物流业务考核表.xls

年度业务考核表

编号:	WL20130101			日期: 2013年01月05日	

部门		采购部	考核日期	2012年01月01日—2012年12月31日	
负责人		牟一	职位	采购部总经理	

述职报告摘要（由本人填写）：

　　2012年，采购部完成了公司的固定采购计划及临时采购工作。在此过程中，采购部门的所有员工都积极参与到联系供应商、获取最低报价、进行价格谈判，以及其他采购事项的确定和工作监督中，并取得了优异的成绩。
　　2013年，我将再次对采购部所有员工共进退，完成2013年的年度采购计划，做好工作分配和人员分配，及时更新供应商档案，及时询问原材料和商品的报价，及时针对采购物资和供应商进行谈判，确保公司以最低价格购进最优物资。

述职人：牟一　　　　　　　　　　　　　日期：2013年01月05日

姓名	职位	年度业务计划	计划完成情况	未完成原因	考核人	考核评级
张三	采购部助理	完成5个采购小组的工作安排和采购进度监督	完成		牟一	A
李四	一般采购人员	完成每月固定采购任务，完成临时采购任务	完成		牟一	A
王五	一般采购人员	完成每月固定采购任务，完成临时采购任务	未完成		牟一	A

图1-59 "物流业务考核表"最终效果

【专业背景】

进行业务考核的工作周期可以为周、月、季或年，业务考核单位可以为部门、小组或队，工作周期和业务考核单位可根据公司规模、公司业务运营、公司人员分配、公司业务流程等几个方面综合考虑确定。对当前工作周期的业务进行考核时，应先以个人为单位，填写物流业务考核表，再由考核单位的负责人进行业务考核评级和考核汇总，并将汇总结果递交给上级。进行物流业务考核应包含以下6个阶段（见图1-60）。

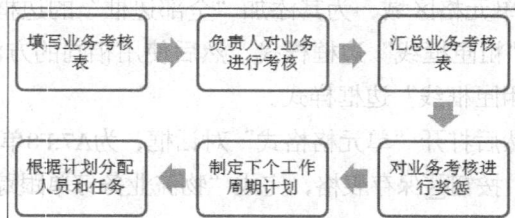

图1-60 业务考核流程

【实训思路】

完成本实训首先应打开素材文件"物流业务考核表.xls"工作簿，调整工作表标签的顺序，然后在单元格中输入文本，最后再引用其他工作表中的内容即可，其操作思路如图1-61所示。

①打开素材工作簿　　　　②调整工作表位置　　　　③引用其他单元格内容

图1-61　制作"物流业务考核表"的思路

【步骤提示】

STEP 1 启动Excel 2003，打开素材文件"物流业务考核表.xls"工作簿。

STEP 2 拖曳鼠标调整工作表顺序，在"物流业务考核表"工作表的相关栏目中输入具体的文本内容。

STEP 3 在A8:G13单元格区域中引用其他工作表中的单元格内容。

STEP 4 单击"保存"按钮■保存表格，完成"物流业务考核表.xls"工作簿的制作。

常见疑难解析

问：有没有什么方法能自动重复某一操作？

答：如果要对多个不同的单元格或单元格区域进行相同的设置，可按【F4】键自动重复前一次的操作。具体方法为：选择单元格或单元格区域，对其进行设置，确认后，选择其他单元格或单元格区域，按【F4】键。

问：关闭工作簿和关闭软件有什么区别和联系？

答：启动Excel软件后，可以打开多个工作簿，在操作界面中关闭工作簿，只是关闭了当前操作的工作簿文件，并没有将Excel程序一起关闭。如果当前打开了多个工作簿，然后直接执行关闭Excel软件的操作，在关闭Excel的同时，则会将所有工作簿一起关闭。另外，选择【文件】/【关闭】菜单命令可关闭工作簿，选择【文件】/【退出】菜单命令可退出Excel。

问：为什么打开文件进行编辑，并再次进行保存时，没有打开"另存为"对话框？

答：创建的工作簿第一次进行保存操作时，将打开"另存为"对话框；再次保存时，会直接保存在当前工作簿，而不会打开"另存为"对话框。打开保存过的文件，然后再次进行保存时，也不会打开"另存为"对话框。

问：是否还有其他设置行高和列宽的方法，能否精确设置行高和列宽？

答：选择【格式】/【行】/【行高】菜单命令，将打开"行高"对话框，在文本框中输入行高的精确数字（单位为厘米），单击 确定 按钮后，即可对选择的单元格所在的行设置指定的行高。精确设置列宽的操作方法和设置行高的方法相同。

拓展知识

1. 自定义工作表数量

新工作簿默认的工作表数量有3张，若要更改默认的工作表数量，可在Excel的"选项"对话框中进行设置。选择【工具】/【选项】菜单命令，打开"选项"对话框，单击"常规"选项卡，在"新工作簿内的工作表数"数值框中输入自定义的工作表量，然后单击 确定 按钮，返回Excel工作表，关闭Excel 2003软件，重启该软件后，即可看到设置后的效果，如图1-62所示。

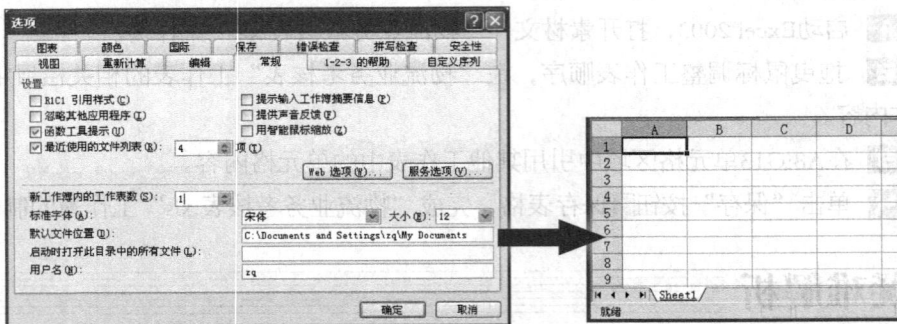

图1-62 自定义工作表数量

2. 新建和复制工作表

若当前工作簿中的工作表数量不能满足需要，可新建工作表；或复制工作表后更改工作表标签名称和工作表内容。

● **新建工作表**：在任意工作表标签上单击鼠标右键，在弹出的快捷菜单中选择"插入"命令，打开"插入"对话框，在"常用"选项卡中选择"工作表"选项，然后单击 确定 按钮即可，如图1-63所示。按【Shift+F11】组合键或选择【插入】/【工作表】菜单命令，也可以直接插入一张新工作表。

● **复制工作表**：选择要复制的工作表，选择【编辑】/【移动或复制工作表】菜单命令；或单击鼠标右键，在弹出的快捷菜单中选择"移动或复制工作表"命令，打开"移动或复制工作表"对话框，设置复制的工作表的位置，单击选中"建立副本"复选框，然后单击 确定 按钮即可，如图1-64所示。

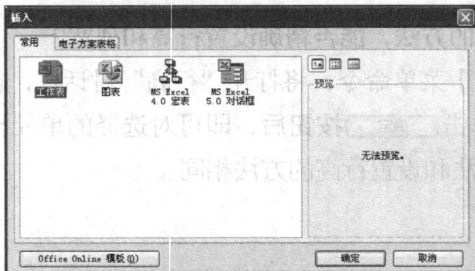

图1-63 插入工作表

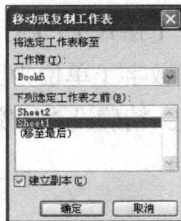

图1-64 复制工作表

3．引用不同工作簿中的单元格数据

当需要引用的数据不在同一工作簿时，也可以通过引用数据的方式，获取目标数据。具体方法为：打开两个工作簿文件，在第一个工作簿要引用数据的单元格中输入符号"="，选择另一张工作簿，然后单击目标数据所在单元格，编辑栏的编辑框中出现"=[客户开发计划表.xls]Sheet1!$A$4"文本，表示引用的数据为"客户开发计划表"工作簿"Sheet1"工作表的"A4"单元格中的数据。按【Ctrl+Enter】组合键，返回第一个工作簿，数据引用成功。

这里的引用为绝对引用，即第二个工作簿在计算机中的位置发生变化时，第一个工作簿中引用的数据不变，但在重新打开该工作簿时，会打开如图1-65所示的对话框，单击[更新(U)]按钮即可。

图1-65　更新数据

4．快速打印单元格区域

如果只需打印工作表的一部分单元格，可直接在"页面设置"对话框中进行设置。选择【文件】/【页面设置】菜单命令，打开"页面设置"对话框，单击"工作表"选项卡，单击"打印区域"文本框后的"收缩"按钮，"页面设置"对话框将收缩起来，拖曳鼠标选择要打印的单元格区域，然后单击对话框的"展开"按钮，展开"页面设置"对话框，单击[打印预览(W)]按钮预览打印状态并调整打印效果，完成后单击[打印(T)...]按钮打印单元格区域，如图1-66所示。

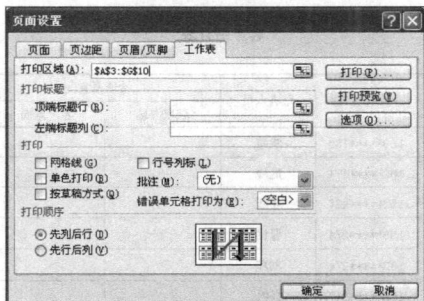

图1-66　设置页面格式

课后练习

效果所在位置　光盘:\效果文件\项目一\客户开发计划表.xls、客户统计表.xls

（1）新工作年度开始前，老张要求小白针对公司老客户、新客户和潜在客户制定一个客户开发计划表，对继续合作、可能有合作的客户进行统计分析，从而确定值得开发的客户名单，制作完成后的效果如图1-67所示。

客户开发计划表

编号：JH0101027 　　　　　　　　　　　　　　　　　　　　　　　　　　　　日期：2013年08月24日

客户名称	档案号	联系方式	客户类型			客户情况说明	跟进人员
××食品有限公司		159*****135	□老客户	□新客户	☑潜在客户	货运量较大，可取得该公司业务	袁菜
××外贸服饰有限公司	KH010101	135*****129	☑老客户	□新客户	□潜在客户	已合作三年，固定客户	袁茵
××半成品加工有限公司		182*****174	□老客户	□新客户	☑潜在客户	该公司电话咨询过本公司业务，可跟进	寇峰
××原材料有限公司	KH010102	151*****525	☑老客户	□新客户	□潜在客户	固定客户	王琦
××家俬有限责任公司		152*****427	□老客户	□新客户	☑潜在客户	老客户介绍，可以先尝试跟进	李毅
××服饰有限责任公司	KH010103	189*****574	☑老客户	□新客户	□潜在客户	固定客户	张飞
××装修有限责任公司		159*****274	□老客户	□新客户	☑潜在客户	该公司有物流需求，可先尝试跟进	曹怡
××装饰有限责任公司	KH010104	159*****135	□老客户	☑新客户	□潜在客户	有合作意向，已开始洽谈合作事宜	华翰
××布艺有限责任公司	KH010105	182*****743	☑老客户	□新客户	□潜在客户	有合作意向，已开始洽谈合作事宜	赵熙
××包装有限责任公司	KH010106	159*****942	□老客户	☑新客户	□潜在客户	有合作意向，已开始洽谈合作事宜	牟宇
××广告有限责任公司		182*****274	□老客户	□新客户	☑潜在客户	该公司有物流需求，可先尝试跟进	刘芳
××出版工作室		159*****947	□老客户	□新客户	☑潜在客户	该公司电话咨询过本公司业务，可跟进	杨帆

图1-67　"客户开发计划表"最终效果

（2）确定了客户资源后，小白立即根据分析结果制作了一份客户统计表，并将客户统计交给老张。小白的工作得到了老张的赞赏，并告诉他，分析潜在客户资源和统计客户资源可以为公司业务员提供有效的客户资料，便于业务员在较短时间内取得客户业务和订单，客户统计表的制作效果如图1-68所示。

客户统计表

编号：　　　　　　　　　　　　　　　　　　　　　　　　　　　　　　　　日期：

客户类型	客户名称	联系方式	跟进人员	洽谈事宜		跟进情况	
				获取信息	客户意向	跟进时间	跟进效果
潜在客户	××食品有限公司	159*****135	袁菜				
潜在客户	××半成品加工有限公司	182*****174	寇峰				
潜在客户	××家俬有限责任公司	152*****427	李毅				
潜在客户	××装修有限责任公司	159*****274	曹怡				
潜在客户	××广告有限责任公司	182*****274	刘芳				
潜在客户	××出版工作室	159*****947	杨帆				

图1-68　"客户统计表"最终效果

项目二 采购管理

情景导入

小白在公司实习的半个月中基本了解了公司业务，为了培养小白，让其尽快熟悉公司各个环节的具体任务，老张决定让小白在物流的基本岗位中进行实践，第一个工作就是熟悉采购管理。

知识技能目标

- 熟练掌握复制、移动和填充数据的操作方法。
- 熟练掌握创建模板和根据模板创建工作簿的操作方法。
- 熟练掌握保护数据、设置数据有效性的操作方法。

- 了解物流采购的基本流程和采购管理的常用表格。
- 掌握"采购询价单"、"采购申请表"、"供应商比价表"等工作簿的制作方法。

项目流程对应图

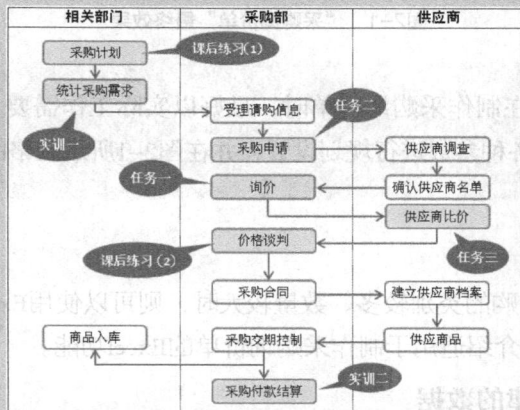

任务一 制作"采购询价单"

采购询价单是企业购进原材料、设备、商品等物资时，对市场供应商发出的一种信息咨询表单。采购询价单的作用是记录供应商当前购进某物资的详细信息，具体包括购进价格、送货方式、交货期限、支付结算方式等。采购询价单填写好后，由采购部门负责人审核和审批，最后进行统计与比价，确保以最低价格、最便捷的方式购进物资。

一、任务目标

昨天仓库发出一车物料，仓库中多种物料的库存量小于了规定的最低库存，因此，需要采购一批物料入库。小白刚到采购部，对业务流程和工作内容都不是很熟悉，于是老张将这次的采购任务交给小白，让他全权负责本次采购。小白收到仓库发出的请购申请后，立即开始了采购询价单的制作。采购询价单完成后的最终效果如图2-1所示。

效果所在位置 光盘:\效果文件\项目二\采购询价单.xls

图2-1 "采购询价单"最终效果

采购员在制作采购询价单时，最好以实际工作需要为前提，对表格的项目、内容等各种参数进行规划设置，并在图2-1所示表格的基础上进行优化。

职业素养

二、相关知识

在采购物资时，若采购的类别较多、数量较大时，则可以使用Excel的相关功能和技巧快速制作表格，下面将简单介绍适用于制作采购询价单的Excel功能。

1．快速填充有规律的数据

制作表格时，经常需要输入具有一定规律的数据，如等差数列"1,3,5,7…"、等比数列

"1,3,9,27…"、相同数据、文本序列"男、女、男、女…"等，若当前数据信息非常庞大，依次在单元格中输入数据的方法易出错、又费时，不可取，此时可使用Excel的自动填充功能快速输入这些有规律的数据。

- **等差填充**：在Excel中进行等差填充的方法有两种：一种是默认填充；一种是自定义步长填充。默认填充的步长为1，其填充方法为：在单元格中输入数据，将鼠标指针移至该单元格的右下角，当其变为➕形状时（将其称为填充柄），单击并向下拖曳鼠标，到目标位置释放鼠标即可。自定义步长填充和默认填充的原理相同，但步长值需要自定义设置，其填充方法为：在单元格中输入数据，在其下方的单元格中输入加上步长后的数据，然后选择这两个单元格，拖曳单元格区域右下角的填充柄，到目标位置释放鼠标即可，效果如图2-2所示。

等差填充

图2-2　等差填充

- **等比填充**：等比填充是指在原数据的基础上与步长相乘，得到结果数据的过程。在Excel中拖曳鼠标填充数据时，默认的填充方式为等差填充，要进行等比填充，必须设置填充方式。具体操作方法为：在单元格中输入数据，选择等比序列要填充到的单元格区域，然后选择【编辑】/【填充】/【序列】菜单命令，打开"序列"对话框，在"序列产生在"栏单击选中"列"单选项，在"类型"栏单击选中"等比序列"单选项，在"步长值"文本框中输入步长"2"，如图2-3所示，单击 确定 按钮，即可在选择的单元格区域中进行等比填充，效果如图2-4所示。

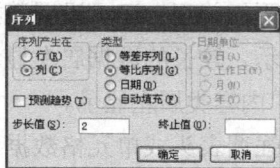

等比填充

图2-3　设置等比参数　　　　图2-4　等比填充效果

- **相同数据填充**：在Excel中存在填充相同数据的情况，如在单元格区域中输入相同数值"10001"或输入相同文本"采购部"等。填充相同数值需要在拖曳填充时按住【Ctrl】键不放；填充相同文本只需直接进行拖曳即可，Excel会自动判断单元格中的数据类型，填充相同文本的效果如图2-5所示。

● **文本序列填充**：文本序列填充和相同数据填充的原理相同，将文本序列所在单元格区域选中，将其假设为一个单元格，然后直接拖曳填充即可。文本序列填充的效果图如图2-6所示。

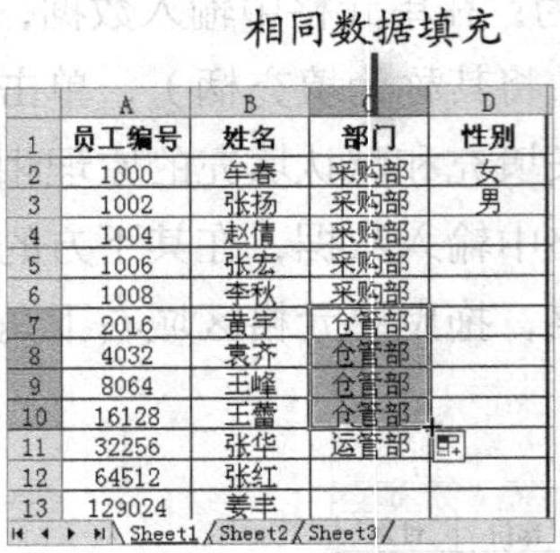

	A	B	C	D
1	员工编号	姓名	部门	性别
2	1000	牟春	采购部	女
3	1002	张扬	采购部	男
4	1004	赵倩	采购部	
5	1006	张宏	采购部	
6	1008	李秋	采购部	
7	2016	黄宇	仓管部	
8	4032	袁齐	仓管部	
9	8064	王峰	仓管部	
10	16128	王蕾	仓管部	
11	32256	张华	运管部	
12	64512	张红		
13	129024	姜丰		

图2-5　文本填充

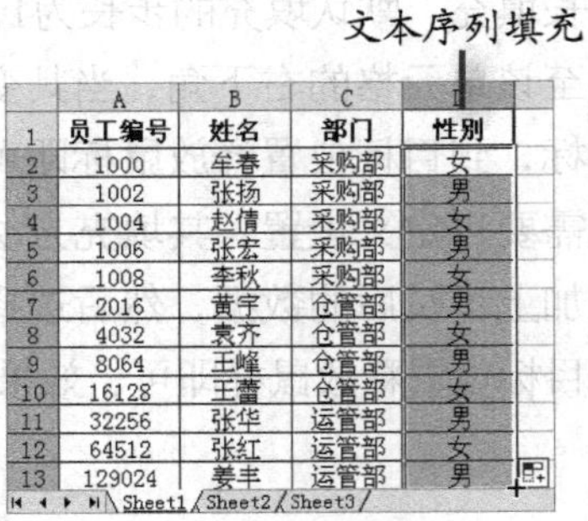

	A	B	C	D
1	员工编号	姓名	部门	性别
2	1000	牟春	采购部	女
3	1002	张扬	采购部	男
4	1004	赵倩	采购部	女
5	1006	张宏	采购部	男
6	1008	李秋	采购部	女
7	2016	黄宇	仓管部	男
8	4032	袁齐	仓管部	女
9	8064	王峰	仓管部	男
10	16128	王蕾	仓管部	女
11	32256	张华	运管部	男
12	64512	张红	运管部	女
13	129024	姜丰	运管部	男

图2-6　文本序列填充

2．设置单元格格式

设置单元格格式既包括单元格数据的美化，也包括单元格的美化。无论制作什么表格，只在Excel中输入数据，往往不能立刻看出表格的制作效果，而默认的格式又不能满足需求，因此有必要设置单元格格式。下面介绍设置单元格格式的一般步骤（参考）。

● **设置字符格式**：根据当前表格的属性，确定需要设置哪些字符格式。一般情况下，仅设置字体和字号就能满足需要，若要强调某些内容，可将其加粗显示，或添加下划线。如果表格风格和要求不是太严谨，还可以设置倾斜文字或设置字体颜色。

● **设置数据类型**：设置正确的数据类型可以加快表格的制作。如货币（￥）、百分比（%）、自动小数（0.01）、时间（1:05:27pm）等数据，在设置字符格式后，应立即更改数据类型。

● **设置边框**：设置表格边框，可以为表格建立一个框架结构，粗框线适用于表格外边框，细框线适用于表格内（外）边框。添加边框后，可以在工具栏中单击“打印预览”按钮，进入打印预览状态，查看添加边框后的表格效果；若不满意，可返回Excel工作表进行修改。

● **设置对齐方式**：为了使数据在表格中的显示效果更加美观，还可设置数据的对齐方式。设置对齐方式时可参考：较短的数据居中显示，较长的数据居左显示；数字居中显示，文本选择性居左显示；标题类居中显示，内容类居左显示。

● **设置单元格底纹**：一般不为表格添加底纹，若要强调表头或单元格数据，可以象征性地进行设置，切忌大片设置单元格底纹、妨碍阅读。

三、任务实施

1．重命名工作表并输入表格数据

先了解询价单的格式和应包含的项目，然后启动Excel 2003，在新建的表格中开始制作，其具体操作如下。

STEP 1 启动Excel 2003，默认新建一个空白工作簿，其中包含3张工作表，在"Sheet1"工作表上单击鼠标右键，在弹出的快捷菜单中选择"重命名"命令。

STEP 2 此时工作表标签名呈可编辑状态，切换输入法，输入文本"询价统计表"，按【Enter】键确认输入，如图2-7所示。

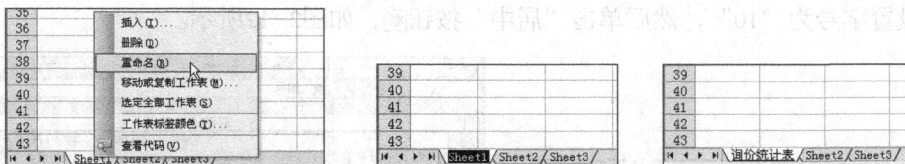

图2-7 重命名工作表

STEP 3 使用相同的方法将其他两张工作表的标签名分别更改为"询价单-商品1"和"询价单-商品2"。

STEP 4 选择"询价单-商品1"工作表标签，选择A1:F1单元格区域，单击"合并及居中"按钮国，双击单元格，输入"采购询价单"文本，按【Ctrl+Enter】组合键确认输入，如图2-8所示。

STEP 5 选择A2:C2单元格区域，单击"合并及居中"按钮国，再单击"居左"按钮，将光标定位到编辑栏中，输入"编号："文本，单击按钮确认输入，如图2-9所示。

图2-8 输入表标题

图2-9 在编辑栏输入数据

STEP 6 使用"合并及居中"按钮国，分别将D2:F2、A4:A5、B4:B5、C4:E4、F4:F5、A11:A13、C11:D11、E11:F11单元格区域合并。

STEP 7 选择C11:F11单元格区域，拖曳单元格区域右下角的填充柄，到F13单元格处释放鼠标，然后在对应的单元格中输入文本，效果如图2-10所示。

图2-10 制作表格框架结构

2．设置表格格式

制作好询价单的基本项目结构后，即可设置文本和单元格格式，其具体操作如下。

STEP 1 选择表标题所在的A1单元格，在"字体"下拉列表框中选择"黑体"选项，在"字号"下拉列表框中选择"12"，如图2-11所示。

STEP 2 拖曳鼠标选择表格数据所在的单元格区域，这里选择A2:F15单元格区域，在工具栏中设置字号为"10"，然后单击"居中"按钮，如图2-12所示。

图2-11 设置表标题格式

图2-12 设置表内容字号

STEP 3 选择A2单元格，单击"居左"按钮，选择D2单元格，单击"居右"按钮。

3．添加表格边框

为表格添加边框可以使表格的结构更加完整，其具体操作如下。

STEP 1 选择A3:F15单元格区域，打开"单元格格式"对话框，单击"边框"选项卡，在"预置"栏单击"内部"按钮，此时"边框"栏中的预览区域将显示添加边框后的效果，如图2-13所示。

STEP 2 在"线条"栏的"样式"列表框中选择右侧倒数第3种样式选项，在"预置"栏单击"外边框"按钮，预览效果，单击 确定 按钮确认设置，如图2-14所示。

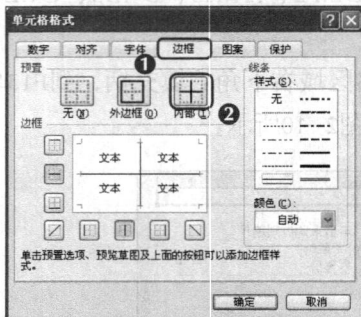

图2-13 添加内框线

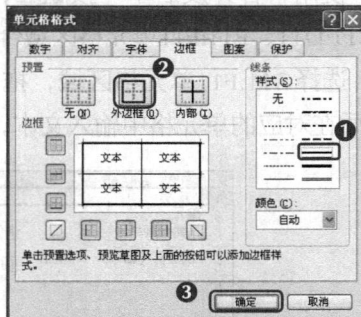

图2-14 添加外框线

STEP 3 返回Excel表格，选择C11:F11单元格区域，打开"单元格格式"对话框，在"线条"栏的"样式"列表框中选择"无"选项，在"边框"栏单击按钮，然后单击 确定 按钮确认设置，如图2-15所示。

STEP 4 返回Excel，保持C11:F11单元格区域的选择状态，将鼠标指针移至单元格区域右下角，向下拖曳填充格式，到F13单元格处释放鼠标，效果如图2-16所示。

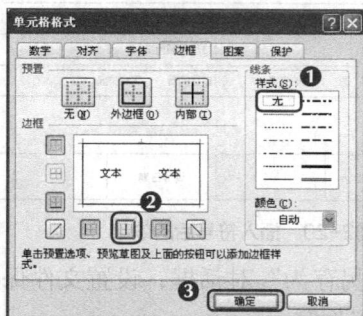

图2-15 取消内框线

图2-16 取消内框线

STEP 5 选择B14:F14单元格区域，单击"合并及居中"按钮 合并单元格。

4. 调整行高和列宽并插入符号

下面对表格的行高和列宽进行调整，然后插入符号，完善表格制作，其具体操作如下。

STEP 1 在左侧行号上拖曳鼠标选择第1~3行，将鼠标指针移动至选择行的行号分隔线上，鼠标指针变为 形状，向下拖曳鼠标调整第1,2,3行的行高（见图2-17）。

STEP 2 用相同的方法将第4行和第5行的行高调整为相同高度，然后选择第11~13行，选择【格式】/【行】/【行高】菜单命令，打开"行高"对话框，在文本框中输入"25"，然后单击 确定 按钮，如图2-18所示。

STEP 3 用相同方法调整其他行和列的行高和列宽，选择C11单元格，双击定位光标插入点，选择【插入】/【符号】菜单命令，打开"符号"对话框的"符号"选项卡。

图2-17 拖曳调整行高

图2-18 精确调整行高

STEP 4 在"字体"下拉列表框中选择"Wingding 2"选项，拖曳右侧的滑块查找符号，在中间的列表框中选择符号，单击 插入(I) 按钮，然后再单击 关闭 按钮，如图2-19所示。

STEP 5 返回Excel表格，在文本插入点处输入文本，然后使用相同的方法在该栏目的其他单元格中插入符号并输入数据，效果如图2-20所示。

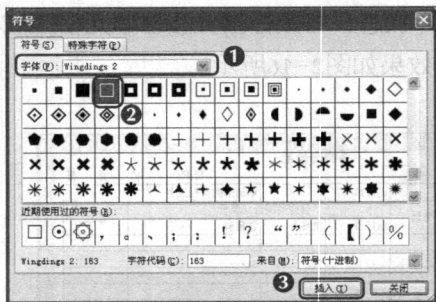

图2-19 插入符号

付款方式	□交货验收合格后付款	□试用合格后付款
订购方法	□分项定购	□总金额为准
交货期限	□需于 年 月 日以前交清	□订购后 天内交清
	采购专员		询价日期	

图2-20 插入符号后的效果

STEP 6 选择【文件】/【保存】菜单命令，打开"另存为"对话框，设置文件保存路径、文件名和文件类型，然后单击 保存(S) 按钮，保存工作簿。

> **职业素养** 填写公司商品询价表有两种方式：一种是打印表格手动填写；另一种是直接在计算机中输入表格数据，然后再进行打印。直接在计算机中输入表格数据时，可将原有表格另存，清空数据后再重新输入。

5．完成表格数据的输入和填充

制作好表格后，即可在表格中输入询价的详细数据，便于随时记录询价信息、统计物资的各种价格。其具体操作如下。

STEP 1 分别在表格中输入询价单编号、询价日期、采购计划单号、询价单号、申请采购类别编号等信息。

> **职业素养** 在采购流程中，有了采购计划，才有询价事项的发生，所以采购询价单中的询价单编号、询价日期、采购计划单号、询价单号、申请采购类别编号等信息，都应根据采购流程中的其他表格和单据的数据进行填写。

STEP 2 选择C6:E10单元格区域，打开"单元格格式"对话框的"数字"选项卡，在"分类"列表框中选择"货币"选项，在右侧"小数位数"数值框中输入"2"，在"货币符号"下拉列表框中选择"￥"选项，设置负数格式后单击 确定 按钮。如图2-21所示。

STEP 3 输入供应商编号（供应商档案编号）和咨询电话号码，然后通过拨打电话询问采购物资的出厂价、批发价、零售价等，同时将咨询的价格输入到对应单元格中，如图2-22所示。

STEP 4 选择A6单元格，拖曳单元格右下角的填充柄，到A10单元格时释放鼠标，填充供应商编号，然后依次输入咨询电话号码，并拨打电话询问采购详情。

STEP 5 在F6单元格中输入文本"供应商5月报价"，按住【Ctrl】键的同时拖曳单元格右下角的填充柄，到F10单元格时释放鼠标，填充文本，完成后单击"保存"按钮，保存工作簿，效果如图2-23所示。

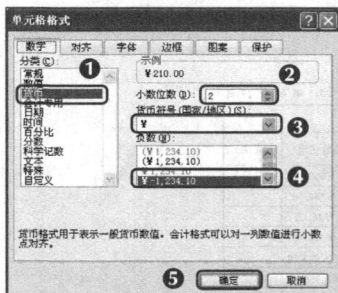

图2-21 设置单元格区域数据类型

图2-22 输入询价详情

图2-23 输入询价详情

任务二 制作"采购申请表"

采购申请表主要用于向主要负责部门或上级领导申请物资采购。通常情况下，公司会为每个部门规定年度预算和月度预算，即从部门日常工作活动中可能需要支付结算的各方面考虑，规定每月、每年最多使用的经费。所以在进行采购申请时，需要在采购申请单中体现部门预算的具体情况，由部门负责人批准后，交由财务部门审核；若通过预算，再向上级部门申报批示。

一、 任务目标

小白在采购部完成了仓库物资采购的询价工作，得到了老张的赞赏。刚好采购部门需要采购一批办公用品，老张将制作采购申请表的工作交给了小白，并叮嘱小白要先从统计员处获取办公用品采购明细，然后根据采购明细进行制作，其中采购申请表可以根据公司原有的模板文件创建。本任务完成后的最终效果如图2-24所示。

素材所在位置 光盘:\素材文件\项目二\采购申请表.xlt、公司Logo.jpg
效果所在位置 光盘:\效果文件\项目二\采购申请表.xls

德宇柯文

采购申请表

采购单编号：051702　　　　　　　　　　　　填写日期：2013 年 05 月 17 日

申请部门：采购部　　　　　　申请人：小白

物品名称	型号	规格	数量	单位	详细用途	费用日期	估值单价（元）	总价（元）	备注
签字笔	晨光K35	10支/盒	50	盒	月末会议	5月30日	￥17.00	￥850.00	
订书机	乔心B2992	1个/盒	10	盒	日常所需	5月18	￥75.00	￥750.00	
订书针	乔心B2993	10小盒/盒	2	盒	日常所需	5月18	￥22.00	￥44.00	
名片盒	伟岁VS	1个/盒	10	盒	日常所需	5月18	￥37.00	￥370.00	
大文件夹	乔心A-151A-P	5个/一盒	50	袋	整理采购资料	5月18	￥60.00	￥3,000.00	
文件袋	得力5591	10个/袋	50	袋	日常所需	5月18	￥35.00	￥1,750.00	
合计								￥6,764.00	

预算情况	年度预算	已用预算	尚余预算	部门当月可用预算	预算编号
	12万	4.2万	7.8万	0.8万	YS1040712

部门负责人：

财务部审核：　□有预算　　签字：　　　□无预算　　签字：
　　　　　　　　　　　　　　　　　　□预算追加　　签字：

主管领导签字：

采购部签字确认：

图2-24　"采购申请表"最终效果

二、 相关知识

对于一些有共性的Excel工作簿，可通过Excel模板快速创建。为了使工作簿更加美观，还可以为其添加页眉和页脚。下面将具体介绍Excel模板及页眉和页脚的相关知识。

1．认识Excel模板

Excel中自带了多种模板，这些模板的格式都已确定。当需要制作和该模板文件结构类似的工作簿时，就可以根据这些模板快速创建，从而最大限度地提高工作效率。根据创建方式的不同，Excel模板主要分为以下两种。

- **系统模板**：系统模板指系统自带的模板。创建新工作簿时，如果该工作簿是特殊类型的表格，可以在系统中选择一定类型的模板，下载安装后，将其另存为Excel 2003工作簿。具体方法为：启动Excel 2003，选择【文件】/【新建】菜单命令，打开"新建工作簿"任务窗格，单击"本机上的模板"超链接，打开"模板"对话框，单击"电子方案表格"选项卡，在下方的列表框中选择一种类型的模板，然后单击 ▭确定▭ 按钮，如图2-25所示。

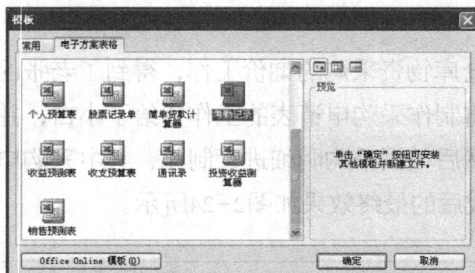

图2-25　"模板"对话框

- **自定义模板**：自定义模板指将创建好的工作簿另存为".xlt"类型的文件，该文件即为自定义模板（见图2-26）。结构、内容相同或相似的表格，应在第一次制作时将该工作簿自定义为模板，再次使用时可直接根据自定义的模板创建新的工作簿，进行修改保存。

图2-26 自定义模板

2．认识页眉和页脚

页眉和页脚通常显示附加信息，如时间、日期、页码、页数、单位名称、徽标等。页眉在页面的顶部，页脚在页面的底部。为工作表添加页眉和页脚可以有效地管理页面内容，并向表格使用者传达一定的信息。

添加页眉和页脚的方法为：选择【文件】/【页面设置】菜单命令，打开"页面设置"对话框，单击"页眉/页脚"选项卡，单击 [自定义页眉(C)...] 按钮，打开"页眉"对话框，此时对话框下方包含左、中、右文本框，将光标定位到选中的文本框中，单击相应的按钮，即可在页眉对应的位置添加信息。其中，常用按钮的含义如下。

● **"字体"按钮[A]**：单击该按钮打开"字体"对话框，在对话框中可设置字符格式。
● **"页码"按钮[]**：单击该按钮插入页码。
● **"总页数"按钮[]**：单击该按钮插入当前表格的总页数。
● **"日期"按钮[]**：单击该按钮插入当前日期。
● **"时间"按钮[]**：单击该按钮插入当前时间。
● **"图片"按钮[]**：单击该按钮打开"插入图片"对话框，选择图片后单击 [插入(S)] 按钮，可在页眉指定位置插入图片。

添加页脚的方法与添加页眉的方法一样，只需在"页面设置"对话框的"页眉/页脚"选项卡中单击 [自定义页脚(U)...] 按钮，在打开的"页脚"对话框中进行设置即可。

三、任务实施

1．根据Excel模板创建工作簿

下面将根据提供的素材文件"采购申请表.xlt"模板，创建新的工作簿，其具体操作如下。

STEP 1 启动Excel 2003，选择【文件】/【新建】菜单命令，打开"新建工作簿"任务窗格，单击"根据现有工作簿"超链接，打开"根据现有工作簿新建"对话框。

STEP 2 在对话框中打开保存模板的文件夹，选择需要的模板文件，这里选择"采购申请表"文件，单击 创建(C) 按钮自动打开模板文件，如图2-27所示。

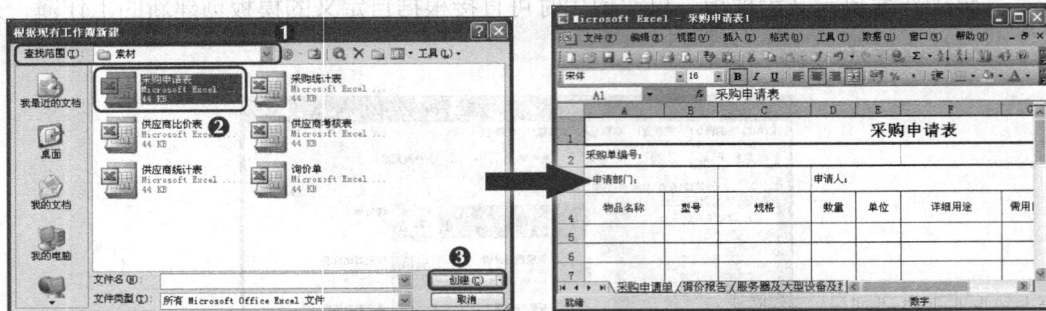

图2-27 根据模板创建工作簿

STEP 3 按【Ctrl+S】组合键，打开"另存为"对话框，设置文件保存的位置、文件名和文件类型后，单击 保存(S) 按钮，保存工作簿，如图2-28所示。

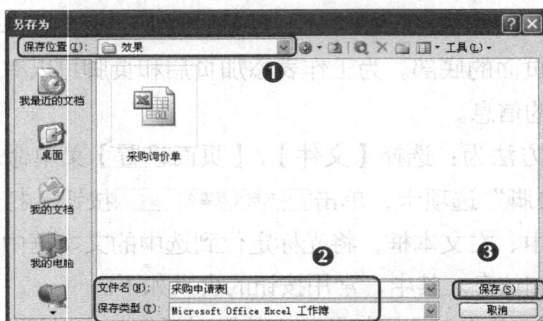

图2-28 保存工作簿

2．输入、复制和移动单元格数据

模板文件中的表格框架结构制作基本完成，此时只需在另存的工作簿中输入具体的采购信息，其具体操作如下。

STEP 1 依次输入采购单编号、日期、采购部门、采购人及各类采购物资的名称，选择D4单元格，按住【Ctrl】键的同时选择D9、D10单元格。

STEP 2 直接输入"50"，按【Ctrl+Enter】组合键，所有选择的单元格中将同时输入该数值，如图2-30所示。

图2-29 在单元格中批量输入

STEP 3 利用相同的方法在表格相应单元格中输入信息，选择C8单元格，将鼠标指针移至单元格右侧的边框上，鼠标指针变为┿形状，按住鼠标左键不放，将其拖曳到C7单元格，释放鼠标实现单元格数据的移动，如图2-30所示。

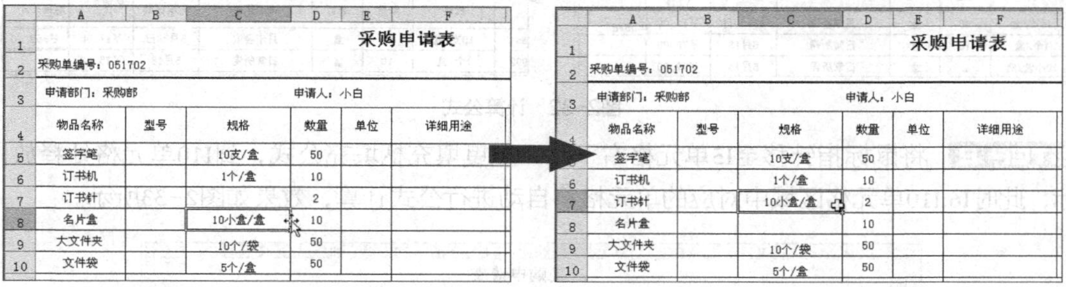

图2-30 移动单元格数据

STEP 4 选择C6单元格，按【Ctrl+C】组合键复制单元格数据，选择C8单元格，按【Ctrl+V】组合键，粘贴单元格数据。

STEP 5 利用相同的方法为表格中其他单元格输入相应的表格信息，如图2-31所示。

图2-31 完成数据输入后的效果

多学一招 选择数据所在单元格，按【Ctrl+X】组合键剪切数据，选择数据要移动到的单元格，按【Ctrl+V】组合键粘贴数据，也可实现数据的移动；选择数据所在单元格，将鼠标指针移到单元格右侧的边框上，按住【Ctrl】键，鼠标指针变为形状，同时拖曳鼠标到目标单元格，释放鼠标后可实现数据的复制。

3．计算物资合计金额

完成采购物资信息的输入后，即可计算采购所需总金额，以判断是否超出部门预算，便于及时做好调整准备，其具体操作如下。

STEP 1 选择I5单元格，输入"="符号，然后输入"D5"，此时D5单元格的边框呈蓝色显示。继续输入"*"符号和"H5"，然后按【Ctrl+Enter】组合键，计算公式结果，如图2-32所示。

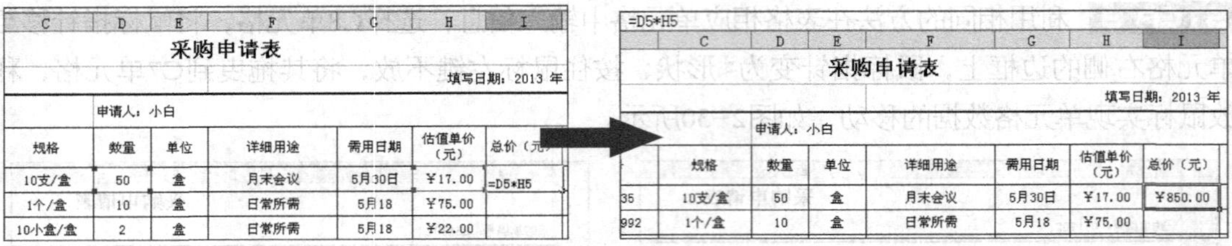

图2-32 计算公式

STEP 2 将鼠标指针移至I5单元格右下角，拖曳填充柄填充公式，到I10单元格处释放鼠标，此时I6:I10单元格区域中对应的单元格将自动进行公式计算，效果如图2-33所示。

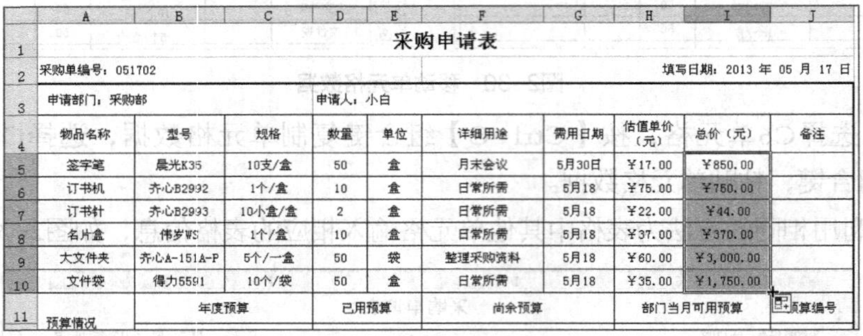

图2-33 填充公式

STEP 3 在行号11上单击鼠标右键，在弹出的快捷菜单中选择【插入】命令，插入一个空行，选择A11:H11单元格区域，单击"合并及居中"按钮，然后输入"合计"文本。

STEP 4 选择I11单元格，输入"=SUM(I5:I10)"，按【Ctrl+Enter】组合键，此时I11单元格中将自动计算I5:I10单元格区域中所有数值的和，如图2-34所示。

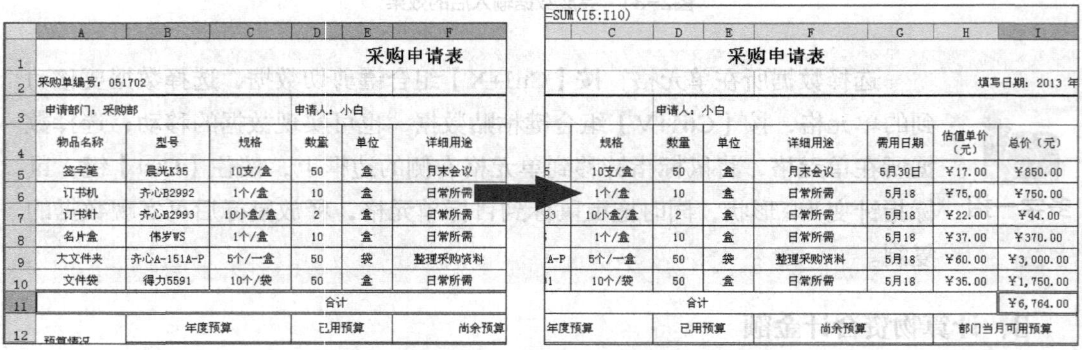

图2-34 计算采购物品的总合计金额

在Excel中，公式和函数的使用率非常高，其中以上操作中的公式"=D5*H5"表示该单元格中的值等于D5和H5单元格中的值的积；函数"=SUM(I5:I10)"表示该单元格中的值等于I5:I10单元格区域中所有值的和。在项目三中将具体讲解公式和函数的应用。

知识提示

STEP 5 输入其他数据，并根据部门的预算情况，在A12:J13单元格区域中填写预算信息，最终效果如图2-35所示。

采购申请表									
采购单编号：051702						填写日期：2013 年 05 月 17 日			
申请部门：采购部			申请人：小白						
物品名称	型号	规格	数量	单位	详细用途	需用日期	估值单价（元）	总价（元）	备注
签字笔	晨光K35	10支/盒	50	盒	月末会议	5月30日	￥17.00	￥850.00	
订书机	齐心B2992	1个/盒	10	盒	日常所需	5月18	￥75.00	￥750.00	
订书针	齐心B2993	10小盒/盒	2	盒	日常所需	5月18	￥22.00	￥44.00	
名片盒	伟岁WS	1个/盒	10	盒	日常所需	5月18	￥37.00	￥370.00	
大文件夹	齐心A-151A-P	5个/一盒	50	袋	整理采购资料	5月18	￥60.00	￥3,000.00	
文件袋	得力5591	10个/袋	50	袋	日常所需	5月18	￥35.00	￥1,750.00	
合计								￥6,764.00	
预算情况	年度预算		已用预算		尚余预算		部门当月可用预算		预算编号
	12万		4.2万		7.8万		0.8万		YS1040712

图2-35 "采购申请表"计算效果

4．添加页眉和页脚

表格制作好后即可打印输出，然后上交各级部门，由领导签字审核。为了使打印的表格结构更加清晰，可以在打印输出前为工作簿添加页眉和页脚，其具体操作如下。

STEP 1 选择【文件】/【页面设置】菜单命令，打开"页面设置"对话框，单击"页眉/页脚"选项卡。

STEP 2 单击 自定义页眉(C)... 按钮，打开"页眉"对话框，在"左"文本框中定位光标插入点，单击 按钮，在打开的对话框中选择"公司Logo"图片文件，单击 插入(S) 按钮插入图片，返回"页眉"对话框，然后单击 按钮，如图2-36所示。

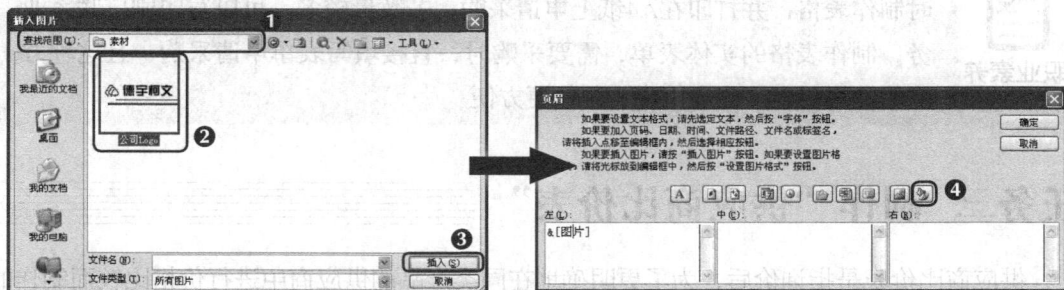

图2-36 在页眉中插入图片

STEP 3 打开"设置图片格式"对话框，在"比例"栏单击选中"锁定纵横比"和"相对原始图片大小"复选框，在"大小和转角"栏的"高度"数值框中输入"1.51厘米"，然后依次单击 确定 按钮，返回"页面设置"对话框，如图2-37所示。

STEP 4 单击 自定义页脚(U)... 按钮，打开"页脚"对话框，在"中"文本框中定位光标插入点，单击 按钮和 按钮，在文本框中插入页码和总页数，输入文本，将其格式设置为"第&[页码]页，共&[总页数]页"，在"右"文本框中定位光标插入点，然后单击 按钮，插入当前时间，单击 确定 按钮返回"页面设置"对话框，如图2-38所示。

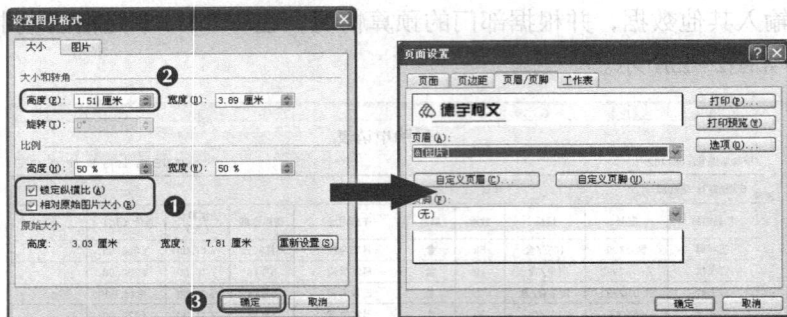

图2-37　设置图片格式

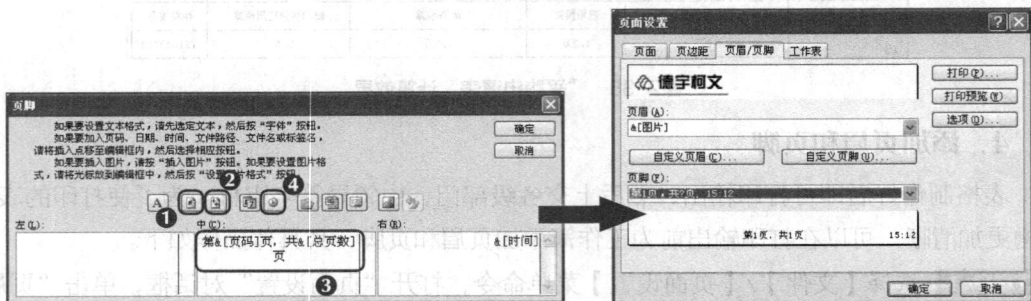

图2-38　添加页脚

STEP 5 单击 打印预览(W) 按钮，进入打印预览状态预览打印效果即可。

> 根据公司采购业务的数量和频率，制作相关表格。若数量较少，可以随时制作表格，并打印在A4纸上申请采购；若数量较多，可以与印刷厂联系业务，制作表格的实体表单，需要采购时，直接填写表单申请采购，且这种方法的费用更少、速度更快、制作更方便。
>
> 职业素养

任务三　制作"供应商比价表"

供应商比价表是指询价后，为了更明确地在同类产品的供应商中进行价格比较而制作的表格。供应商比价表可以对多种商品的不同供应商报价进行对比，直观地反映出与预估价格之间的差异，也方便采购工作完成后的保存与备案，以此作为评估筛选供应商的依据。

一、任务目标

下班前老张找到小白，告诉他公司要重新更新供应商信息，需要对公司购买频率较高的商品询价，并统计询价结果，制作一个完整的比价表，最后通过比价结果筛选出报价相对较合理的供应商，并将其添加到供应商档案中。老张为了锻炼小白的实际工作能力，让他对物流的各个环节都有进一步的了解，决定将该表格的制作工作交给他。为了满足以后工作的需要，小白决定先制作一个表格模板。本任务完成后的最终效果如图2-30所示。

效果所在位置 光盘:\效果文件\项目二\供应商比价表.xlt

供应商比价表

采购类别:									日期:	年 月 日	
名称	数量	预估底价		询价详情（最低）		报价一			报价二		
		单价	合计	单价	合计	单价	合计	供应商	单价	合计	供应商
合计											
采购部意见											
财务部意见											
总经理意见											
备注											

审核人：   制表人：

图2-39 "供应商比价表"最终效果

二、相关知识

在表格中输入数据时，可通过设置数据有效性或其他方法对数据进行保护。

1．认识数据有效性

数据有效性主要规范单元格内容，可以对单元格或单元格区域内输入的数据起到纠错和限制的作用，即对于符合条件的数据，允许输入；不符合条件的数据，禁止输入。设置数据有效性后，可以检查数据类型、格式是否正确，也能避免重复输入数据。下面简单介绍常用的数据有效性类型。

● **值**：包括整数、小数、序列、日期、时间、文本长度、自定义等多种类型。主要用于设置值的属性，如在单元格中输入的整数必须在某一范围；输入的小数必须大于某一值；输入的文本长度必须为固定长度等，如图2-40所示。

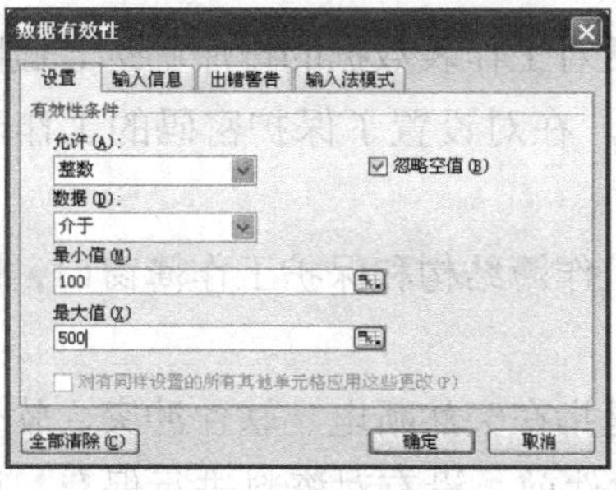

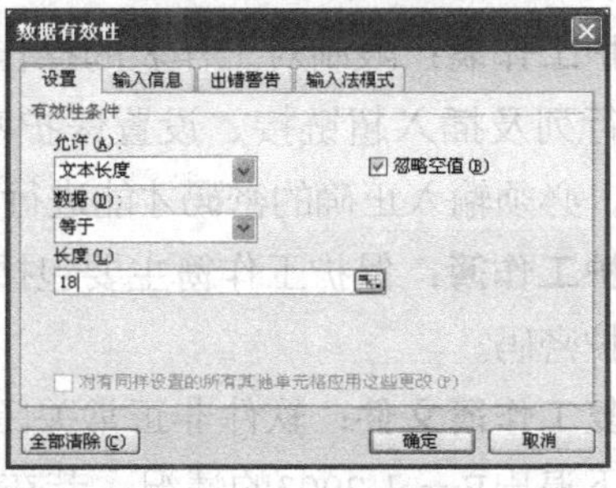

图2-40 值的有效性

● **出错警告**：包括停止、警告、信息3种模式，主要用于配合值的有效性。如果只设置了值的有效性，而没有设置出错警示，当输入的值与设置的有效性冲突时，将弹出如图2-41所示的对话框，默认模式为"停止"。要设置出错警示应打开"数据有效性"对话框，单击"出错警告"选项卡，默认已选中"输入无效数据时显示出错警告"复选框，在"样式"下拉列表框中选择"警示"方式，在"标题"文本框中输入出错时弹出的提示对话框的标题，在"错误信息"文本框中输入出错时弹出的提示对话框中将显示的提示信息，如图2-42所示，单击 确定 按钮即可应用设置。图2-43所示为3种模式下出错警示的效果。

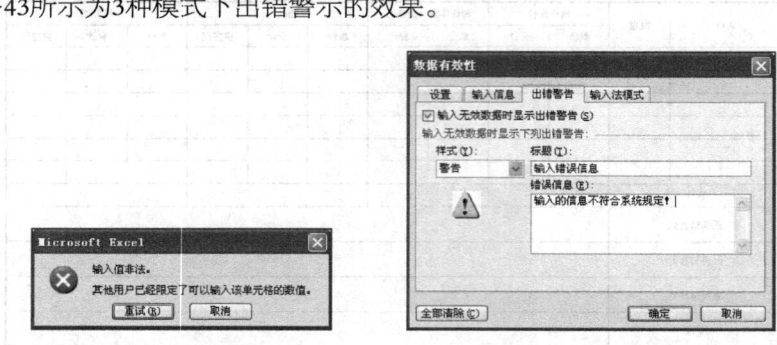

图2-41 默认警示　　　　　　　　图2-42 设置警示参数

图2-43 3种模式下的警示提示

2.数据保护的各种方法

对于一些重要工作簿，需要对其进行保护，除了设置数据有效性外，还包括保护单元格或单元格区域、保护工作表、保护工作簿，以及在软件非正常关闭的情况下，快速找回工作簿文件等。下面将简单介绍常用数据保护及其具体适用情况。

● **保护单元格或单元格区域**：指限制对某一单元格或单元格区域的编辑，如在"采购申请表"中，财务、主管领导和采购部门签字栏应该在打印表格后由相应人员签字，而非编辑表格时直接输入，这些单元格不允许进行编辑，此时就可以设置单元格或单元格区域保护。

● **保护工作表**：限制对工作表的操作，包括对工作表数据的排序筛选、删除行列、插入行列及插入超链接、设置保护密码等。在对设置了保护密码的工作表进行编辑时，必须输入正确的密码才能进行。

● **保护工作簿**：保护工作簿主要包括保护工作簿结构和保护工作簿窗口，同样可设置保护密码。

● **恢复工作簿文件**：软件非正常关闭软件是指在突然断电、软件冲突、软件故障等情况下退出Excel 2003的情况。若在退出软件前，没有对资料进行保存，则有可能丢失表格信息。一般情况下，再次启动Excel 2003时，将在主界面的左侧打开一个任务窗格，显示原始文件和修改后未保存的文件。在Excel 2003主界面中选择【工具】/

【选项】菜单命令，打开"选项"对话框，单击"保存"选项卡，在其中可以设置自动保存时间间隔和文件保存位置，如图2-44所示。

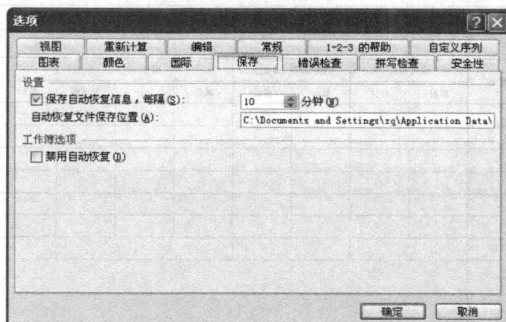

图2-44　设置自动保存参数

三、任务实施

1．创建表格框架数据

制作"供应商比价表.xls"工作簿，首先应创建表格的框架数据结构，然后再对其进行其他设置，其具体操作如下。

STEP 1　启动Excel 2003，系统自动创建一个工作簿，按【Ctrl+S】组合键打开"另存为"对话框，将其以"供应商比价表"为名进行保存。选择A1:L1单元格区域，单击"合并及居中"按钮，然后输入"供应商比价表"文本。

STEP 2　选择A2:I2单元格区域，依次单击"合并及居中"按钮和"左对齐"按钮，然后输入文本"采购类别："。利用相同的方法合并J2:L2单元格区域并输入文本，如图2-45所示。

图 2-45　输入表格数据

STEP 3　利用合并单元格和输入文本的方法创建表格框架数据，效果如图2-46所示。

图2-46　创建表格框架数据

STEP 4　设置表标题字符格式为"宋体、14、加粗"，内容字符格式为"宋体、10"，除第2行和第16行外的所有单元格居中显示。

STEP 5 选择A3:L15单元格区域，为内边框设置"全部框线"边框样式，外边框设置"粗匣框线"边框样式。适当调整表格行高和列宽，最终效果如图2-47所示。

图2-47 设置字符格式并添加表格边框

2．设置出错警告

为了规范表格数据，可以显示每个栏目下的数据类型，并设置输入错误数据时的提示警示信息，其具体操作如下。

STEP 1 选择B5:B10单元格区域，选择【数据】/【有效性】菜单命令，打开"数据有效性"对话框。

STEP 2 单机"设置"选项卡，在"有效性条件"栏的"允许"下拉列表框中选择"整数"选项，在"数据"下拉列表框中选择"不等于"选项，在出现的"数值"文本框中输入"0"，如图2-48所示。

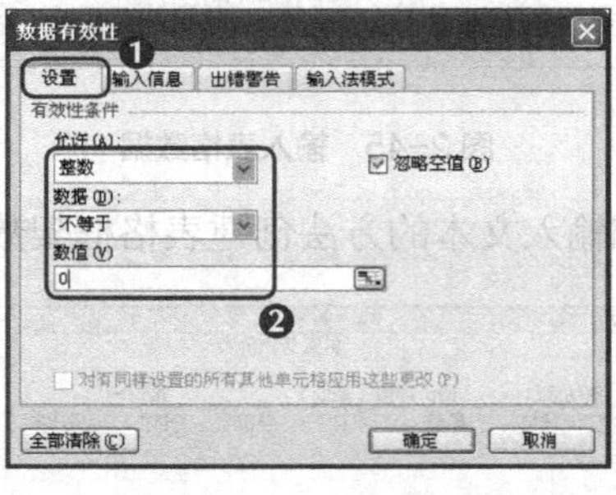

图2-48 设置数据有效性

STEP 3 单击"出错警告"选项卡，在"样式"下拉列表框中选择"停止"选项，在"标题"文本框中输入"输入错误数据"文本，在"错误信息"文本框中输入"采购数量不能为零！"文本，单击 确定 按钮确认设置，返回Excel工作表，如图2-49所示。

STEP 4 在B5单元格中输入0，按【Enter】键后将打开提示对话框，显示设置的出错警告信息，单击 重试(R) 按钮可重新在单元格中输入数据，单击 取消 按钮可取消输入，如图2-50所示。

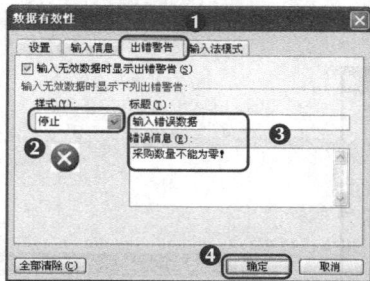

图2-49　设置停止警告

图2-50　提示停止警告

3．设置单元格数据的有效长度

在表格中通常需要输入规定格式的数据或文本，如身份证号码为18位，公司全称不小于8个汉字，下面将规范供应商名称的输入，其具体操作如下。

> **职业素养**　　公司全称在公司注册时确定，主要由4部分组成：行政区划+字号+行业特点+组织形式。行政区划指公司所在地，如四川成都等；为了减少重名，字号最好为3个字（先注册的公司可能不包含字号）；行业特征指公司经营行业的主要特征，如科技、广告、传媒等；组织形式指有限公司、有限责任公司、集团公司等。因此公司全称最少包含8个汉字。

STEP 1　选择I5:I10单元格区域，按住【Ctrl】键的同时拖曳鼠标选择L5:L10单元格区域，然后选择【数据】/【有效性】菜单命令，打开"数据有效性"对话框。

STEP 2　单击"设置"选项卡，在"允许"下拉列表框中选择"文本长度"选项，在"数据"下拉列表框中选择"大于或等于"选项，在"最小值"文本框中输入"8"，如图2-51所示。

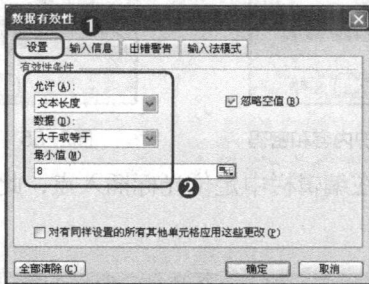

图2-51　设置文本长度

STEP 3　单击"出错警告"选项卡，在"样式"下拉列表框中选择"警告"选项，在"标题"文本框中输入文本"确认供应商信息！"，在"错误信息"文本框中输入"请确认输入值为供应商全称！"文本，单击 确定 按钮确认设置，如图2-52所示。

STEP 4　返回Excel工作表，在I5单元格中输入"东方食品"后按【Enter】键，打开提示对话框，如图2-53所示。单击 是(Y) 按钮将确认输入数据，单击 否(N) 按钮将重新编辑数据，单击 取消 按钮将取消数据输入。

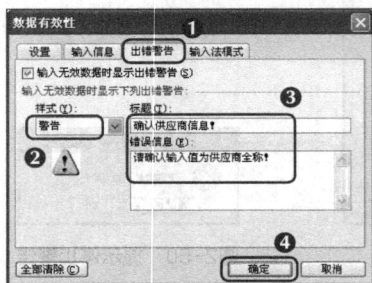

图2-52　设置警告提示　　　　　　　图2-53　提示警告信息

4．设置工作表保护

下面为"供应商比价表.xls"的签字栏设置保护，其具体操作如下。

STEP 1 选择C12:L14单元格区域，选择【工具】/【保护】/【保护工作表】菜单命令，打开"保护工作表"对话框。

STEP 2 在"允许此工作表的所有用户进行"列表框中单击选中"编辑对象"复选框，默认选中"选定锁定单元格"和"选定未锁定的单元格"复选框，然后在列表框上方的文本框中输入密码，这里输入"000000"，单击 确定 按钮，如图2-54所示。

STEP 3 打开"确认密码"对话框，在"重新输入密码"文本框中再次输入设置的密码，完成后单击 确定 按钮，返回Excel工作表，如图2-55所示。

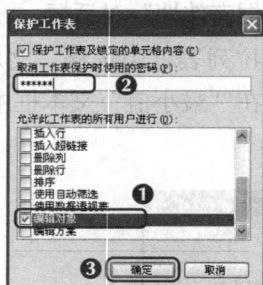

图2-54　设置保护内容和密码　　　　　图2-55　确认密码

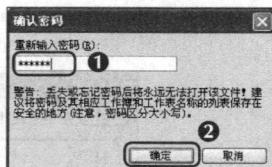

STEP 4 选择C12单元格，在编辑栏中定位光标插入点，此时打开如图2-56所示的提示对话框，提示当前单元格被保护。

图2-56　提示保护信息

5．将表格保存为模板

完成所有制作后，即可将表格保存为模板，便于以后的比价工作能在此模板的基础上进行，其具体操作如下。

STEP 1 按【Ctrl+S】组合键保存表格，然后选择【文件】/【另存为】菜单命令，打开"另存为"对话框。

STEP 2 在"保存位置"下拉列表框中选择文件保存的位置，设置文件名为"供应商比价表"，然后在"保存类型"下拉列表框中选择"模板"选项，单击 保存(S) 按钮，如图2-57所示。

STEP 3 打开保存文件的文件夹，即可查看保存的模板文件，如图2-58所示。

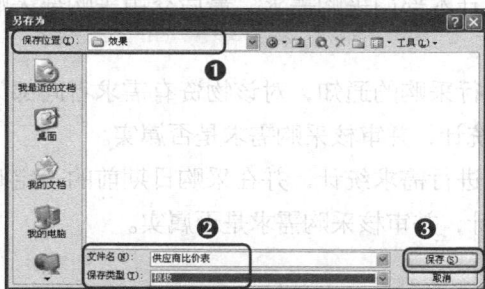

图2-57　另存为模板文件　　　　图2-58　查看保存的模板文件

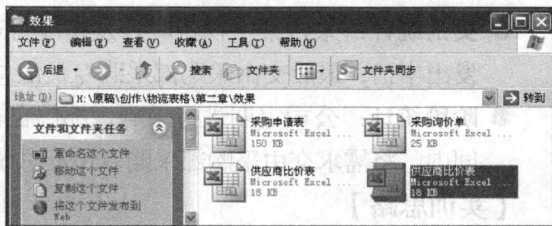

实训一　制作"采购需求统计表"

【实训目标】

根据上月月末的物资清查，发现很多部门的办公设备都需要更新，于是公司决定统一采购办公设备。老张把这个消息告诉小白时，小白主动提出负责需求统计的工作，希望能通过统计工作强化自己的表格制作能力。

要完成本实训，需要熟练掌握字符格式的设置方法，掌握填充数据、批量输入数据、设置表格边框的操作方法。本实训的最终效果如图2-59所示。

效果所在位置　光盘:\效果文件\项目二\采购需求统计表.xls

采购需求统计表

编号: XQ062001　　　　　　　　　　　　日期: 2013 年 06 月 20 日

序号	部门	品名	型号	单位	请购量	用途	需求时间	采购意见
1	行政部	打卡机	中控H10	个	2	更换破旧打卡机	6月25日	
2	行政部	投影仪	松下UX220	台	1	替换会议室损坏投影仪	6月25日	
3	销售部	笔记本电脑	华硕N56XI361VM-SL	台	2	新增员工使用	7月5日	
4	销售部	会议白板	顺达HY04	个	2	销售经理和会议室各一	6月25日	
5	企划部	办公桌椅	棕-黑H201	套	4	新办公区增添	7月5日	
6	企划部	PC电脑	联想扬天 T4980D	台	4	新办公区增添	7月5日	
7	生产部	包装机	星火DXDK60-II	台	2	业务需求增添	6月25日	

图2-59　"采购需求统计表"最终效果

【专业背景】

采购需求统计表的制作是采购工作的开始，也是完成采购计划的前提。日常工作中，办公用品和设备的磨损、生产原料和物资的消耗及贩卖商品的减少等情况，都涉及采购管理。在采购环节中，确定需要采购物资的类别、数量、最短需求时间的工作，称为统计采购需求。

统计采购需求的方法有多种，下面简单介绍几种常用方法。

- **部门统计：** 发布统一采购通知，分部门统计本部门采购需求，最后交由采购部采购专员汇总统计，并审核采购详情是否属实。
- **类别统计：** 采购某一物资时，发布即将进行采购的通知，对该物资有需求者向部门发出申请，最后交由采购部采购专员汇总统计，并审核采购需求是否属实。
- **阶段统计：** 公司定期进行采购，部门自行进行需求统计，并在采购日期前的一定时间内，将需求交由采购部采购专员汇总统计，并审核采购需求是否属实。

【实训思路】

完成本实训需要先创建表格的基本框架，然后设置文本格式并添加表格边框，最后再在表格中输入完整的需求统计，其操作思路如图2-60所示。

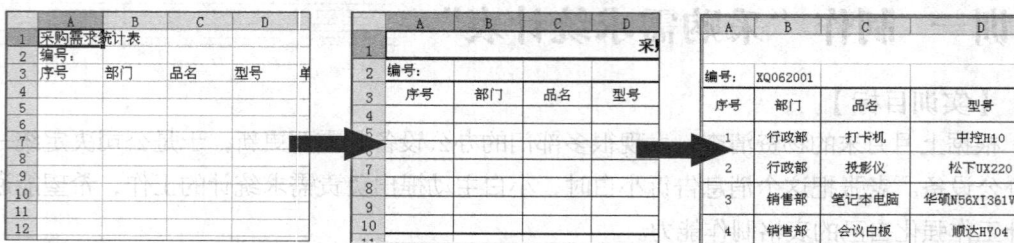

①输入基本表格数据　　②设置字符格式并添加边框　　③输入需求

图2-60　制作"采购需求统计表"的思路

【步骤提示】

STEP 1 启动Excel 2003，按【Ctrl+S】组合键打开"另存为"对话框，将工作簿命名为"采购需求统计表"，并进行保存。

STEP 2 在表格中设置表格的基本框架，包括表标题、编号、日期、需求物品名称、数量、型号、所需部门、所需时间等。

STEP 3 选择表标题所在单元格，合并单元格后设置其字符格式为"宋体、12、加粗、居中"，设置其他文本的字符格式为"宋体、11"。

STEP 4 将表头居中显示，然后为表格添加边框，其中内框线为细线，外框线为粗线。

STEP 5 调整行高和列宽，通过拖曳填充柄的方式填充序号和相同部门，通过批量输入单元格数据的方法输入相同需求日期。

STEP 6 输入其他数据，单击"保存"按钮保存表格，完成"采购需求统计表.xls"工作簿的制作。

实训二 制作“采购付款结算单”

【实训目标】

采购流程进入最后阶段时，老张让小白和他一起制作采购付款结算单，通过对账、审核、确认，最后将结算单递交给财务部。

要完成本实训，需要运用项目二介绍的表格制作的基础操作、数据有效性设置方法和另存为模板的相关知识进行制作。本实训完成后的最终效果如图2-61所示。

效果所在位置 光盘:\效果文件\项目二\采购付款结算单.xlt

采购付款结算单

编号:											日期:	年	月	日	
供应商名称			开户行				联系人				合同编号				
供应商地址			银行帐号				联系电话				合同备案编号				
采购项目名称	规格	单位	单价	折扣率	采购		退货		追加			实际			
					数量	金额	数量	金额	数量	金额		数量	金额		
合计															
预付金额（大写）	人民币	仟	佰	拾	万	仟	佰	拾	元	角	分	预付金额（小写）		粘贴单据张数	张
实付金额（大写）	人民币	仟	佰	拾	万	仟	佰	拾	元	角	分	实付金额（小写）		粘贴单据张数	张

经办人: 财务负责人:

图2-61 “采购付款结算单”最终效果

【专业背景】

在采购管理中，最后需要向供应商支付结算。支付结算涉及多个方面，合同签订的结算方法、采购中途退换货物、是否存在预付款项及财务部门具体付款日期确认等，都需要在支付结算过程中确认、审核。采购付款结算的流程如图2-62所示。

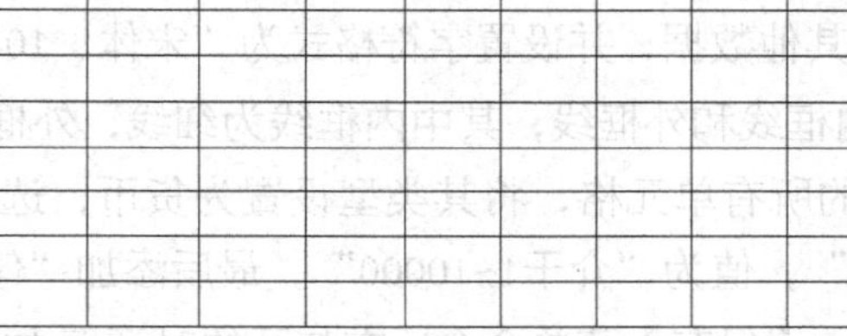

图2-62 “采购需求统计表”最终效果

一般情况下，在与供应商签订采购合同时，都会明确采购支付的相关条款，如支付方式为现金支付或转账支付、付款日期为对账后一星期或供货后一个月、预付金额为货款的10%或30%，以及采购结算时折扣的确定等。制作采购支付结算单时，将这些项目列出来即可。

【实训思路】

完成本实训应先制作表格的框架数据结构，包括输入文本、设置字符格式、为表格添加边框等，然后依次设置单元格区域的数据类型和数据有效性，最后将制作的表格另存为模板文件，其操作思路如图2-63所示。

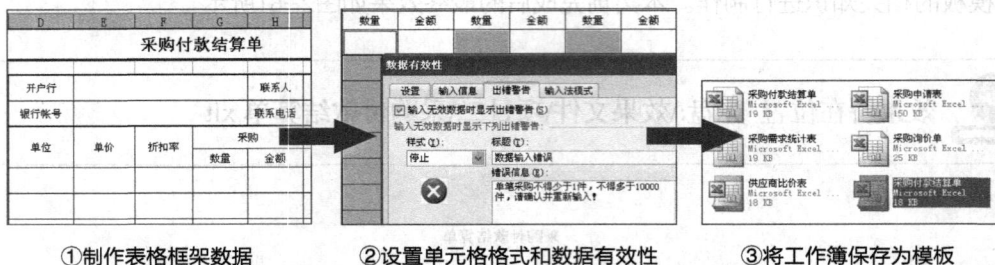

①制作表格框架数据　　　　②设置单元格格式和数据有效性　　　　③将工作簿保存为模板

图2-63　制作"采购付款结算单"的思路

【步骤提示】

STEP 1 启动Excel 2003，合并单元格并输入表标题，将标题格式设置为"宋体、16、加粗"，输入表框架结构的其他数据，并设置字符格式为"宋体、10"。

STEP 2 为表格添加内框线和外框线，其中内框线为细线，外框线为粗线。

STEP 3 选择金额栏的所有单元格，将其类型设置为货币，选择数量栏的所有单元格，设置数据有效性为"整数"，值为"介于1~10000"，最后添加"停止"类型的出错警示。

STEP 4 选择【文件】/【保存】菜单命令，在打开的对话框中将工作簿保存为模板。

常见疑难解析

问：为什么任务一中制作表格时要重命名多个工作表标签？

答：在物流工作中，一个任务流程通常涉及多个工作簿文件的制作，采购专员可以将同一流程的工作簿放在一个文件夹里，也可以在一个工作簿中创建该流程的多个工作表。任务一中只讲解了在工作簿中重命名工作表标签的方法，并没有讲解其他表格的具体制作，意在传达管理工作簿的技巧和方法。

问：填充数据后，单元格右下角有一个图按钮，它有什么作用呢？

答：填充数据后，在单元格或单元格区域的右下角将显示图按钮，单击该按钮后将打开一个快捷菜单，如图6-64所示。单击选中该菜单中对应的单选项，即可为填充操作应用不同的填充方式。

问：能否取消设置的数据有效性？

答：数据有效性的作用在于规范数据格式，当不需要为单元格设置数据有效性时，可以将其清除，具体方法为：选择【数据】/【有效性】菜单命令，打开"数据有效性"对话框，单击对话框左下角的 全部清除(C) 按钮，然后单击 确定 按钮即可。

问：能不能为同一单元格区域设置多重数据有效性？

答：能。当为设置过数据有效性的单元格区域再次设置不同的数据有效性，该单元格区域将同时满足设置的所有有效性。若重复设置有效性的单元格区域中包含一些从未设置有效性的单元格时，将打开图2-65所示的对话框，单击 是(Y) 按钮将为所有选择的单元格应用设置，单击 否(N) 按钮将只为设置过有效性的单元格应用设置。

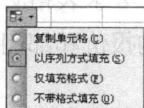

图2-64　填充选项　　　　　　　　图2-65　设置多重数据有效性

拓展知识

1．快速填充格式

在Excel中复制格式可以使用格式刷。除此之外，还可以利用填充柄快速复制格式。具体方法为：选择设置了格式的单元格，向下拖曳填充柄，到目标位置后释放鼠标，单元格中自动填充源单元格中的数据，单击右下角的 按钮，弹出快捷菜单，在菜单中单击选中"仅填充格式"单选项，关闭快捷菜单，填充的单元格中数据保持原始状态，格式变为源单元格的格式，如图2-66所示。

2．在所有单元格中快速插入相同符号

若需要在较多的单元格中输入相同的符号，可以在"单元格格式"对话框中进行设置，具体方法为：选择单元格或单元格区域，打开"单元格格式"对话框，在"数字"选项卡的"分类"列表框中选择"自定义"选项，在右侧"类型"列表框中选择"@"选项，并在上面的文本框的最前面输入""□""，确认设置后返回Excel表格，在单元格中输入数据，按【Enter】键后自动在输入的数据前加上添加的符号，如图2-67所示。

图2-66　填充格式　　　　　　　　图2-67　快速插入符号

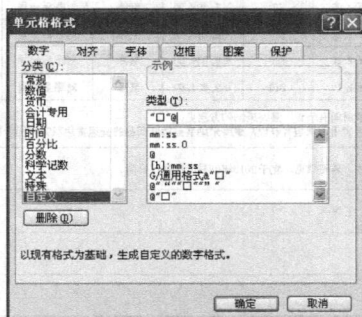

课后练习

效果所在位置 光盘:\效果文件\项目二\采购计划表.xls、价格谈判记录表.xls

（1）根据公司生产部7月份的采购任务制作一份采购计划表，要求表格必须体现采购物品的详细资料，包括名称、规格、库存量、需求量、采购量、采购报价和部门预算等，制作完成后的效果如图2-68所示。

采购计划表

编号：GC071503　　　　　　　　　　　　　　　　　　　　　　　　　　　填表日期：2013 年 07 月 15 日

序号	材料名称	规格	单位	预算分析（万元）			需用量	现有库存	采购量	采购报价	备注
				年度预算	已用预算	可用预算					
1	原材料1	100kg/袋	袋				50	24	100	￥120.00	
2	原材料2	100kg/袋	袋				40	15	80	￥140.00	
3	物料1	50斤/桶	桶				50	18	50	￥125.00	
4	物料2	50斤/桶	桶				30	20	100	￥136.00	
5	半成品1	50件/箱	箱	100	55	45	49	19	75	￥85.00	
6	半成品2	50件/箱	箱				45	31	120	￥115.00	
7	包装材料1	250件/箱	箱				20	14	100	￥75.00	
8	包装材料2	250件/箱	箱				25	18	100	￥125.00	

填表人：　　　　　　　　审批人：　　　　　　　　采购员：

图2-68 "采购计划表"最终效果

（2）询价后，通常需要与供应商对采购物资的价格再次进行洽谈，确保以最低价格、最便捷的方式购进物品。请用Excel制作"价格谈判记录表.xls"工作簿，要求数据真实，表格效果简洁，表格内容完整，具体效果如图2-69所示。

价格谈判记录表

编号：TP072101　　　　　　　　　　　　　　　　　　　　　　　　　　　日期：2013 年 07 月 21 日

谈判时间	2013年7月20日	谈判地点	公司第一会议室		供应商		×××商贸有限公司		
采购类别	规格	询价价格（单件）	谈判后价格	单次购进量	总价	付款条件		交货日期	交运方式	备注
						方式	时间			
S010101	24件/箱	￥1.20	￥1.00	100	￥2,400.00	转账	对账后一周	下单后两天内	陆运-购方支付	
T120215	50件/箱	￥2.40	￥2.10	50	￥5,250.00	转账	对账后一周	下单后两天内	陆运-双方支付	
F041215	36件/箱	￥3.30	￥2.90	70	￥7,308.00	转账	对账后一周	下单后两天内	陆运-双方支付	
X032403	48件/箱	￥1.60	￥1.20	150	￥8,640.00	转账	对账后一周	下单后两天内	陆运-购方支付	
X021405	24件/箱	￥2.70	￥2.20	120	￥6,336.00	转账	对账后一周	下单后两天内	陆运-双方支付	
T120311	36件/箱	￥1.50	￥1.10	240	￥9,504.00	转账	对账后一周	下单后两天内	陆运-购方支付	
谈判争议点	对发货日期、付款时间有争议，最终采纳双方意见；对交运方式中交运费用的承担有争议，最终采纳某些特殊商品的交运费用双方共同承担。									
谈判结果	谈判结果如上所述，若无意见，定于2013年08月01日签订合同。									
谈判参与人员	张××、李××、王××									
谈判负责人意见										
总经理意见										

图2-69 "价格谈判记录表"最终效果

PART 3

项目三 仓储管理

情景导入

老张对小白的工作能力非常满意，于是将小白带到仓库，向其介绍了仓储管理的相关事宜。老张要求小白熟悉仓储工作的具体流程和相关表格的制作方法，尽快融入相关工作。

知识技能目标

- 熟练掌握添加批注和保护单元格的操作方法。
- 熟练掌握追踪引用和Excel公式的使用及错误检查的操作方法。
- 熟练掌握SUM函数、ABS函数的使用方法。

- 了解仓储活动的基本流程和仓储管理的常用表格。
- 掌握"货物入库单"、"库存账面对照表"、"货物出库单"等工作簿的制作方法。

项目流程对应图

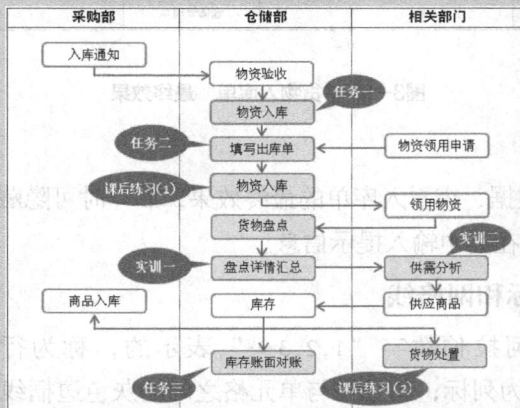

任务一 制作"货物入库单"

货物入库单用于对购进物资的入库进行管理和监督。通常情况下，货物可直接通过供货单位的出库单进行验收入库，若公司要求严格，也可自行制作货物入库单。货物入库前，需要对货物进行验收，包括检查货物数量与订货信息、供货信息是否一致、货物包装是否完整、货物是否损坏及货物质量是否合格等。自制货物入库单必须将供货单位的送货单、货物校验单和货物入库单装订在一起，形成凭证，便于查证和管理。

一、任务目标

本月月初，老张将小白调到了仓管部门，要求小白在仓库工作一个月，熟悉仓储管理流程。刚到仓库，老张就给小白安排了具体的岗位，鉴于小白对仓储工作不熟悉，老张特意指派他辅助一批物资的入库工作，并在货物入库前对物资进行验收。本任务完成后的最终效果如图3-1所示。

效果所在位置 光盘:\效果文件\项目三\货物入库单.xls、货物入库单.xlt

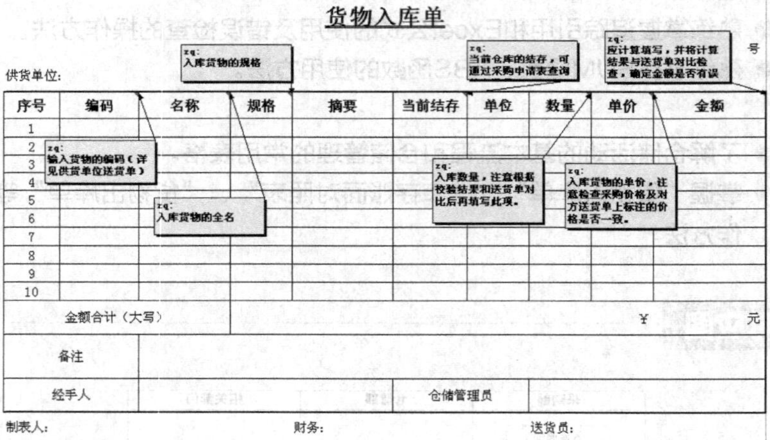

图3-1 "货物入库单"最终效果

二、相关知识

为了便于填写表格数据、查看入库单的最终效果，制作时可隐藏行号、列标和网格线，同时可为表格添加批注，在其中输入提示信息。

1．隐藏行号、列标和网格线

Excel工作区中以阿拉伯数字"1,2,3…"表示的，称为行号；以大写英文字母"A,B,C…"表示的，称为列标；单元格与单元格之间的灰色边框线，称为网格线。其中，行号和列标可表示单元格位置，网格线都用于分隔单元格，它们都确定了数据的具体位置，便于表格的制作。表格在打印输出时，行号、列标和网格线都不会被打印。

根据需求可隐藏行号、列标和网格线，将其隐藏或显示。选择【工具】/【选项】菜单命令，打开"选项"对话框，单击"视图"选项卡，在"窗口选项"栏中撤销选中"行号列标"和"网格线"复选框，单击 确定 按钮返回Excel 2003（见图3-2）。在工作区中将看到行号、列标和网格线都已被隐藏。

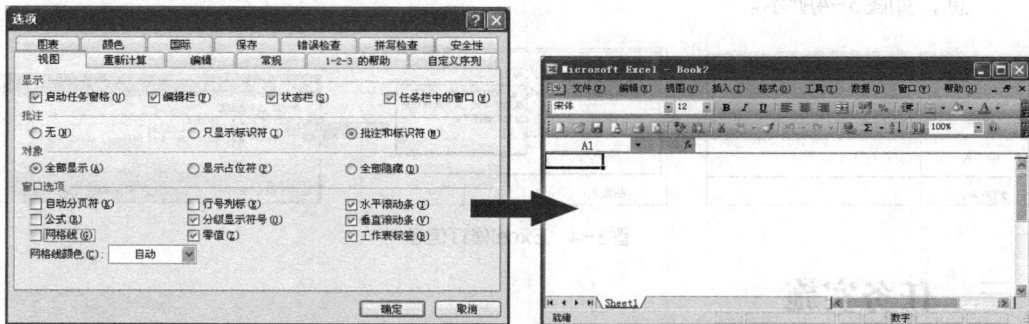

图3-2　隐藏行号、列标和网格线

2．Excel批注与修订

在Excel电子表格中输入数据时，若不知道表格各项目下的数据应该如何填写，可在制作表格时，根据表格项目填写的难易程度，适当地添加Excel批注、对表格项目进行修订，为表格使用者提供方便。

● **Excel批注**：批注，又称为标注，对单元格起到提示和说明的作用。在为Excel工作簿的单元格添加批注后，该区域的右上角将出现一个红色三角形标志，将鼠标指针移至该区域，就会显示批注框。添加批注后，批注框会自动隐藏，选择【视图】/【批注】菜单命令，可显示当前工作表中的所有批注框。批注框和单元格之间，用一条黑色带箭头的线段连接，在批注框中定位光标插入点，可以对批注框中的信息进行编辑和修改（见图3-3）。

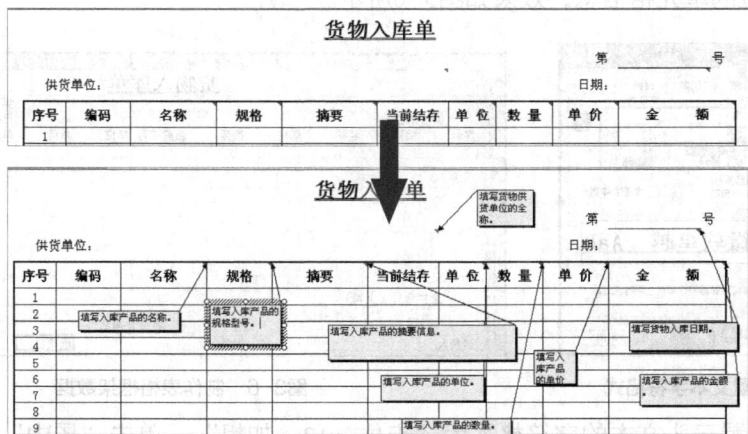

图3-3　隐藏和显示Excel标注

● **Excel修订**：修订是指记录别人当前工作表做的所有修改，然后选择是否接受这些修改。对Excel工作簿中的单元格进行修订后，单元格的左上角会出现黑色三角形标志，将鼠标指针移至该单元格上，将打开修订框，显示对当前单元格所做的修改信息。选择【工具】/【修订】/【接受或拒绝修订】菜单命令，打开"接受或拒绝修订"对话框，单击 确定 按钮，在打开的对话框中将显示当前工作表的所有修订信息，如图3-4所示。

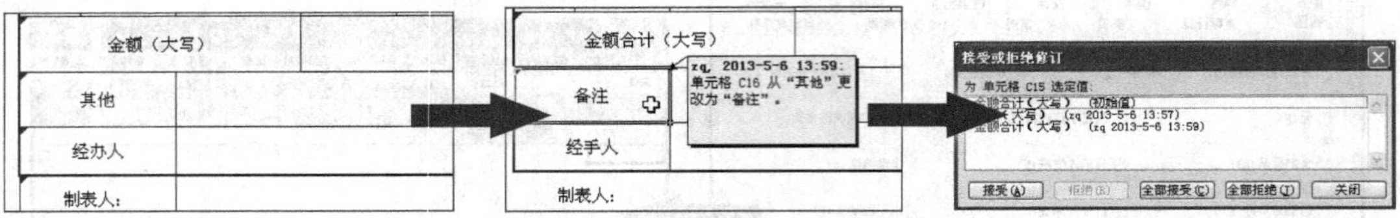

图3-4　Excel修订信息

三、任务实施

1．新建表格并创建数据结构

首先确认货物入库单的数据项目，然后再创建新工作簿，输入表格的项目数据，其具体操作如下。

STEP 1　启动Excel 2003，默认将新建一个空白工作簿，选择【文件】/【保存】菜单命令，打开"另存为"对话框，将工作簿命名为"货物入库单"，并进行保存。

STEP 2　选择A1:K1单元格区域，单击"合并及居中"按钮 并输入文本"货物入库单"，按【Ctrl+Enter】组合键，选择【格式】/【单元格】菜单命令，打开"单元格格式"对话框。

STEP 3　单击"字体"选项卡，设置文本字符格式为"宋体、20、加粗"，在"下划线"下拉列表框中选择"双下划线"选项，单击 确定 按钮确认设置，如图3-5所示。

STEP 4　在I2单元格中输入文本"第"，在K2单元格中输入文本"号"，合并A3:B3单元格区域，然后在合并后的单元格中输入"供货单位"文本，利用相同的方法设置单元格，并在其中输入对应的单元格信息，效果如图3-6所示。

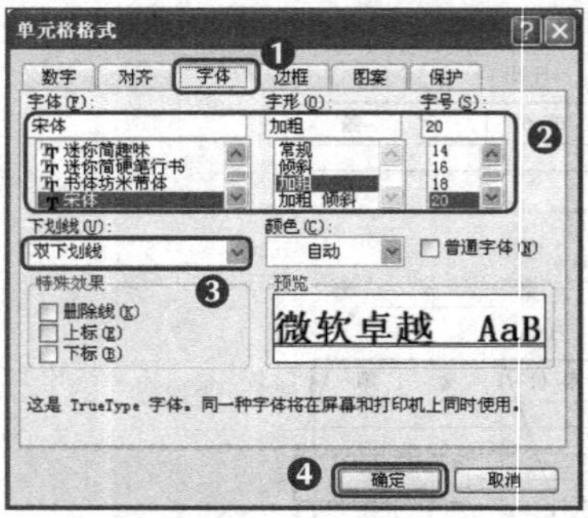

图3-5　设置文本字符格式

图3-6　制作表格框架数据

STEP 5　设置表头文本的字符格式为"宋体、12、加粗"，单击"居中"按钮 使文本居中显示，设置其他文本的字符格式为"宋体、11"，并将I2、I3单元格内容居右显示，K2

单元格、A3:B3单元格区域内容居左显示。

STEP 6 拖曳鼠标调整行高和列宽，检查表格数据，编辑补充单元格数据，完成后效果如图3-7所示。

	货物入库单	
		第 号
供货单位:		日期:

图3-7 表格效果

2．添加边框和底纹

完成表格框架数据结构的制作后，即可为表格添加边框和底纹，其具体操作如下。

STEP 1 选择A4:K17单元格区域，在工具栏中单击 按钮右侧的下拉按钮 ，为单元格区域应用"全部框线"样式，如图3-8所示。

STEP 2 保持单元格区域的选中状态，打开"单元格格式"对话框。

STEP 3 单击"边框"选项卡，在"样式"列表框中选择倒数第三种线条样式，在"边框"栏分别单击 按钮、 按钮、 按钮和 按钮，为单元格区域的上、下、左和右方添加边框线，单击 确定 按钮确认设置，如图3-9所示。

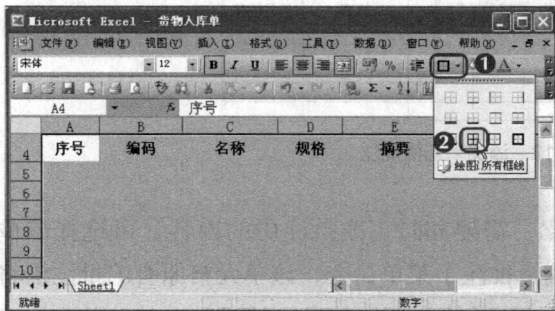

图3-8 添加全部框线

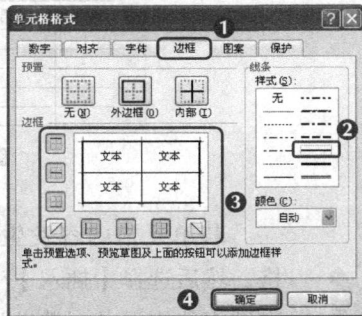

图3-9 添加外边框线

STEP 4 利用相同的方法，取消J5:K14和D15:K15单元格区域中间的竖框线。

STEP 5 单击行号和列标交汇处的全选按钮 ，选择工作表中的所有单元格，单击 按钮右侧的下拉按钮 ，为单元格区域应用"灰色-25%"底纹颜色，如图3-10所示。

STEP 6 选择A1:K18单元格区域，打开"单元格格式"对话框，单击"图案"选项卡，在颜色选择区中选择"白色"选项，单击[确定]按钮确认设置，如图3-11所示。

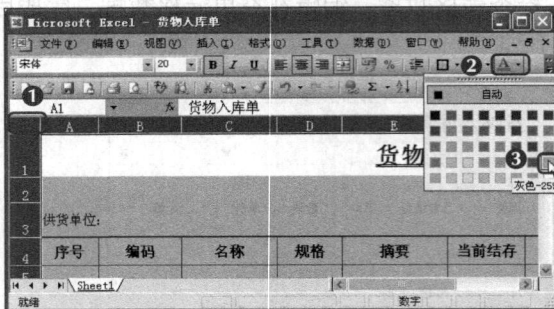

图3-10 为全部单元格添加底纹

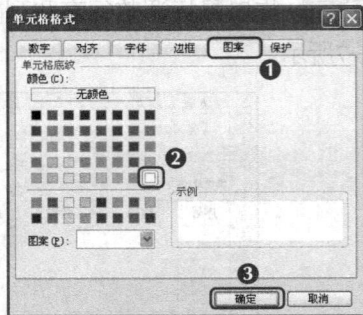

图3-11 为表格数据区添加底纹

3．添加批注

表格的基本结构已经制作完成，此时可以为表格的项目添加批注，提示单元格填写内容，其具体操作如下。

STEP 1 选择A5:K14单元格区域，单击"居中"按钮▤，使其中的数据居中显示，选择A5单元格，输入"1"，然后按住【Ctrl】键不放，向下拖曳填充柄填充数据，到A14单元格处释放鼠标。

STEP 2 选择B4单元格，选择【插入】/【批注】菜单命令，在该单元格附近将自动添加一个包含当前计算机名的批注框，输入当前项目的说明信息，如图3-12所示。

STEP 3 单击选择其他任意单元格，确认批注的输入，B4单元格右上角出现红色三角形标志，将鼠标指针移至该单元格上，即可显示该单元格的批注信息。

图3-12 添加单元格批注

多学一招 若单元格内容发生变化，需要同时更改批注中的内容，可选择该单元格，然后选择【插入】/【编辑批注】菜单命令，该单元格原有的批注框将呈可编辑状态，此时删除原有批注并输入新的信息，然后单击其他单元格确认输入即可。同一单元格不能添加多个批注框，选择菜单命令添加批注后，该菜单命令会自动变为"编辑批注"菜单命令。

STEP 4 使用相同的方法，为第4行的其他单元格添加批注，然后选择【视图】/【批注】菜单命令，显示当前工作表中的所有批注，如图3-13所示。

STEP 5 在任意批注框中定位光标插入点，然后双击该批注框的边框线，打开"设置批注格式"对话框，单击"字体"选项卡，在"字形"列表框中选择"加粗"选项，单击 确定 按钮确认设置，如图3-14所示。

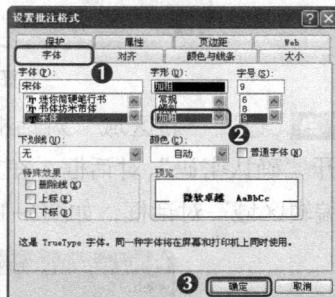

图3-13 显示全部批注　　　　图3-14 设置批注信息

STEP 6 保持批注框的选中状态，在工具栏中双击"格式刷"按钮，鼠标指针变为 形状，将鼠标指针移至其他批注框的边框线上，单击复制批注格式，如图3-15所示。

图3-15 复制批注格式

STEP 7 为所有批注框复制相同格式，然后再次单击"格式刷"按钮，退出格式刷状态，选择【视图】/【批注】菜单命令，退出批注显示状态。

> **知识提示** 单击"格式刷"按钮，复制一次格式后将自动退出格式刷状态；双击"格式刷"按钮，可连续复制多次格式，但要退出格式刷状态，需再次单击该按钮。

4. 保护单元格

限制某些单元格或单元格区域的编辑权限，并为工作簿设置打开密码，可以有效地保护工作簿和单元格数据，其具体操作如下。

STEP 1 选择【工具】/【保护】/【允许用户编辑区域】菜单命令，打开"允许用户编辑区域"对话框。

STEP 2 单击 新建(N) 按钮，打开"新区域"对话框，在"标题"文本框中输入区域的标题，单击"引用单元格"文本框右侧的"收缩"按钮，收缩对话框，拖曳鼠标选择B5:K14单元格区域，再单击收缩后的对话框右侧的"展开"按钮，如图3-16所示。

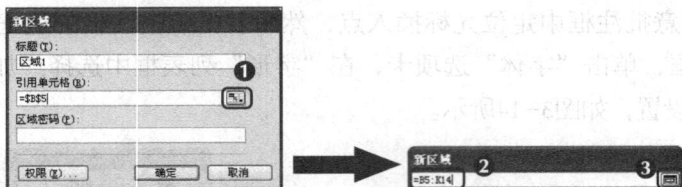

图3-16 设置标题和引用区域

STEP 3 返回"新区域"对话框，在"区域密码"文本框中输入密码，单击 确定 按钮，打开"确认密码"对话框，在文本框中输入相同的密码后，单击 确定 按钮返回"允许用户编辑区域"对话框，如图3-17所示。

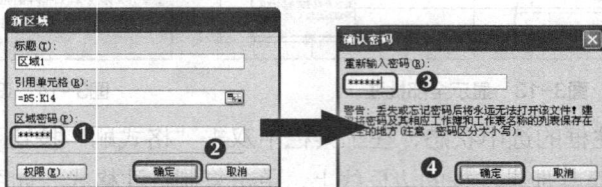

图3-17 设置密码

STEP 4 此时对话框中的列表框中将显示添加的区域信息，单击 保护工作表(0)... 按钮，打开"保护工作表"对话框，在"允许此工作表的所有用户进行"列表框中单击选中"编辑对象"复选框，然后单击 确定 按钮，如图3-18所示。

STEP 5 返回Excel工作表，双击B5单元格，将打开"取消锁定区域"对话框，提示当前单元格受密码保护，在文本框中输入正确的密码，单击 确定 按钮即可对该单元格区域进行编辑，如图3-19所示。

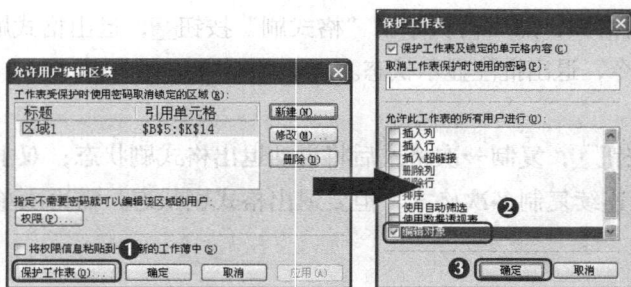

图3-18 设置单元格区域编辑权限   图3-19 输入单元格编辑密码

5．将表格保存为模板

为了便于以后重复使用该表格，可将制作的"货物入库单.xls"工作簿另存为模板，其具体操作如下。

STEP 1 选择【工具】/【选项】菜单命令，打开"选项"对话框，单击"视图"选项卡，在"窗口选项"栏撤销选中"行号列标"和"网格线"复选框，然后单击 确定 按钮确认设置，如图3-20所示。

STEP 2 返回Excel工作簿，单击"保存"按钮保存文件，然后选择【文件】/【另存为】菜单命令，打开"另存为"对话框。

STEP 3 设置文件保存位置、文件名，并在"文件类型"下拉列表框中选择"模板"选项，然后单击 保存(S) 按钮，如图3-21所示。

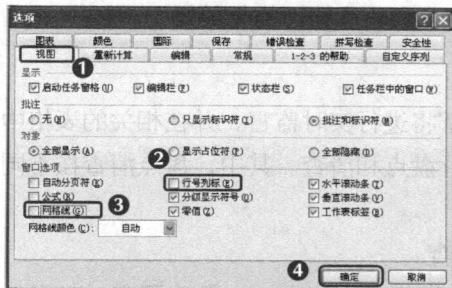

图3-20　隐藏行号列标和网格线　　　　图3-21　另存为模板文件

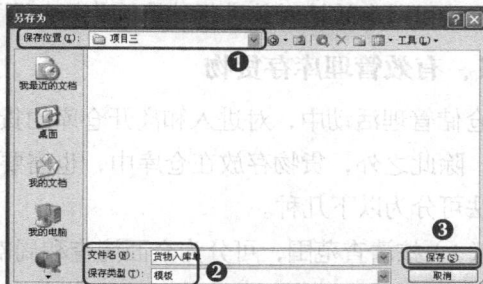

任务二　制作"库存账面对照表"

库存账面对照表常用于仓库盘点后，对货物实存数和账簿记录进行对比检查。在日常活动中，难免出现货物受潮、毁损、减值、丢失和报废等情况，最终导致库存数量与账簿登记数量不一致，此时则需要制作库存账面对照表，便于及时对仓库进行管理。

一、任务目标

下班前，老张告诉小白月末将进行盘点，并鼓励小白积极参与其中，小白对盘点工作有一定的了解，于是主动提出制作库存账面对照表，将仓库实存数和账簿记录情况真实、详细地反映出来，并通过该表格，分析数据不一致的原因及是否造成了大金额的亏损等情况。本任务完成后的最终效果如图3-22所示。

素材所在位置　光盘:\素材文件\项目三\库存账面对照表.xls
效果所在位置　光盘:\效果文件\项目三\库存账面对照表.xls

图3-22　"库存账面对照表"最终效果

二、 相关知识

仓储管理活动中，为了更好地管理库存货物，通常需要对货物进行实时监督检查，制作一系列的表格分析数据。在这些表格中，还涉及数据的计算，所以在管理库存货物的过程中使用公式可以有效地对其进行计算、分析。下面将介绍仓库管理的相关知识。

1．有效管理库存货物

仓储管理活动中，对进入和离开仓库的货物都将进行实时监督，并在相关的表格中反映出来。除此之外，货物存放在仓库中，也需要进行盘点和清查。其中，盘点清查按不同的分类方法可分为以下几种。

（1）按清查范围，可分为全面清查和局部清查。

- **全面清查**：全面清查指对仓库所有的货物进行盘点清查，涉及范围广、时间长、参与人员多，这种清查方式的工作量较大，不宜经常进行，通常只在半年末或年末时展开。
- **局部清查**：局部清查指对仓库中某一类型的货物进行清查，其范围窄、时间短、参与人员少，这种清查方式的工作量相对较小，可根据实际情况灵活进行。

（2）按清查时间，可分为定期清查和不定期清查。

- **定期清查**：定期清查通常由仓库管理条例明文规定，或由公司要求进行。这种清查方式可以是全面清查，也可以是局部清查，应根据仓库规模大小和公司实际情况而定。
- **不定期清查**：不定期清查指根据实际情况对货物进行盘点，通常是为了特定的目的而进行的，如仓库管理员辞职时需要对该管理员管理的货物进行清查，而仓库管理员的更换时间是不固定的，是不可预见的。不定期清查一般为局部清查。

（3）一般情况下，应根据仓库大小、货物多少、仓管人员规模等多种情况，制定或安排货物盘点和清查，其中货物的盘点清查又分为以下两种。

- **实地盘点**：指对货物进行逐一清点，确定物资的数量，这种方法得出的数字准确可靠，但工作量较大，只适用于规模较小的货物盘点。
- **技术推算**：指根据货堆垛量推算出货物总数，这种方法得出的结果不够准确，但工作量较小，适用于不便逐一清点的物资，如大型散装货物等。

2．认识Excel公式

在Excel中，公式是对单元格或单元格区域内的数据进行计算和操作的等式，它遵循特定的语法或次序：最前面为等号"="，后面是参与计算的元素和运算符号，如"A1+B1+C1"等，公式中包含的元素主要有以下3种。

- **值或常量**：直接通过键盘输入的数字、文本或单元格地址，如"123"、"物流"、"C12"等。
- **单元格引用**：利用鼠标单击数据所在单元格，引用单元格中的数据。值得注意的是，单击引用的是单元格地址，但引用结果是单元格内容。

- **运算符**：指对公式中的元素进行计算的符号，不同的运算符可以得到不同的运算结果。运算符按用途不同可以分为算数运算符（加"+"、减"-"、乘"×"、除"÷"）、文本连接运算符（并"&"），以及比较运算符（大于">"、小于"<"、大于等于"≥"、小于等于"≤"、不等于"≠"）等。

> **知识提示**　在Excel中使用公式和在日常生活中的算数计算相同，遵循四则运算规则，即先乘除，再加减；若有括号，则先计算括号内的公式。

三、任务实施

1. 计算库存和账面金额的差异

打开素材文件"库存账面对照表.xls"工作簿，然后对其中库存和账面的金额进行计算，并分析得出差异，其具体操作如下。

STEP 1 启动Excel 2003，选择【文件】/【打开】菜单命令，打开"库存账面对照表.xls"工作簿。

STEP 2 选择F5单元格，输入符号"="，然后输入单元格地址"D5"，此时D5单元格将出现蓝色边框线，输入符号"*"，然后输入单元格地址"E5"，此时E5单元格将出现另一种颜色的边框线，如图3-23所示。

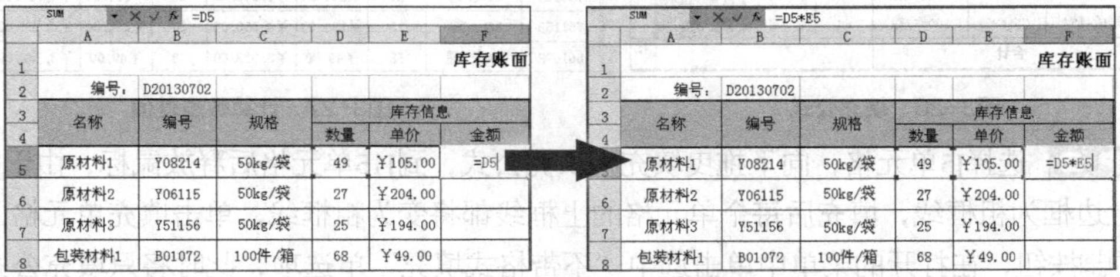

图3-23　通过输入单元格地址计算公式

STEP 3 按【Ctrl+Enter】组合键计算公式，此时F5单元格中将显示计算结果，而编辑栏的编辑框中将显示完整的公式，如图3-24所示。

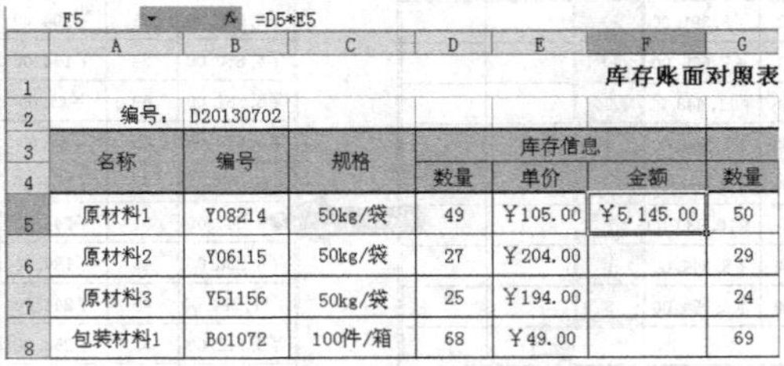

图3-24　计算公式结果

STEP 4 按【↓】键将活动单元格向下移动，选择F6单元格，在编辑栏中定位光标插入点，输入符号"="，然后单击D6单元格，引用该单元格地址，输入符号"*"，然后单击

E6单元格，按【Ctrl+Enter】组合键计算公式，如图3-25所示。

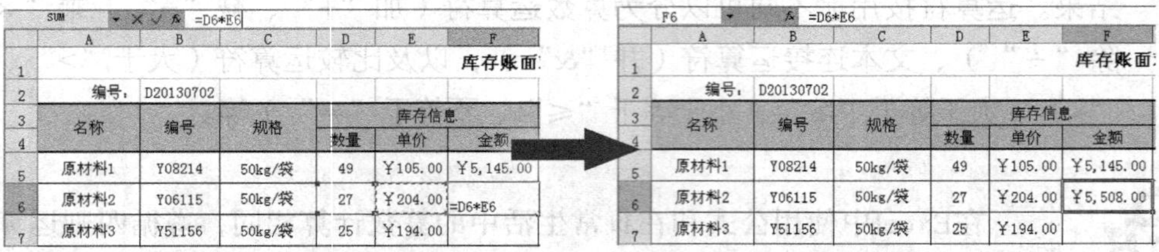

图3-25　通过引用单元格地址计算公式

STEP 5　将鼠标指针移至F6单元格右下角，向下拖曳填充柄填充公式，至F15单元格后释放鼠标，F7:F15单元格区域将自动进行公式计算，得出结构如图3-26所示。

STEP 6　利用相同的方法，计算I5:I15单元格区域中对应的账面金额。

STEP 7　选择J5单元格，输入公式"=D5-G5"，按【Ctrl+Enter】组合键计算库存数量和账面记录数量之间的差值，如图3-27所示。

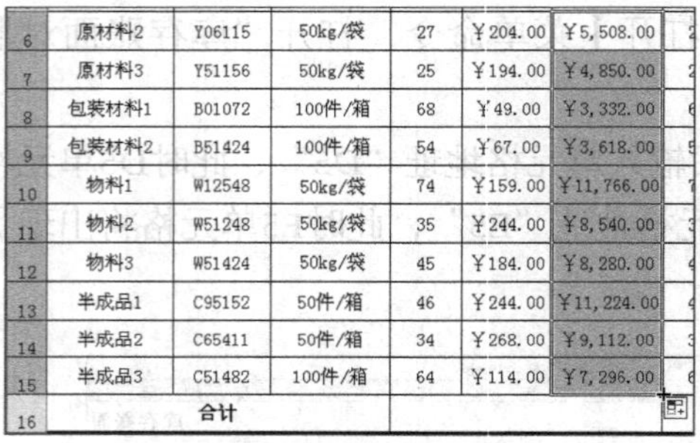

图3-26　填充公式

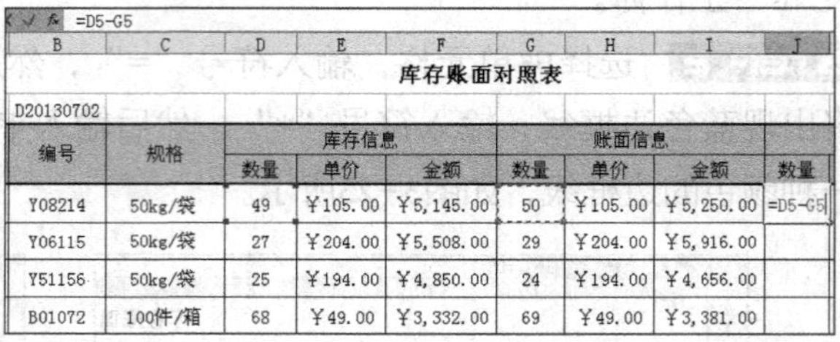

图3-27　计算数量差值

STEP 8　选择J5单元格，向下拖曳填充柄填充公式，到J15单元格后释放鼠标，由于J5单元格的上边框为粗框线，填充后每个单元格的上框线都将变为粗框线，单击填充单元格区域右下角的圓按钮，在打开的菜单中单击选中"不带格式填充"单选项，此时将只填充公式，不填充格式，如图3-28所示。

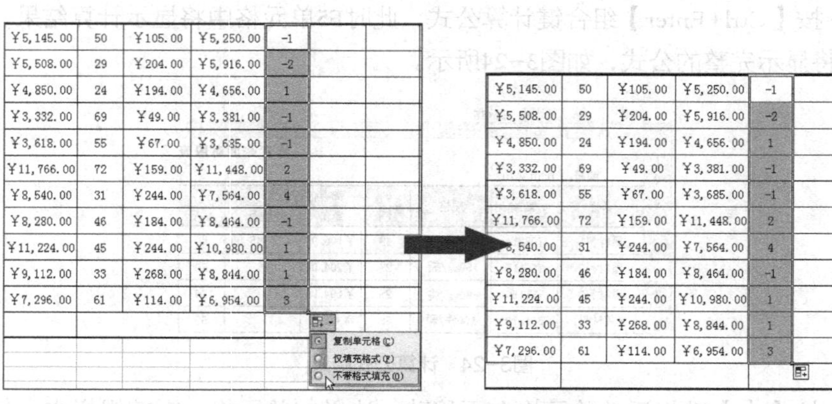

图3-28　不包含格式进行公式填充

STEP 9　利用相同的方法计算其他单元格中的数据，效果如图3-29所示。

名称	编号	规格	库存信息			账面信息			差异			
			数量	单价	金额	数量	单价	金额	数量	金额	减值	增值
原材料1	Y08214	50kg/袋	49	¥105.00	¥5,145.00	50	¥105.00	¥5,250.00	-1	¥-105.00	¥-105.00	
原材料2	Y06115	50kg/袋	27	¥204.00	¥5,508.00	29	¥204.00	¥5,916.00	-2	¥-408.00	¥-408.00	
原材料3	Y51156	50kg/袋	25	¥194.00	¥4,850.00	24	¥194.00	¥4,656.00	1	¥194.00		¥194.00
包装材料1	B01072	100件/箱	68	¥49.00	¥3,332.00	69	¥49.00	¥3,381.00	-1	¥-49.00	¥-49.00	
包装材料2	B51424	100件/箱	54	¥67.00	¥3,618.00	55	¥67.00	¥3,685.00	-1	¥-67.00	¥-67.00	
物料1	W12548	50kg/袋	74	¥159.00	¥11,766.00	72	¥159.00	¥11,448.00	2	¥318.00		¥318.00
物料2	W51248	50kg/袋	35	¥244.00	¥8,540.00	34	¥244.00	¥8,296.00	1	¥244.00		¥244.00
物料3	W51424	50kg/袋	45	¥184.00	¥8,280.00	46	¥184.00	¥8,464.00	-1	¥-184.00	¥-184.00	
半成品1	C95152	50件/箱	46	¥244.00	¥11,224.00	45	¥244.00	¥10,980.00	1	¥244.00		¥244.00
半成品2	C65411	50件/箱	34	¥268.00	¥9,112.00	33	¥268.00	¥8,844.00	1	¥268.00		¥268.00
半成品3	C51482	100件/箱	64	¥114.00	¥7,296.00	61	¥114.00	¥6,954.00	3	¥342.00		¥342.00
合计					¥78,671.00			#NAME?		#NAME?	¥-813.00	#NAME?

（表头另注：编号：D20130702　　日期：2013年7月2日）

图3-29　公式计算最终效果

知识提示　单元格内容为"#NAME?"时，表示当前单元格内容存在错误，造成错误的原因较多，如数据类型错误、公式错误等。这里的"#NAME?"值，是为了方便讲解对公式进行错误检查的相关知识点而特意设置的。

2.对公式进行错误检查

检查公式存在的错误，显示相应的错误值，通过对错误值的查找和分析，了解错误产生原因，最终将排除错误，其具体操作如下。

STEP 1　选择【工具】/【错误检查】菜单命令，打开"错误检查"对话框，在对话框中显示了出错的单元格和产生错误的原因，并且Excel工作区中将自动选中出现错误的单元格，单击 在公式编辑栏中编辑(F) 按钮，如图3-30所示。

STEP 2　在编辑栏的编辑框中定位光标插入点，检查出现错误的地方，然后按方向键调整光标插入点位置，输入符号"+"，然后单击 继续(R) 按钮，如图3-31所示。

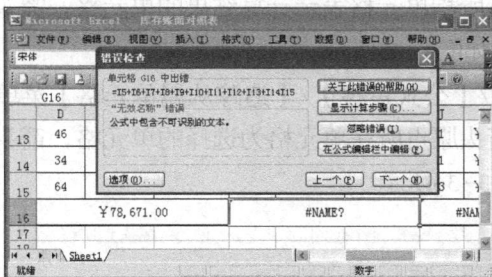

图3-30　检查错误单元格

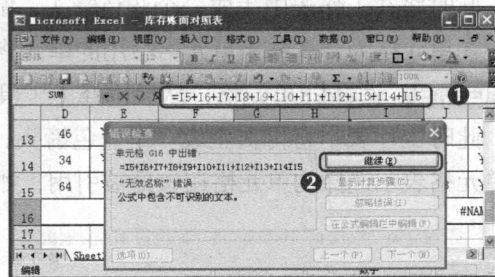

图3-31　更改错误

STEP 3　返回"错误检查"对话框，单击 下一个(N) 按钮，检查下一处错误，查看错误产生原因，继续单击 在公式编辑栏中编辑(F) 按钮，在编辑栏查找出错的地方，调整光标插入点至错误处，更改错误，然后单击 继续(R) 按钮继续检查错误，如图3-32所示。

STEP 4 完成所有错误检查后，将打开提示对话框，提示已完成工作表的错误检查，单击 确定 按钮，关闭所有对话框，如图3-33所示。

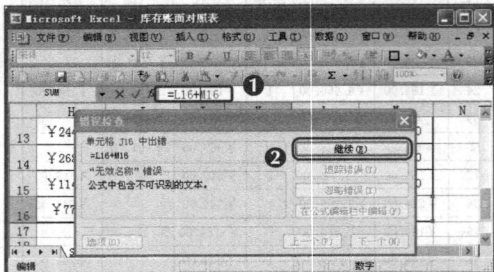

图3-32 继续检查并修改错误

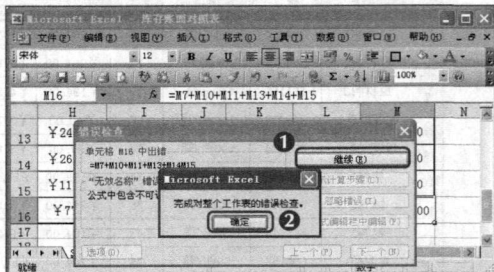

图3-33 完成错误检查

多学一招

在检查当前单元格错误时，若发现原单元格内容无错，可单击 忽略错误(I) 按钮，忽略该错误。单击 选项(O)... 按钮，将打开"选项"对话框，在其中可以通过选中相应的复选框来自定义错误检查规则，如图3-34所示。

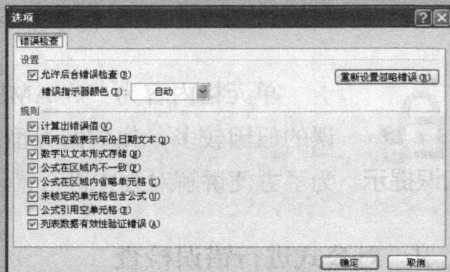

图3-34 设置错误规则

3. 追踪引用和从属单元格

追踪引用和从属单元格用于表示包含公式的单元格与其他单元格之间的关系，通过此功能可以清楚显示表格中任意一组包含公式的单元格中数据的来源和去向，便于把握公式和数据的关联关系，具体操作如下。

STEP 1 选择F7单元格，然后选择【工具】/【公式审核】/【追踪引用单元格】菜单命令，此时将在工作表中生成一个蓝色箭头，箭头所指单元格表示计算结果的单元格，箭头原点所在单元格为计算结果单元格引用的单元格，如图3-35所示。

STEP 2 选择E8单元格，然后选择【工具】/【公式审核】/【追踪从属单元格】菜单命令，此时工作表中将再次生成一个蓝色箭头，箭头原点所在单元格为选择的单元格，箭头所指单元格表示选择的单元格在该处被引用，如图3-36所示。

图3-35 追踪引用单元格

图3-36 追踪从属单元格

STEP 3 选择【工具】/【公式审核】/【显示"公式审核"工具栏】菜单命令，打开公式审核工具栏，选择E13单元格，然后在工具栏上单击"追踪从属单元格"按钮 ，添加蓝色箭头，再次单击该按钮，继续追踪从属单元格，如图3-37所示。

图3-37　连续追踪从属单元格

STEP 4 继续对公式进行追踪，完成后在公式审核工具栏中单击"取消所有追踪箭头"按钮 ，或选择【工具】/【公式审核】/【取消所有追踪箭头】菜单命令，取消工作表中的追踪箭头。

4．公式求值

对公式进行追踪后，还可以利用公式求值来查看公式的计算顺序和结果，以便清楚地了解公式的整个计算过程，其具体操作如下。

STEP 1 选择K11单元格，然后选择【工具】/【公式审核】/【公式求值】菜单命令，打开"公式求值"对话框。

STEP 2 在"求值"文本框中将显示当前选择的单元格中的公式，且公式的第一个单元格地址下方将出现下划线，单击 按钮，将在文本框下方重新打开一个新文本框，表示J11单元格的公式，如图3-38所示。

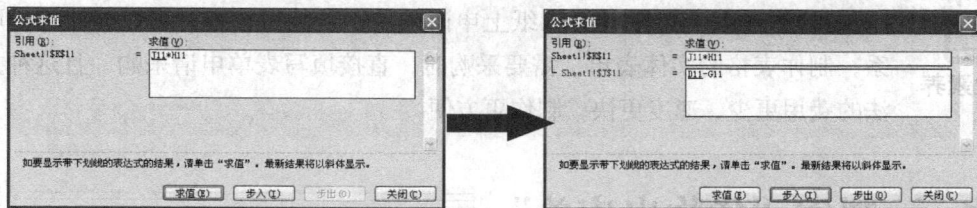

图3-38　步入公式

STEP 3 此时D11单元格下方将出现下划线，继续单击 按钮，打开第三个文本框，其内容为D11单元格中的计算公式，单击 按钮，返回第二个文本框，D11单元格变为该单元格的值，G11单元格地址下方出现下划线，如图3-39所示。

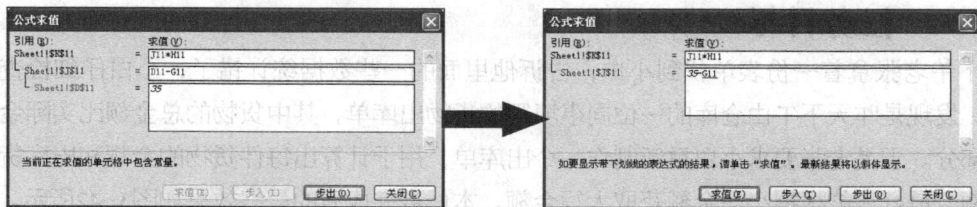

图3-39　步出公式

STEP 4 单击 [求值(E)] 按钮，G11单元格（带下划线）自动求值，再次单击 [求值(E)] 按钮，可计算出第二个文本框中的公式结果，单击 [步出(O)] 按钮，返回第一个文本框，继续单击 [求值(E)] 按钮，计算该文本框的结果，检查与所选单元格的结果值是否一致，单击 [重新启动(R)] 按钮，退出结果值状态，如图3-40所示。

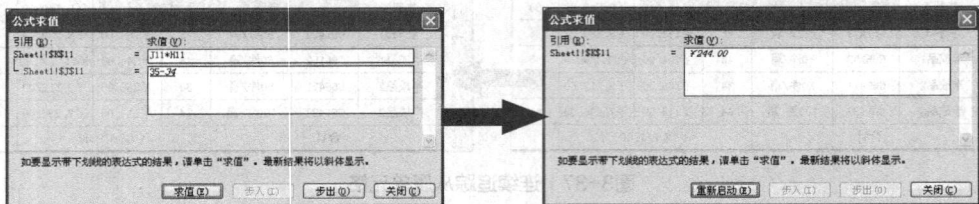

图3-40 公式求值

STEP 5 单击 [关闭(C)] 按钮关闭对话框。然后选择J16单元格，打开"公式求值"对话框，依次步入公式，并检查公式求值结果的正确性，完成后单击 [关闭(C)] 按钮，如图3-41所示。

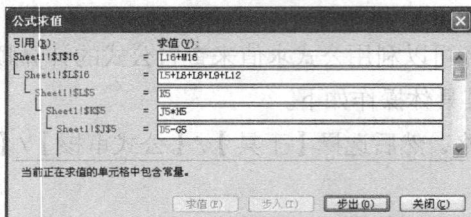

图3-41 继续进行公式求值

> 根据公司采购业务的数量和频率，制作相关表格。若数量较少，可使用Excel制作表格，并打印在A4纸上申请采购；若数量较多，可以与印刷厂联系，制作表格的实体表单，需要采购时，直接填写表单申请采购，且这种方法的费用更少、速度更快，制作更方便。
>
> 职业素养

任务三 制作"货物出库单"

货物出库单是登记出库货物详情的单据，以便于监督货物状态。制作出库单时可以参照货物入库单格式，在原有基础上增添和删减项目。仓库收到出库通知后，即可安排货物出库，并填制货物出库单记录出库信息。

一、任务目标

下午老张拿着一份表单找到小白，告诉他里面的一些数据统计错了，小白仔细检查了该表单，发现是昨天下午由仓库的一位同事填写的货物出库单，其中货物的总金额比实际金额多了一部分。于是老张要求小白重新制作一个出库单，用于计算出每件货物的金额和出库货物的总金额，最好还能根据小写金额获取大写金额。本任务完成后的最终效果如图3-42所示。

素材所在位置　光盘:\素材文件\项目三\货物出库单.xlt
效果所在位置　光盘:\效果文件\项目三\货物出库单.xls

德宇柯文

货物出库单

第　C125415　号

收货单位:××加工有限责任公司　　　　　　　　　　　　　　　日期: 2013年8月10日

序号	名称	规格	摘要	单位	数量	单价	金额
1	原材料1-Y08214	25kg/袋		袋	600	￥120.00	￥68,400.00
2	原材料2-Y06115	25kg/袋		袋	600	￥75.00	￥42,750.00
3	物料1-W12548	25kg/袋		袋	400	￥85.00	￥34,000.00
4	物料2-W24125	25kg/袋		袋	550	￥60.00	￥31,350.00
5	物品3-W52134	25kg/袋		袋	500	￥110.00	￥52,250.00
6	商品1-S15426	24件/箱		箱	1000	￥54.00	￥51,300.00
7	商品2-S14885	24件/箱		箱	1500	￥38.00	￥54,150.00
8	商品3-S51485	24件/箱		箱	750	￥49.00	￥34,912.50
9							
10							
金额合计（大写）	人民币叁拾陆万玖仟壹佰壹拾贰元伍角					￥369,112.50	元
备注							
经手人				仓库管理员			

制表人: 　　　　　　　　　财务: 　　　　　　　　　送货员:

图3-42 "货物出库单"最终效果

职业素养　　日常工作中，很多表格都是通用的。如在出库单中增减项目，将其定义为出库通知、送货单等类型的表格。同时，还可以将出库单制作为多联次表单，并将其中某一联次作为向收货方提示付款的凭证。

二、相关知识

Excel工作表经常涉及函数和公式的运用，要熟练使用函数，必须先认识函数的结构，以及函数参数的相对引用和绝对引用，下面将讲解函数、相对引用和绝对引用的相关知识。

1．认识函数

函数是Excel中预设的公式，可通过设置函数参数完成计算。其中，函数参数可以是数字、文本、引用单元格或其他的公式、函数等。不同的函数，其计算方式、参数类型都不同，但其语法结构可统一为："=函数名（参数1，参数2，…）"。与公式不同的是，函数参数必须添加括号，图3-43所示为SUM函数的函数结构。

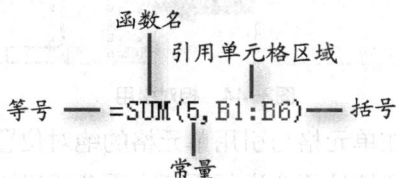

函数名
引用单元格区域
等号 —— =SUM(5,B1:B6) —— 括号
常量

图3-43 SUM函数的函数结构

函数参数可以是常量、逻辑值（TRUE或FALSE）、数组、错误值、单元格引用或嵌套函数等。

- **常量：** 即不进行计算又不发生改变的值，如数字、文本。
- **逻辑值：** 用于判断数据真假的值，即TRUR（真值）或FALSE（假值）。
- **数组：** 用于建立可生成多个结果或可对在行和列中排列的一组参数进行计算的单个公式。
- **单元格引用：** 是指用于表示单元格在工作表中所处位置的坐标集。
- **嵌套函数：** 是指将函数作为另一个函数的参数使用。

公式和函数可以看作Excel中一种特殊的数据，可执行添加、修改、删除等操作。公式与函数之间的区别如表3-1所示。

知识提示

表 3-1　公式与函数的区别

	公式	函数
书写格式	=B2+6*B3−A1	=SUM(A1:A6)
结构	由 =、运算符和参数构成	由 =、函数名、( ) 和括号里的参数构成
参数范围	常量数值、单元格、引用的单元格区域、名称或工作表函数	常量数值、单元格、引用的单元格区域、名称或工作表函数

2. 绝对引用和相对引用

单元格的引用分为相对引用和绝对引用。

- **相对引用：** 指公式所在单元格与引用单元格的相对位置。这种情况下，复制、填充公式和函数时，引用的单元格地址会相应地进行更新。相对引用下的单元格地址无特殊形态，如图3-44所示。

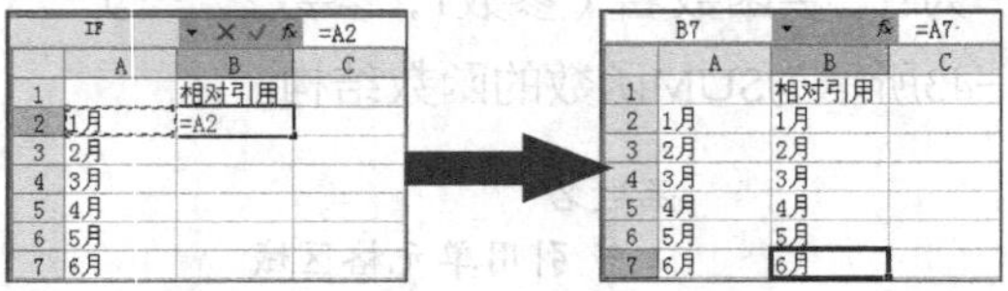

图3-44　相对引用

- **绝对引用：** 指公式所在单元格与引用单元格的绝对位置。这种情况下，复制和填充公式时，引用的单元格地址不会进行更新，原公式里引用单元格地址是什么，复制和填充的单元格地址也不会发生变化，如图3-45所示。绝对引用下的单元格地址包含"$"符号，其中"$A$1"表示行号和列标都不变，"A$1"表示只有行号可变，"$A1"表示只有列标可变。

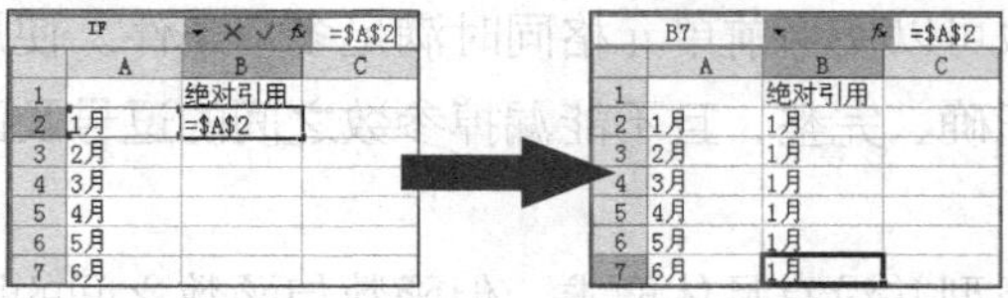

图3-45 绝对引用

相对引用和绝对引用之间可以相互转换，在编辑栏的单元格地址中定位光标插入点，按【F4】键，相对引用变为绝对引用，再次按【F4】键，将在绝对引用的3种形态中转换，当绝对引用地址为"$A7"时，按【F4】键，将重新转换为相对引用，如图3-46所示。

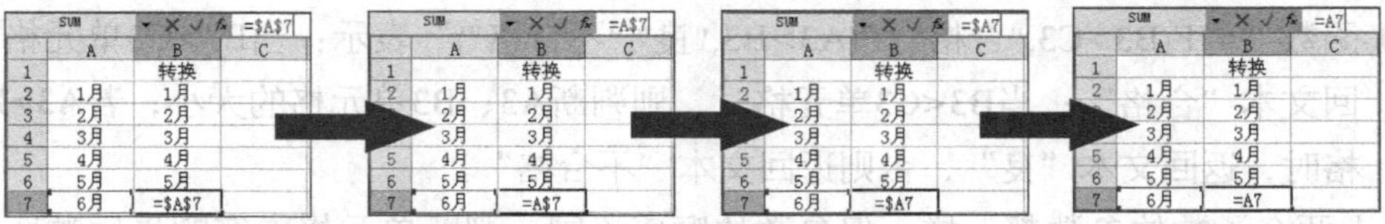

图3-46 相对引用和绝对引用之间转换

3．函数的含义和语法

每一种函数都有自己的含义和语法，下面简单介绍本任务涉及的函数。

● **SUM函数**：返回某一单元格区域中数字、逻辑值及数字的文本表达式之和。语法为：SUM(number1,number2,...)、SUM(列名)，其中number为1~30个需要求和的参数。

● **IF函数**：执行真假值判断，根据逻辑计算的真假值，返回不同结果。语法为IF(logical_test,value_if_true,value_if_false)，其中Logical_test 表示计算结果为TRUE或FALSE 的任意值或表达式。

● **RIGHT函数**：从字符串右端取指定个数字符。语法为RIGHT(string,n)。

● **INT函数**：将数值向下取整为接近的整数。语法为INT(number)。

● **TEXT函数**：将数值转换为制定数字格式的文本。语法为TEXT(value，format_text)，其中Value为数值、计算结果为数字值的公式，或对包含数字值的单元格的引用。Format_text为"单元格格式"对话框中"数字"选项卡上"分类"框中的文本形式的数字格式。

● **ROUND函数**：返回按指定位数进行四舍五入的数值。语法为ROUND(number, num_digits)，其中number为要四舍五入的数字。num_digits为按此位数对number参数进行四舍五入。

知识提示　　如果num_digits大于0（零），则将数字四舍五入到指定的小数位；如果num_digits等于 0，则将数字四舍五入到最接近的整数；如果num_digits小于0，则在小数点左侧进行四舍五入。

4. 嵌套函数

设置函数参数时，将参数设置为另一个函数，这样的函数称为嵌套函数。在Excel中经常使用嵌套函数，嵌套函数可以使当前单元格同时满足多个条件。使用嵌套函数时应注意：每一个函数的参数都必须正确、完整，且不能漏掉参数之间的逗号及函数之间的括号，否则计算函数时将提示出错。

嵌套函数中的函数类型并没有具体要求，但函数与函数之间的顺序必须正确，函数顺序不同，嵌套函数的含义也不同。

● 函数"=IF(A3>B3,"良",IF(B3>C3,"合格","不合格"))"表示：当A3>B3单元格时，在当前单元格返回文本"良"；当A3<B3单元格时，则判断B3、C3单元格的大小；若B3>C3单元格，返回文本"合格"，否则返回文本"不合格"。

● 函数"=IF(B3>C3,"合格",IF(A3>B3,"良","不合格"))"表示：当B3>C3单元格时，返回文本"合格"；当B3<C3单元格时，则判断A3、B3单元格的大小；若A3>B3单元格时，返回文本"良"，否则返回文本"不合格"。

以上两个函数的参数都一样，但参数的顺序不同，判断单元格内容的先后顺序也就不同。当A3=5、B3=4、C3=3时，第一个嵌套函数将得到文本"良"，第二个嵌套函数将得到文本"合格"。

三、任务实施

1. 根据模板创建表格

打开素材文件中的"货物出库单.xlt"模板，根据该模板创建"货物出库单.xls"工作簿，其具体操作如下。

STEP 1 启动Excel 2003，在素材文件上单击鼠标右键，在弹出的快捷菜单中选择"打开"命令。

STEP 2 系统自动在Excel 2003软件中打开该模板文件，选择【文件】/【另存为】菜单命令，打开"另存为"对话框，设置文件保存位置，保持文件名不变，在"保存类型"下拉列表框中选择"Microsoft Office Excel 工作簿"选项，单击 保存(S) 按钮保存工作簿，如图3-47所示。

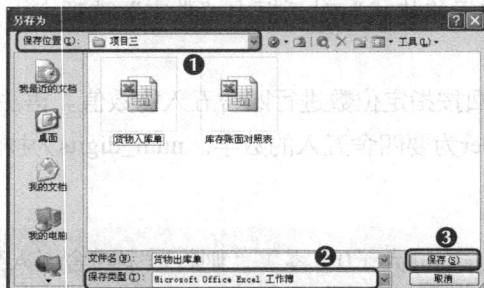

图3-47　根据模板创建工作簿

> **知识提示** 模板文件的默认启动方式是"新建",即直接双击模板,将会以该模板为基础创建一个新的工作簿。只有通过单击鼠标右键,在弹出的快捷菜单中选择"打开"命令,打开的才是模板文件。

STEP 3 选择【工具】/【选项】菜单命令,打开"选项"对话框,在"窗口选项"栏中单击选中"行号列标"和"网格线"复选框,然后单击 确定 按钮确认设置,如图3-48所示。

图3-48 显示行号列标和网格线

STEP 4 将鼠标指针移至右上角有红色三角形标志的单元格上,打开批注框,根据提示内容填写货物出库的相关数据,效果如图3-49所示。

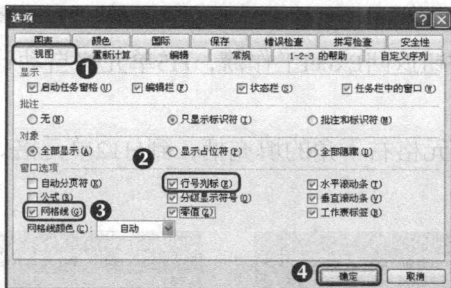

图3-49 输入货物出库单详细数据

2．利用IF函数判断并计算单笔货物金额

给需求方供货时,达到一定数量时往往就有一定的折扣,此时可以根据出货数量判断应给予什么样的折扣,然后利用公式计算货物金额,其具体操作如下。

STEP 1 选择H5单元格,在编辑栏中单击"插入函数"按钮 f_x ,打开"插入函数"对话框,在"或选择类别"下拉列表框中选择"逻辑"选项,在"选择函数"列表框中选择"IF"选项,然后单击 确定 按钮,如图3-50所示。

STEP 2 打开"函数参数"对话框,在"Logical_test"文本框中定位光标插入点,然后输入"F5<500"文本,在"Value_if_true"文本框中定位光标插入点,然后输入"F5*G5",在

"Value_if_false" 文本框中定位光标插入点，然后输入 "F5*G5*0.95" 如图3-51所示。

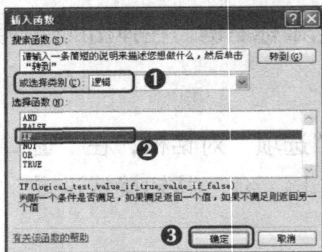

图3-50　选择函数　　　　　　　　　　　　图3-51　设置函数参数

STEP 3　单击 [确定] 按钮返回Excel工作簿，H5单元格自动计算出函数结果，如图3-52所示。

STEP 4　向下拖曳H5单元格右下角的填充柄，到H12单元格处释放鼠标，填充函数，效果如图3-53所示。

图3-52　计算函数结果　　　　　　　　　　图3-53　填充函数

知识提示

函数 "=IF(F5<500,F5*G5,F5*G5*0.95)" 表示：如果F5单元格值小于500，金额为F5单元格与G5单元格的乘积（即数量×单价），否则（即F5单元格大于等于500时），金额将在原有基础上乘以0.95，表示折扣为九五折。

多学一招

若公司制度为：大于500时折扣为九五折，大于1000时折扣为九折。涉及嵌套函数的使用，函数公式应为 "=IF(F5<500,F5*G5,IF(F5>=500&F5<1000,F5*G5*0.95,F5*G5*0.9)"。如果F5单元格的值小于500，金额为F5单元格和G5单元格的乘积（即数量×单价）；如果F5单元格的值大于等于500且（函数符号为 "&"）小于1000，将在原有金额的基础上乘以0.95（折扣为九五折）；否则（即F5单元格的值大于等于1000），在原有金额的基础上乘以0.9（折扣为九折）。

3．利用SUM函数计算出库货物总金额

每种货物的金额相加可得到总金额，如果依次使用公式中的加法运算，则容易出错，此

时可以使用求和函数SUM进行计算，其具体操作如下。

STEP 1 选择H15单元格，在编辑栏中单击"插入函数"按钮 ，打开"插入函数"对话框，在"或选择类别"下拉列表框中选择"常用函数"选项，在"选择函数"列表框中选择"SUM"选项，然后单击 确定 按钮，如图3-54所示。

STEP 2 打开"函数参数"对话框，单击"number1"文本框后的"收缩"按钮 ，然后拖曳鼠标选择H5:I12单元格区域，如图3-55所示。

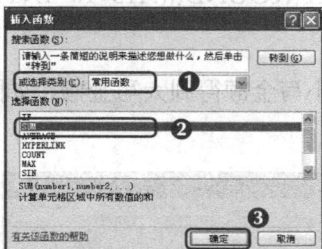

图3-54 选择函数

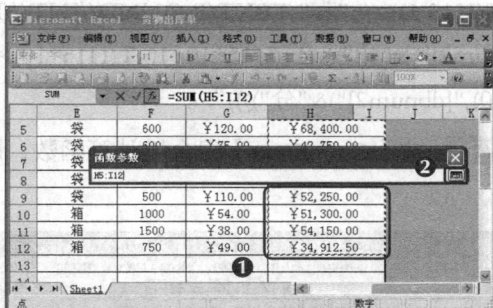

图3-55 选择参数所在单元格区域

STEP 3 单击"展开"按钮 ，然后单击 确定 按钮返回Excel工作簿，完成函数的计算，如图3-56所示。

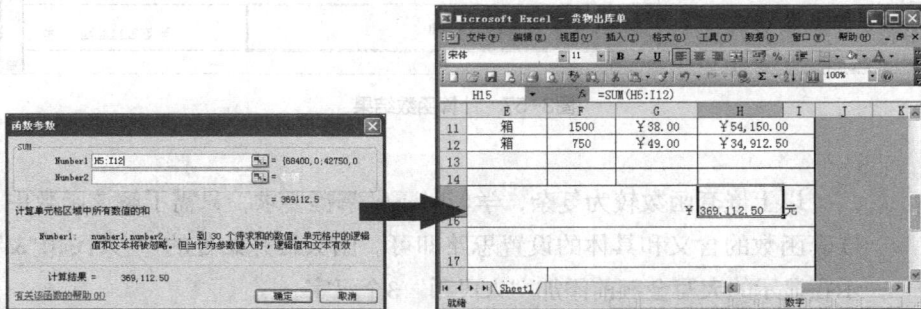

图3-56 计算函数

STEP 4 选择【工具】/【选项】菜单命令，打开"选项"对话框，单击"视图"选项卡，在"窗口选项"栏撤销选中"公式"复选框，单击 确定 按钮应用设置。

> **知识提示** H5:H14单元格区域以及H15单元格的类型均为"货币"，当这些单元格中的值为"0"时，单元格将默认显示为"￥0.00"，取消"公式"复选框的选中状态，可使单元格中的0值不显示。

4．使用嵌套函数自动获取大写金额

一般单据的填写项目，都包括小写金额和大写金额，目的是防止单据使用者随意篡改金额数字。利用函数可以实现根据小写金额自动获取大写金额的目的，其具体操作如下。

STEP 1 选择C15单元格，在其中输入嵌套函数 "="人民币"&IF(H15=0,""&IF(H15=0,"",

IF((H15-ROUND(H15,0))=0,(TEXT(INT(H15),"[DBnum2]")&"元整"),
(TEXT(INT(H15),"[DBnum2]")&"元")&IF((RIGHT(H15,2)-RIGHT(H15,2))=0,"零
",TEXT(ROUND((INT(((H15-INT(H15))*100)-RIGHT(H15,1))/10),0),"[dbnum2]")&"
角")&IF((H15*10-INT(H15*10))=0,"",TEXT(ROUND(((H15*10-INT(H15*10))*10),
0),"[dbnum2]")&"分")&"整")),""&IF(H15=0,"",IF((H15-ROUND(H15,0))=0,(TEXT(INT(
H15),"[DBnum2]")&"元整"),(TEXT(INT(H15),"[DBnum2]")&"元")&IF((RIGHT(H15,2)-
RIGHT(H15,1))=0,"零",TEXT(ROUND((INT(((H15-INT(H15))*100)-RIGHT(H15,1))/10),
0),"[dbnum2]")&"角")&IF((H15*10-INT(H15*10))=0,"",TEXT(ROUND(((H15*10-INT(H15*1
0))*10),0),"[dbnum2]")&"分"))))"。

STEP 2 按【Ctrl+Enter】组合键计算函数，即可根据小写金额得到大写金额，如图3-57
所示。

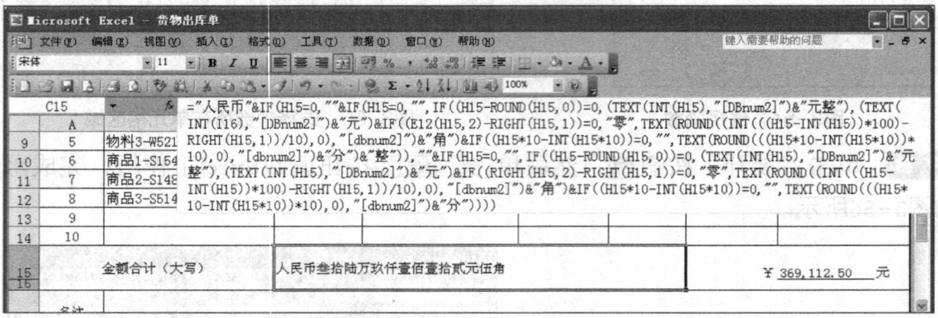

图3-57　计算函数结果

以上嵌套函数较为复杂，学习时不做掌握要求，只需了解该函数中，各
嵌套函数的含义和具体的设置思路即可。函数最开始处的""人民币"&"表
示在显示的大写金额前添加"人民币"3个汉字。

该函数是将H15单元格值的每一位数上的数字分别进行判断，然后根据
判断结果，决定该数字转换为大写汉字后，其后应该跟什么金额单位。

函数"IF((H15-ROUND(H15,0))=0,(TEXT(INT(H15),"[DBnum2]")&"元
整"),(TEXT(INT(H15), "[DBnum2]")&"元")&……"表示，如果H15单元格的
值减去H15取正整数（ROUND函数）后的值等于0，则将H15单元格值向下
取整（INT函数）后转换为文本（"[DBnum2]"），并在文本后跟"元整"两
字，否则应将H15单元格值向下取整，并在文本后跟"元"字，再加上省略
号后函数的含义。

该函数判断的是H15单元格中总金额的个位数字转换为大写的方法，以
金额X为例，该函数可看作：IF((X-2)=0，X元整，X元××)。当X=2时，结
果为为"贰元整"；当X≠2时(如3)，结果为"叁元××"。

5．利用日期函数获取当天日期

利用函数可以直接获取填写表格当天的日期，其具体操作如下。

STEP 1 选择H3单元格，在编辑栏中单击"插入函数"按钮，打开"插入函数"对话框，在"或选择类别"下拉列表框中选择"时间与日期"选项，在"选择函数"列表框中选择"TODAY"选项，单击 确定 按钮。打开"函数参数"对话框，提示当前函数不需要设置参数，且函数结果是可变的，单击 确定 按钮，如图3-58所示。

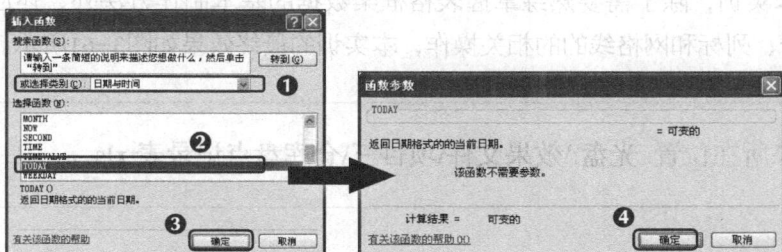

图3-58　选择函数

STEP 2 返回Excel工作簿，在H3单元格自动获取当前日期，选择【格式】/【单元格】菜单命令，打开"单元格格式"对话框的"常规"选项卡，在"分类"列表框中选择"日期"选项，在右侧列表框中选择一种日期格式，单击 确定 按钮确认设置，如图3-59所示。

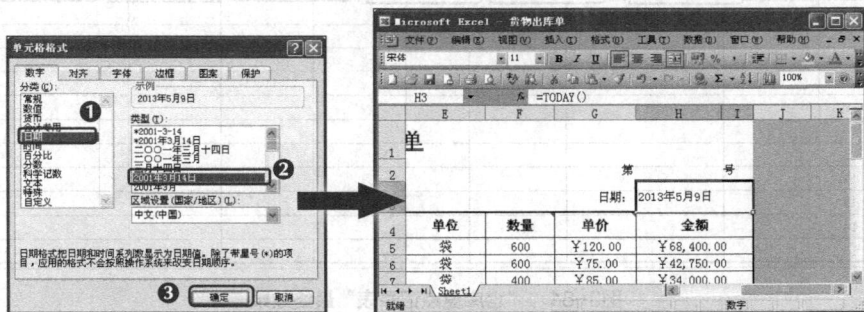

图3-59　设置日期格式

STEP 3 完善表格其他单元格中的数据，然后删除表格的所有批注，最后单击"保存"按钮保存工作簿，效果如图3-60所示。

第 C125415 号

收货单位：××加工有限责任公司　　　　　　　　　　　　　　　　日期：2013年8月10日

序号	名称	规格	摘要	单位	数量	单价	金额
1	原材料1-Y08214	25kg/袋		袋	600	￥120.00	￥68,400.00
2	原材料2-Y06115	25kg/袋		袋	600	￥75.00	￥42,750.00
3	物料1-W12548	25kg/袋		袋	400	￥85.00	￥34,000.00
4	物料2-W24125	25kg/袋		袋	550	￥60.00	￥31,350.00
5	物料3-W52134	25kg/袋		袋	500	￥110.00	￥52,250.00
6	商品1-S15426	24件/箱		箱	1000	￥54.00	￥51,300.00
7	商品2-S14885	24件/箱		箱	1500	￥38.00	￥54,150.00
8	商品3-S51485	24件/箱		箱	750	￥49.00	￥34,912.50
9							
10							
金额合计（大写）			人民币叁拾陆万伍仟壹佰壹拾贰元伍角				￥369,112.50 元

图3-60　出库单制作效果

实训一　制作"仓库盘点记录表"

【实训目标】

小白对仓库管理工作有了一定的了解，于是他主动提出参与月末的盘点工作，老张非常高兴，对他的工作能力进行了肯定。老张告诉小白，盘点前需要制作并打印盘点记录表，可根据盘点内容先尝试制作盘点记录表。

要完成本实训，除了需要熟练掌握表格框架数据的基本制作方法外，还应掌握添加批注，隐藏行号、列标和网格线的的相关操作，本实训的最终效果如图3-61所示。

效果所在位置　光盘:\效果文件\项目三\仓库盘点记录表.xls

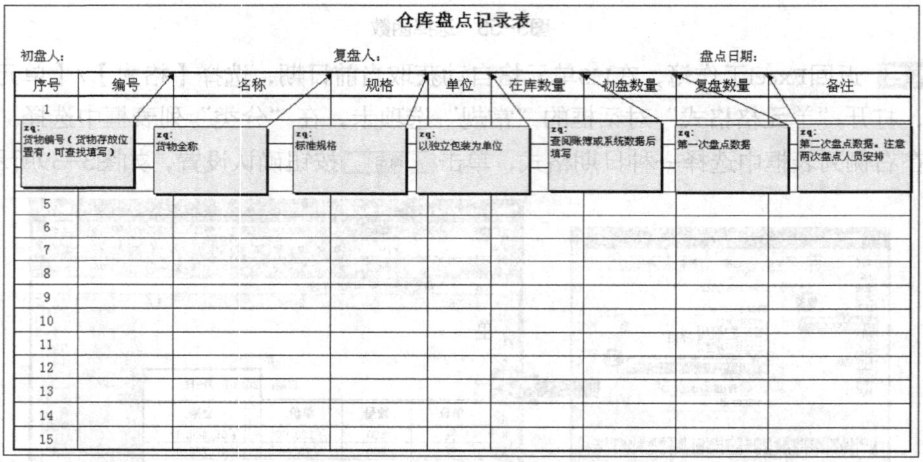

图3-61　"仓库盘点记录表"最终效果

【专业背景】

随着仓库中货物入库、搬卸、调仓、出库等行为的发生，极有可能因为人为因素（毁损）或非人为因素（自然灾害）等导致货物毁损、丢失、报废和减值。对货物进行盘点，就是为了有效地对其进行管理，及时盘查货物盈亏，分析盈亏原因，明确个人责任。

货物盘点的分类和方法在任务二的相关知识内有详细讲解，较大型的公司都在计算机中安装了仓库管理系统，系统中一般内置有盘点功能，只需进入该系统，将当前库存量不为零的货物直接提出打印，打印的表格内将包含货物名称和库存数量等详细信息。实时盘点后，将盘点结果填写在打印的表单中，最后再依次将表单汇总，交由仓管经理，分析结果并制作盘点报告即可。

若需手动制作盘点表，则应了解盘点表的格式，根据公司盘点规则的不同，可适当增减表格数据项目，其中盘点人、盘点时间、货物名称、规格和盘点结果（库存数量）必不可少，制作时还可将盘点表与库存账面对照表结合在一个表格内，增加"期初库存"、"本期入库"、"本期出库"和"期末结存"等项目，将盘点结果与账簿登记的数据进行对比。本实训制作的盘点表只设置了几个必备项目，在与账面结果做对比之后，才能确定盘点结果是盈还是亏。

【实训思路】

完成本实训需要先创建表格的框架数据，然后再在表格中添加批注，并输入批注本文，最后隐藏行号、列标和网格线即可，其操作思路如图3-62所示。

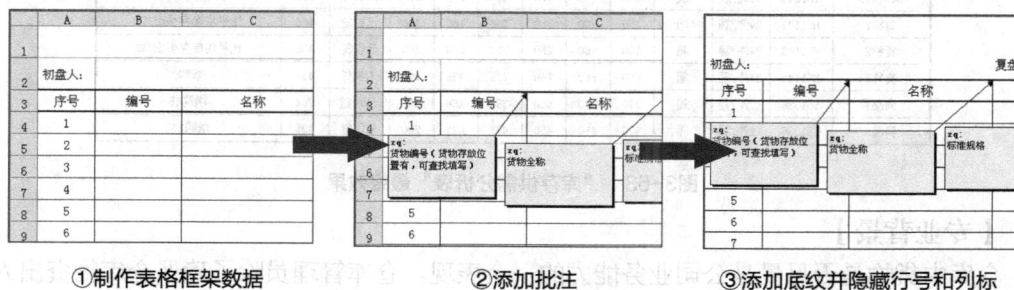

①制作表格框架数据   ②添加批注   ③添加底纹并隐藏行号和列标

图3-62   制作"仓库盘点记录表"的思路

【步骤提示】

STEP 1   启动Excel 2003，按【Ctrl+S】组合键打开"另存为"对话框，将工作簿以"仓库盘点记录表"为名进行保存。

STEP 2   合并单元格区域，并输入文本，制作表格框架数据结构，并为表格添加全部框线和粗匣线两种边框线。

STEP 3   为表格表头的各项目添加批注。

STEP 4   选择A1:I18单元格区域，打开"单元格格式"对话框，在"图案"选项卡中设置单元格区域的底纹颜色为"白色"。

STEP 5   打开"选项"对话框，在"视图"选项卡的"窗口选项"栏中撤销选中"行号列标"和"网格线"复选框，隐藏行号列标和网格线。

实训二   制作"库存供需分析表"

【实训目标】

物资的基本存量将决定下月仓库的库存数量，所以老张让小白制作一份仓库供需分析表，要求能根据近几个月基本存量的平均值、当前库存、订单数量及订单状态灯参数，自动判断该物资的供需措施。

要完成本实训，除了掌握表格的基本制作方法外，还应掌握INT函数、AVERAGE函数、AND函数、IF函数和嵌套函数的使用方法。本实训完成后的最终效果如图3-63所示。

效果所在位置 光盘:\效果文件\项目三\库存供需分析表.xls

库存供需分析表

制表人：张扬　　　　　　　　　　　　　　　　　　　　　　　　制表日期：2013年5月10日

名称	编号	规格	单位	基本存量				供应状况				供需措施
				6月份	7月份	8月份	平均	库存	订货	订单状态	合计	
物料1	W12584	50kg/袋	袋	250	200	250	233	240	240	未收货	240	减购240
物料2	W12585	50kg/袋	袋	400	320	380	366	150	300	未收货	150	缓交84
物料3	W12586	50kg/袋	袋	200	250	270	240	135	50	已收货	185	增购55
原材料1	Y51241	50kg/袋	袋	250	200	250	233	200	100	未收货	200	正常
原材料2	Y51242	50kg/袋	袋	500	550	620	556	250	300	已收货	550	增购6
原材料3	Y51243	50kg/袋	袋	450	430	460	446	255	300	未收货	255	减购109
货物1	H51142	24件/箱	箱	350	300	350	333	165	300	已收货	465	比平均库存多出132
货物2	H51143	24件/箱	箱	190	250	200	213	138	200	已收货	338	比平均库存多出125
货物3	H51144	24件/箱	箱	800	650	750	733	435	300	未收货	435	减购2
商品1	S51385	12件/箱	箱	300	350	400	350	254	50	已收货	304	增购46
商品2	S51386	12件/箱	箱	400	450	450	433	421	200	未收货	421	减购188

图3-63　"库存供需分析表"最终效果

【专业背景】

仓库中货物是否足量是公司业务能力的一个表现。仓库管理员除了确保仓库物资出入库流程外，还应掌握物资库存量、订单详情和供需等情况，以保证货物能够及时供应。

制作库存供需分析表时，可参考设置以下参数。

● **基本存量**：指物资在仓库中的一般存货数量，可以是最低存量，也可以是最高存量。基本存量的确定可参考公司其他月份的供需情况和当前业务水平。

● **当前库存**：指新的月份开始时，仓库中货物的存量。若上月末没有进行盘点，则以账簿记录为准；若进行了盘点，则以盘点结果为准。

● **订单及状态**：指公司每月的固定采购。包括公司与合作公司签订合同，商议采购货物的发货日期、数量，以及需求足够时，能及时提醒减缓采购措施等。订单状态分为"已收货"和"未收货"两种。

● **供需措施**：分为增购、减购、缓交、催交和紧急采购5种，具体措施应根据库存、订单和订单状态判断。

【实训思路】

完成本实训应先制作表格的框架数据结构，包括输入文本、设置字符格式、为表格添加边框等，然后再利用函数求出基本存量的平均数和库存总量，最后利用嵌套函数判断供需措施，其操作思路如图3-64所示。

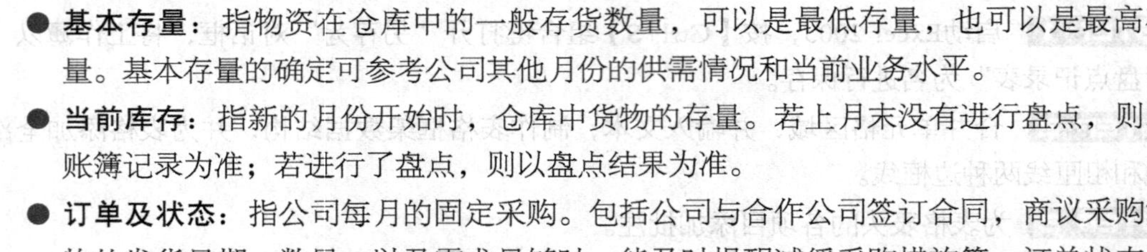

①制作表格框架数据　　　②使用函数求出平均值　　　③使用嵌套函数判断供需

图3-64　制作"库存供需分析表"的思路

【步骤提示】

STEP 1 启动Excel 2003软件，新建"库存供需分析表.xls"工作簿文件。

STEP 2 制作表格框架数据结构，为表格标题设置字符格式，表格内容设置对齐方式，最后设置表格边框。

STEP 3 选择H5单元格，插入函数"=INT(AVERAGE(E5:G5))"，表示该单元格结果为E5:G5单元格区域的平均值，并向下取整，完成后向下拖曳填充柄填充公式。

STEP 4 选择L5单元格，插入函数"=IF(K5="已收货"J5+I5,I5)"，表示：如果K5单元格内容为"已收货"，则L5单元格结果为J5单元格和I5单元格的和；否则L5单元格结构为I5单元格内容。完成后向下拖曳填充柄填充公式。

STEP 5 选择M5单元格，插入嵌套函数"=IF(AND(L5<50,K5="已收货"),"紧急采购"&(H5-L5),IF(AND(L5<H5,K5="已收货"),"增购"&(H5-L5),IF(AND(L5<100,K5="未收货",(J5+L5)<=H5),"催交"&J5&"、"&"增购"&(H5-(J5+L5)),IF(AND(L5<=175,L5>=125,K5="未收货",J5>=125),"缓交"&((J5+L5)-H5),IF(AND(L5>200,K5="未收货",J5>=150),"减购"&(IF(((J5+L5)-H5)>J5,J5,(J5+L5)-H5)),IF(AND(K5="已收货",L5>H5),"比平均库存多出"&(L5-H5),"正常"))))))"，表示根据L5、H5、J5和I5单元格的内容判断当前供需应为紧急采购、增购、催交、缓交或减购等。完成后向下拖曳填充公式即可。

常见疑难解析

问：为什么限制编辑区域时，还要设置工作表保护？

答：限制编辑区域时选择了单元格区域，并设置了密码，但并没有明确用户对该单元格区域的什么操作进行限制，而设置了限制区域参数后，单击 保护工作表(0)... 按钮打开"保护工作表"对话框，在其列表框中设置限制的操作后，才能真正实现限制编辑区域的功能。

问：公式求值功能能否应用到函数中？

答：可以。公式求值功能既适用于公式，也适用于函数。选择函数所在单元格后，打开"公式求值"对话框，并根据相应的操作即可对函数进行求值。在函数求值过程中，可能出现"TRUE"或"FALSE"字样的结果，表示函数中的参数结果为真或为假。

问：在"插入函数"对话框中，如何确定自己使用的函数是什么类型？

答：当明确要使用函数的类型时，可以在"或选择类表"下拉列表框中进行选择；若不清楚，则可以先保持默认选择（常用函数），在下方的列表框中查看是否有该函数；若此时仍然没有，则可以在"或选择类别"下拉列表框中选择"全部"选项，然后再在下拉列表框中选择函数（此方法会在列表框中将Excel中的所有函数列举出来）。

问：如何确定当前应该使用什么函数呢？

答：若对函数一无所知，但又想在Excel中使用函数，首先必须弄清想要实现什么的功能，如求和、求平均数、判断计算或提取日期等，然后在网络中搜索实现该功能应使用的函数及函数的使用方法，最后理清思路，在Excel中打开"插入函数"对话框，选择正确的函数进行使用即可。

拓展知识

1. 利用工具栏管理批注

在Excel 2003的工具栏空白处单击鼠标右键，在弹出的快捷菜单中选择"审阅"菜单命令，使该菜单命令前出现✓标记，显示"审阅"工具栏。审阅工具栏有两种状态，如图3-65所示，当选中未添加批注的单元格时，工具栏呈第一种状态；当选中添加过批注的单元格时，工具栏呈第二种状态。

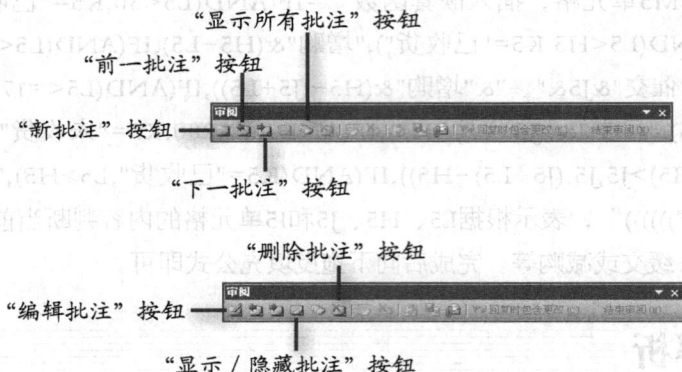

"显示所有批注"按钮

"前一批注"按钮

"新批注"按钮

"下一批注"按钮

"删除批注"按钮

"编辑批注"按钮

"显示/隐藏批注"按钮

图3-65 "审阅"工具栏

- **"新批注"按钮**/**"编辑批注"按钮**：选择未添加批注的单元格时，该按钮为"新批注"按钮，单击该按钮将为选择的单元格添加批注；选择已添加了批注的单元格时，该按钮变为"编辑批注"按钮，单击该按钮将进入批注的编辑状态。
- **"前一批注"按钮**：单击该按钮将打开上一个批注框，若当前批注为第一个批注，则会打开提示对话框。
- **"下一批注"按钮**：单击该按钮将打开下一个批注框，若当前批注为最后一个批注框，则会打开提示对话框。
- **"显示/隐藏批注"按钮**：单击该按钮将显示或隐藏当前选择单元格的批注信息。
- **"显示所有批注"按钮**：该按钮呈选中状态将显示工作表中的所有批注。
- **"删除批注"按钮**：单击该按钮将删除当前选择单元格的批注。

2. 其他错误检查方法

工作表中单元格出现错误提示后，除了打开"错误检查"对话框检查错误外，还包括以下几种方法。

- 出现错误的单元格左上角将出现绿色三角形标志，选择该单元格，左侧将出现按钮，单击该按钮打开下拉菜单，在其中选择对应的菜单命令，也可以对错误单元格进行错误检查，如图3-66所示。

● 选择出现错误的单元格，在公式审核工具栏中单击"追踪错误"按钮□，或选择
【工具】/【公式审核】/【追踪错误】菜单命令，添加蓝色追踪线，检查编辑栏的
公式中包含的单元格地址，同时与箭头指向单元格的地址进行对比，编辑栏中多余
的单元格地址则可能是产生错误的原因，如图3-67所示。

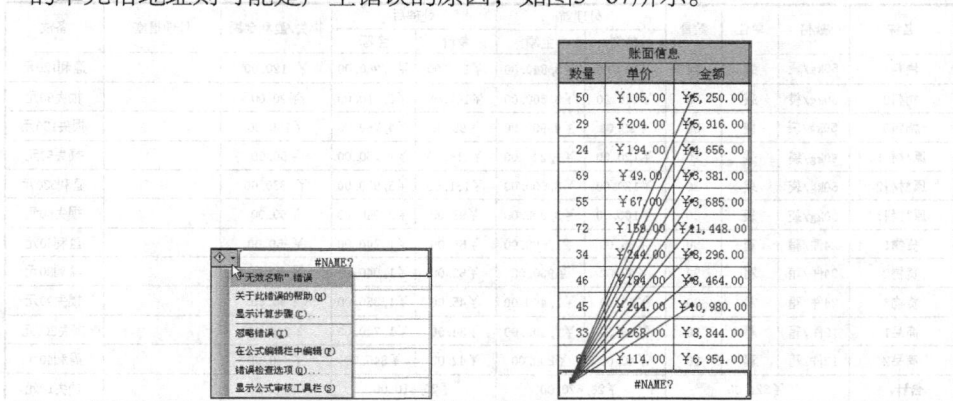

图3-66 填充格式	图3-67 快速插入符号

课后练习

效果所在位置 光盘:\效果文件\项目三\货物出库登记表.xls、货物处置表.xls

（1）为公司仓库制作一份"货物出库登记表.xls"工作簿，对当期（月）所有出库货物
进行统计，效果如图3-68所示（可增加金额栏目，对每一笔出库单的总金额汇总，便于月底
进行财务核算和分析）。

图3-68 "货物出库登记表"最终效果

（2）为公司仓库制作一份"货物处置表.xls"工作簿，要求针对处理前和处理后设置单价和金额差，并根据处理结果判断当前货物处置是损失还是盈利，具体效果如图3-69所示。

货 物 处 置 表

编号：C20130601　　　　　　　　　　　　　　　　　　　　　　　　　　日期：2013年6月1日

名称	规格	单位	数量	处理前		处理后		损失/盈利金额	处理措施	备注
				单价	金额	单价	金额			
物料1	50kg/袋	袋	24	￥160.00	￥3,840.00	￥165.00	￥3,960.00	￥-120.00		盈利120元
物料2	50kg/袋	袋	30	￥110.00	￥3,300.00	￥107.00	￥3,210.00	￥90.00		损失90元
物料3	50kg/袋	袋	50	￥98.00	￥4,900.00	￥95.00	￥4,750.00	￥150.00		损失150元
原材料1	50kg/袋	袋	10	￥120.00	￥1,200.00	￥115.00	￥1,150.00	￥50.00		损失50元
原材料2	50kg/袋	袋	30	￥120.00	￥3,600.00	￥131.00	￥3,930.00	￥-330.00		盈利330元
原材料3	50kg/袋	袋	30	￥100.00	￥3,000.00	￥98.00	￥2,940.00	￥60.00		损失60元
货物1	24件/箱	箱	30	￥56.00	￥1,680.00	￥58.00	￥1,740.00	￥-60.00		盈利60元
货物2	24件/箱	箱	20	￥48.00	￥960.00	￥52.00	￥1,040.00	￥-80.00		盈利80元
货物3	24件/箱	箱	30	￥48.00	￥1,440.00	￥45.00	￥1,350.00	￥90.00		损失90元
商品1	12件/箱	箱	50	￥38.00	￥1,900.00	￥34.00	￥1,700.00	￥200.00		损失200元
商品2	12件/箱	箱	20	￥40.00	￥800.00	￥42.00	￥840.00	￥-40.00		盈利40元
合计：		￥324.00			￥26,620.00		￥26,610.00	￥10.00		损失10元

图3-69 "货物处置表"最终效果

知识提示　其中，K5单元格（"备注"栏）中函数为"=IF(I5>0,"损失"&I5&"元","盈利"&ABS(I5)&"元")"，表示如果I5单元格中的值大于0，则K5单元格的结果为"亏损+I5单元格中的值+元"；否则K5单元格的结果为"盈利+I5单元格值的绝对值+元"。

PART 4

项目四
运输管理

情景导入

　　小白很快掌握了仓储管理工作的相关事宜，小白认为多接触不同环节的工作更能提高工作能力，于是老张决定让他了解一些关于货物运输的工作，适应物流工作的运输管理环节。

知识技能目标

- 熟练掌握查找替换及高级查找替换的操作方法。
- 熟练掌握选择性粘贴的使用方法。
- 熟练掌握使用记录单添加、查找、修改和删除记录的操作方法。

- 了解运输管理的基本流程和仓储管理活动中的常用表格。
- 掌握"货物运输一览表"和"交运物品清单"等工作簿的制作方法。

项目流程对应图

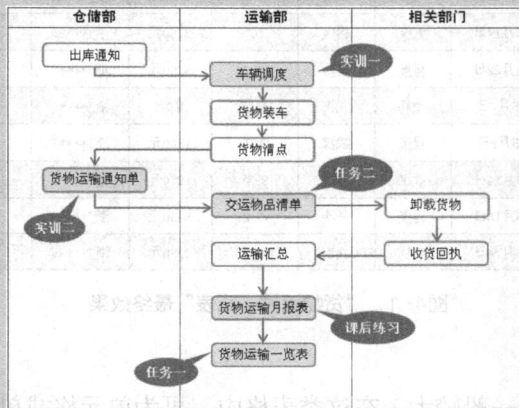

任务一 制作"货物运输一览表"

货物运输一览表用于查看货物运输的详细情况，包括运输日期（启程日期）、货运地点（起点和终点）、运输重量、运输费用和货运车辆的车牌号等。根据业务情况，还可以在表格中添加预计到货日期（或预计货运时间）、货运负责人及联系方式等信息，使表格使用者对运输情况一目了然。

一、 任务目标

运输部门即将召开总结会议，老张要求部门员工尽快对上半年的运输业务进行统计，并将统计结果制作成表格，交给小白复查。老张对小白说，统计类表格的数据量一般较大，若出现错误，可以通过查找替换功能对错误进行批量更改。本任务完成后的最终效果如图4-1所示。

素材所在位置 光盘:\素材文件\项目四\货物运输一览表.xls
效果所在位置 光盘:\效果文件\项目四\货物运输一览表.xls

货物运输一览表

序号	日期	货运地点		运输重量	运输费用	车牌号	备注
		起点	终点				
1	2月20日	成都	武汉	2T	300元	浙J****1	
2	2月21日	程度	武汉	1件大箱	600元	浙J****6	
3	2月27日	武汉	程度	15T	2250元	浙J****1	
4	3月4日	程度	长沙	39.8T	5970元	浙J****2	
5	3月5日	成都	武汉	49.5T	6750元	浙J****6	
6	3月5日	程度	武汉	22.5T	3370元	浙J****6	
7	3月9日	武汉	程度	15T	2250元	浙J****6	
8	4月9日	程度	长沙	45T	6750元	浙J****6	
9	4月15日	成都	武汉	3T	450元	浙J****6	
10	4月16日	程度	武汉	36.7T	5500元	浙J****2	
11	4月17日	武汉	程度	25T	3750元	浙J****3	
12	4月22日	程度	长沙	34.7T	5200元	浙J****2	
13	5月7日	成都	武汉	6.5T	970元	浙J****6	
14	5月9日	程度	武汉	10T	1500元	浙J****7	
15	5月14日	武汉	程度	8.5T	1270元	浙J****7	
16	5月16日	程度	长沙	36.2T	5430元	浙J****2	
17	5月24日	成都	武汉	14.8T	2220元	浙J****6	

图4-1 "货物运输一览表"最终效果

二、 相关知识

统计类表格的数据量一般较大，在这类表格中，可为单元格或单元格区域命名，从而通过命名实现快速定位。下面将对这些知识进行简单介绍。

1. 为单元格命名

在Excel中，每个单元格都有唯一的地址，地址由列标和行号组成，这些地址通常也是单元格的名称。

为了区分一些特殊的单元格或单元格区域，可以对其设置自定义名称，命名后的单元格或单元格区域的地址将自动更新为新名称。如将A1:B15单元格区域命名为"标题"，那么该单元格区域的地址变为"标题"，引用该单元格区域数据时，输入的内容则变为"=标题"。图4-2所示为"定义名称"对话框。

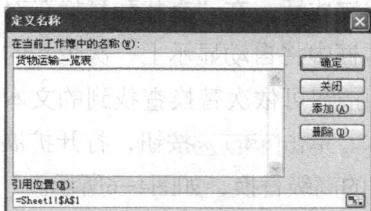

图4-2 命名单元格区域

2. 定位、查找和替换的区别

在Excel中可使用定位和查找功能快速选择某一单元格或单元格区域。不同的是，定位功能只能快速定位到系统指定格式的单元格、自定义的单一单元格或单元格区域、命名过的单元格或单元格区域；而查找功能则可以同时查找出包含某一条件的所有单元格。

替换功能通常与查找功能结合使用，一般先查找到某一数据，然后再将该数据替换为另一数据。下面将对这3种功能进行介绍。

● **定位**：定位方式有两种：一种是定位单元格或单元格区域，在"定位"对话框中添加单元格或单元格区域的地址后，该地址会显示在"定位"列表框中，选择地址，然后单击 确定 按钮即可快速定位到该单元格，如图4-3所示；另一种是设置定位条件，在"定位"对话框中单击 定位条件(S)... 按钮，打开"定位条件"对话框，单击选中符合要求的条件单选项，确认后即可定位Excel中所有满足设置条件的单元格，如图4-4所示。

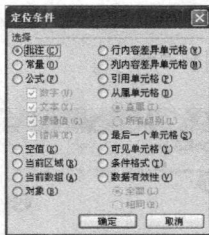

图4-3 定位单元格或单元格区域　　　图4-4 定位条件

● **查找和高级查找**：打开"查找和替换"对话框，在"查找"选项卡的"查找内容"下拉列表框中输入要查找的内容，单击 查找下一个(F) 按钮将依次查找工作簿中包含查找内容的单元格，单击 查找全部(L) 按钮将一次性查找相关内容的单元格。单击 选项(T) >> 按钮，打开扩展功能区，设置参数后可实现数据的高级查找，如图4-5所示。

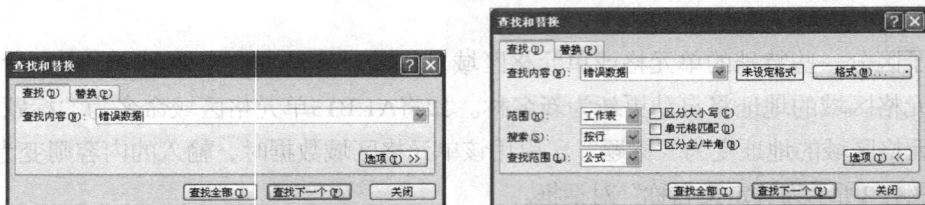

图4-5 查找和高级查找

● **替换和高级替换**：查找完成后，在"查找和替换"对话框中单击"替换"选项卡，此时"查找内容"文本框中将自动显示上一次查找的文本内容。输入查找内容和替换内容，单击 替换(R) 按钮可依次替换查找到的文本，单击 全部替换(A) 按钮可一次性替换所有查找到的文本。单击 选项(T) >> 按钮，打开扩展功能区，在其中可通过设置条件参数实现单元格内容的高级替换，如图4-6所示。

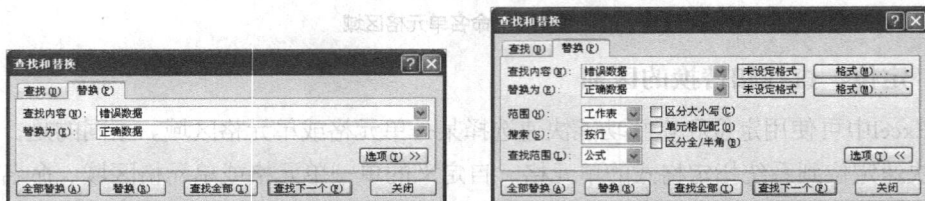

图4-6 替换和高级替换

三、任务实施

1．命名单元格和单元格区域

打开素材文件"货物运输一览表.xls"工作簿，为单元格和单元格区域命名，其具体操作如下。

STEP 1 启动Excel 2003，打开"货物运输一览表.xls"工作簿，选择A2:H3单元格区域，选择【插入】/【名称】/【定义】菜单命令，打开"定义名称"对话框。

STEP 2 此时"引用位置"文本框中自动引用选择的单元格区域地址，在"在当前工作簿中的名称"文本框中输入"表头"，然后单击 添加(A) 按钮，"表头"名称将自动添加到下方的列表框中，如图4-7所示。

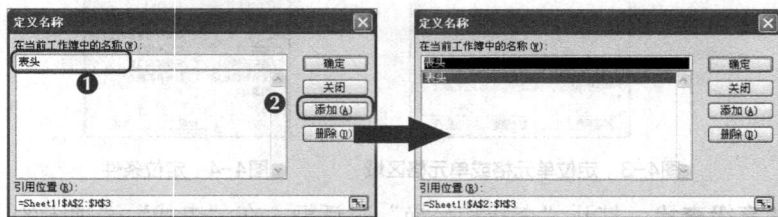

图4-7 命名单元格区域

STEP 3 单击"引用位置"文本框右侧的"收缩"按钮▣，收缩"定义名称"文本框，拖曳鼠标选择A4:H6单元格区域，然后单击"展开"按钮▣，返回"定义名称"对话框，输入单元格区域名称，单击 添加(A) 按钮，如图4-8所示。

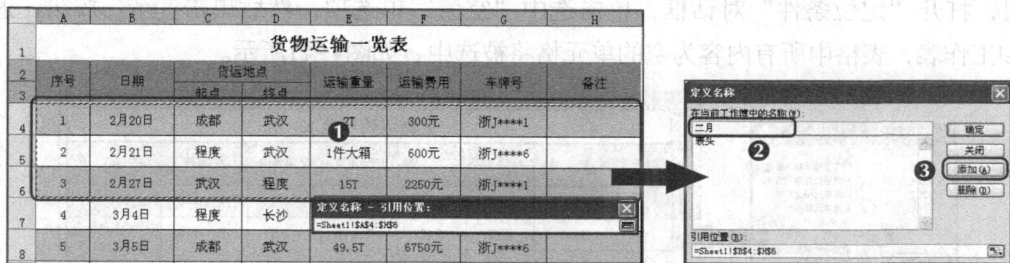

图4-8　继续命名单元格区域

STEP 4 使用相同的方法，继续为单元格区域中其他月份对应的单元格区域命名，完成效果如图4-9所示，单击 确定 按钮关闭"定义名称"对话框。

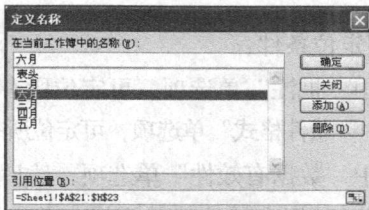

图4-9　定义多个单元格区域效果

> 打开"定义名称"对话框，在列表框中选择名称选项，单击 删除(D) 按钮可将该自定义名称删除。
>
> 多学一招

2. 快速定位单元格并修改数据

设置完单元格区域名称后，即可使用定位功能快速对每个月的数据进行检查，其具体操作如下。

STEP 1 选择【编辑】/【定位】菜单命令或按【F5】键，打开"定位"对话框，在"定位"列表框中选择"二月"选项，单击 确定 按钮，返回Excel工作表，此时将自动选中对应的单元格区域，如图4-10所示。

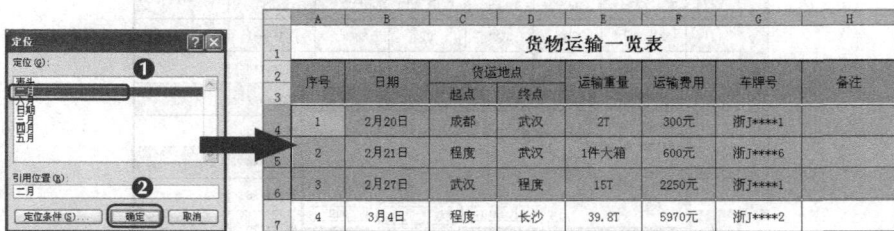

图4-10　定位二月份货运记录

STEP 2 检查二月份记录是否正确，然后使用相同的方法依次定位其他月份记录所在单元格区域。

STEP 3 选择表格中任意单元格，然后按【F5】键打开"定位"对话框，单击 定位条件(S)... 按钮，打开"定位条件"对话框，单击选中"空值"单选项，然后单击 确定 按钮，返回Excel工作表，表格中所有内容为空的单元格将被选中，如图4-11所示。

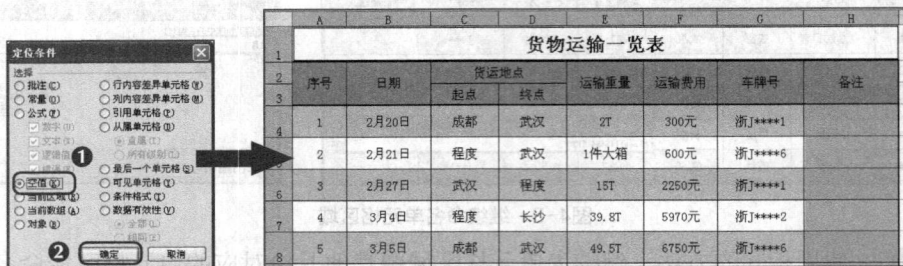

图4-11 定位空值

下面介绍常用定位条件：

（1）单击选中"批注"单选项，可定位所有添加批注的单元格；

（2）单击选中"条件格式"单选项，可定位所有设置了条件格式的单元格；

（3）单击选中"数据有效性"单选项，然后单击选中"全部"单选项，可定位到所有应用过数据有效性的单元格，单击选中"相同"单选项，可定位到与当前选择的单元格数据有效性相同的单元格。

3．查找和替换数据

工作簿中将"成都"误输入为"程度"，且车牌号所属省份也错误，下面利用查找和替换功能批量更改错误，其具体操作如下。

STEP 1 选择A1单元格，选择【编辑】/【查找】菜单命令或按【Ctrl+F】组合键，打开"查找和替换"对话框。

STEP 2 在"查找内容"下拉列表框中输入"程度"，单击 查找下一个(F) 按钮，系统自动在工作簿中搜索第一次出现"程度"文本的单元格，如图4-12所示。

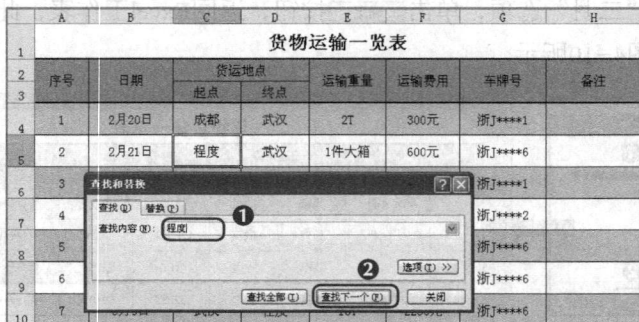

图4-12 查找错误文本

STEP 3 单击"替换"选项卡，在"替换为"下拉列表框中输入文本"成都"，然后单击 替换(R) 按钮，查找到的单元格中内容被替换，且系统自动选中下一处内容为"程度"的单元格，如图4-13所示。

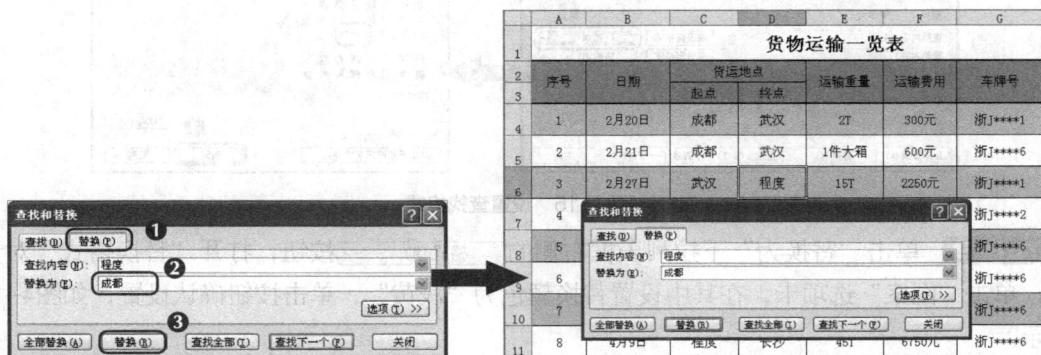

图4-13 替换单元格内容

STEP 4 单击 查找全部(I) 按钮，系统将查找工作簿中所有包含查找内容的单元格，并在对话框下方以列表的形式显示单元格详细信息，单击 全部替换(A) 按钮，打开提示对话框，显示当前完成的替换总数，如图4-14所示。

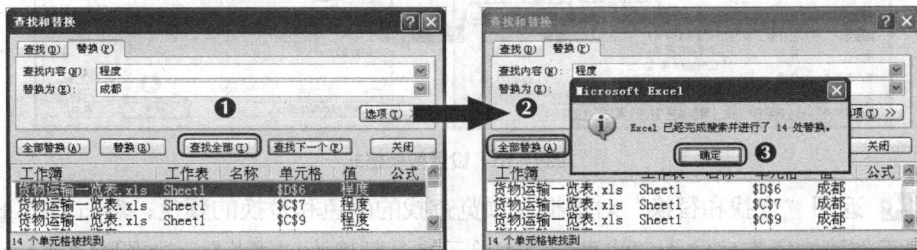

图4-14 全部查找和替换

STEP 5 单击 确定 按钮关闭提示对话框，更改"查找内容"和"替换为"下拉列表框中的文本内容，将"浙J"文本，替换为"川A"文本。

STEP 6 完成后单击 关闭 按钮关闭"查找和替换"对话框。

4．高级查找和替换

下面利用Excel的高级查找和替换功能，对单元格区域的底纹进行更换，将工作簿中的浅青绿色替换为浅黄色，其具体操作如下。

STEP 1 打开"查找和替换"对话框，单击"替换"选项卡，然后单击 选项(T) >> 按钮展开扩展功能，清除"查找内容"和"替换为"下拉列表框中的文本内容。

STEP 2 单击"查找内容"下拉列表框后的 格式(M)... 按钮，打开"查找格式"对话框，单击"图案"选项卡，然后在下方单击选择"浅青绿"色块，如图4-15所示，单击 确定 按钮返回"查找和替换"对话框，此时按钮前的预览区中底纹变为设置的颜色。

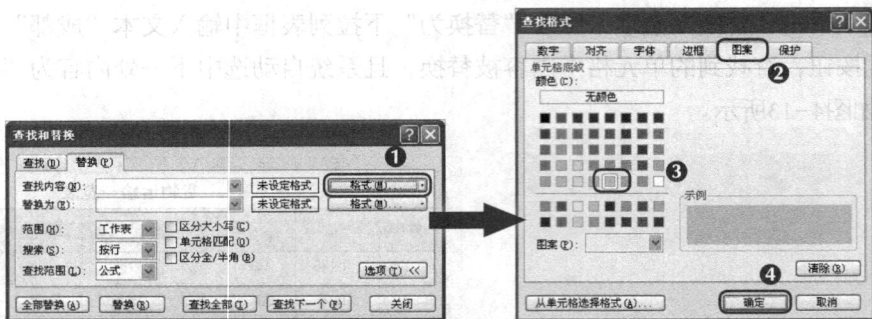

图4-15 设置查找格式

STEP 3 单击"替换为"下拉列表框右侧的 格式(M)... 按钮,打开"替换格式"对话框,单击"图案"选项卡,在其中设置替换颜色为"浅黄",单击按钮确认设置,如图4-16所示。

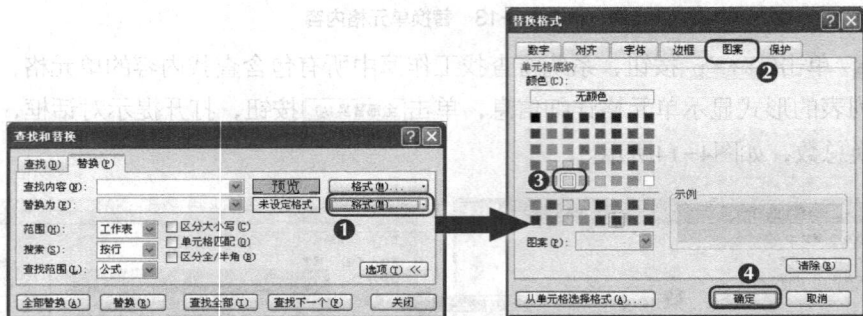

图4-16 设置替换格式

STEP 4 返回"查找和替换"对话框,预览查找的颜色和替换的颜色,然后单击 全部替换(A) 按钮,将工作簿中所有底纹为"浅青绿"的单元格,替换为"浅黄",如图4-17所示。

	A	B	C	D	E	F	G	H
1					货物运输一览表			
2	序号	日期	货运地点		运输重量	运输费用	车牌号	备注
3			起点	终点				
4	1	2月20日	成都	武汉	2T	300元	浙J****1	
5	2	2月21日	成都	武汉	1件大箱	600元	浙J****6	
6	3	2月27日	武汉	成都	15T	2250元	浙J****1	
7	4	3月4日	成都	长沙	39.8T	5970元	浙J****2	
8	5	3月5日	成都	武汉	49.5T	6750元	浙J****6	
9	6	3月5日	成都	武汉	22.5T	3370元	浙J****6	

图4-17 全部查找和替换

多学一招 单击 格式(M)... 按钮右侧的下拉按钮,在打开的下拉菜单中选择"从单元格中选择"菜单命令,此时鼠标指针变为 形状,单击单元格后即可拾取该单元格的格式;在打开的下拉菜单中选择"清除查找格式"菜单命令,可清除当前选择的格式。

任务二 制作"交运物品清单"

交运物品清单主要用于明确交运货物详细、准确的信息，同时作为开展物流工作和日后检查考核的依据。制作交运物品清单时，应分别设置托运人和承托人业务双方签章栏，以完善交运手续，保护物流双方的合法权益，保证运输工作的顺利进行。

一、 任务目标

下班前，老张向小白交代了一项工作，要求他制作一份交运物品清单，用于核查运输过程中的货物品名等详情。老张告诉小白，如果当前表格的数据较多，可以使用记录单快速录入和查看相应的数据。本任务完成后的最终效果如图4-18所示。

效果所在位置 光盘:\效果文件\项目四\交运物品清单.xls

交运物品清单

货号	货物名称	包装形式	单位	数量	新旧程度	重量（千克）	体积（立方厘米）长×宽×高	保险或报价价格
H2013010101	物品1	封装	箱	50	全新	2		100
H2013010102	物品2	散装	公斤		全新	20		100
H2013010103	物品3	封装	箱	50	全新	10		100
H2013010104	物品4	封装	箱	100	全新	10		100
H2013010105	物品5	封装	公斤	200	全新	30		100
H2013010106	物品6	封装	箱	100	全新	5		100
H2013010107	物品7	封装	箱	100	全新	5		100
H2013010108	物品8	封装	箱	100	全新	10		100
H2013010109	物品9	散装	公斤		全新	10		100
备注								
托运人（签章）：				承运人（签章）：				
日期： 年 月 日				日期： 年 月 日				

图4-18 "交运物品清单"最终效果

二、 相关知识

在Excel中，可以使用记录单快速录入数据，利用Excel的选择性粘贴功能，还可完善表格的制作，下面介绍相关知识。

1. 使用选择性粘贴

复制单元格中的内容后，在目标单元格中可选择性地只粘贴其中的一部分功能，如纯文本、单元格格式等。选择单元格或单元格区域，按【Ctrl+C】组合键复制，然后选择目标单元格，单击鼠标右键，在弹出的快捷菜单中选择"选择性粘贴"命令，或在工具栏中单击"粘贴"按钮■右侧的下拉按钮，在打开的下拉菜单中选择"选择性粘贴"命令，打开"选择性粘贴"对话框，如图4-19所示。

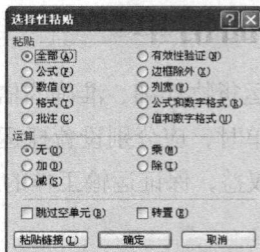

图4-19 "选择性粘贴"对话框

- **"粘贴"栏**：在该栏单击选中某一单选项，确认设置后，将只粘贴复制内容的对应选项。如单击选中"格式"单选项，确认设置后，在目标单元格中将只选择源单元格的格式进行粘贴，而不会粘贴源单元格中的其他内容。
- **"运算"栏**：在该栏单击选中某一单选项，确认设置后，将在原数据的基础上批量进行四则运算。如在空单元格中输入"10"，选择要批量进行运算的单元格区域，打开"选择性粘贴"对话框，单击选中"乘"单选项，确认设置后，进行运算的单元格区域中的所有数据都将乘以10。

2．认识记录单

向一个数据量较大的表格插入一行新记录时，可使用"记录单"一次性输入新纪录的所有数据，而不用在表头和输入位置间来回查看，从而大大提高了工作效率。

打开记录单时，系统会默认将表格表头的每一个项目对应为记录单的参数项目，所以在记录单中输入对应项目的参数后，该参数将自动添加到表格的对应位置。记录单有表单和条件两种模式。

- **"表单"模式**：即实现在工作表中输入数据的功能。"表单"模式是记录单的默认模式，打开"记录单"对话框，在对应文本框中输入参数，单击 新建(W) 按钮后即可将参数添加到工作表中，如图4-20所示。

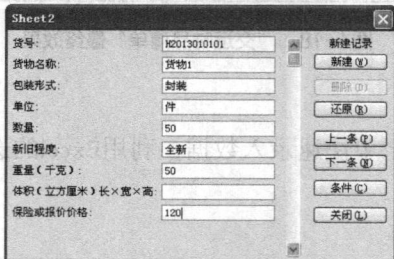

图4-20 添加表单

- **"条件"模式**：即实现在工作表中查询数据的功能。在表单模式下单击 条件(C) 按钮，即可进入条件模式，此时在任意文本框中输入要查询的条件参数，再单击 上一条(P) 按钮或 下一条(N) 按钮，则可依次查询满足输入条件的项目对应的其他参数内容，如图4-21所示。

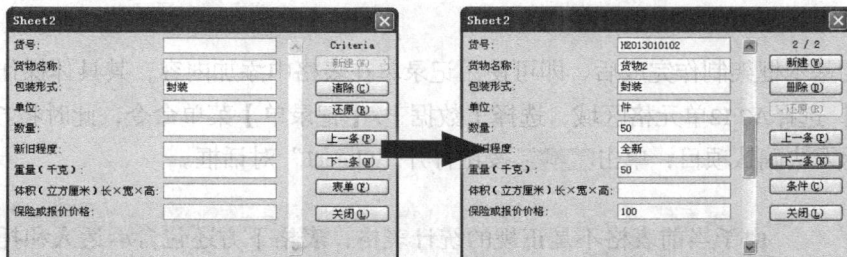

图4-21 查询表单

三、任务实施

1. 创建框架数据结构

新建工作簿，然后制作交运物品清单的数据框架结构，为表格设置字符格式并添加边框，其具体操作如下。

STEP 1 启动Excel 2003，选择【文件】/【保存】菜单命令，打开"另存为"对话框，将工作簿以"交运物品清单"为名进行保存。

STEP 2 输入表格标题、表头和其他内容，并设置表标题格式为"宋体、16、加粗"，合并单元格区域，并调整表格内容的对齐方式，效果如图4-22所示。

图4-22 输入内容并设置字符格式

STEP 3 拖曳鼠标调整行高和列宽，完成后为表格添加"全部框线"边框样式，保持单元格区域的选中状态，添加"粗匣线"边框样式，效果如图4-23所示。

图4-23 调整行高列宽并添加表格边框

2．使用记录单添加表内容

表格的基本框架制作完成后，即可使用记录单在表格中添加内容，其具体操作如下。

STEP 1 选择A2:I2单元格区域，选择【数据】/【记录单】菜单命令，此时将打开提示对话框，提示无法确认项目，单击 确定 按钮打开"Sheet1"对话框。

> 由于当前表格不是正规的统计表格，表格下方还包含承运人和托运人双方签章栏，使用记录单时，系统不能自动检测表头内容，所以需先选择表格表头所在单元格区域，再通过菜单命令打开"Sheet1"对话框。使用记录单时，打开的对话框将根据当前工作表的名称自动命名。

STEP 2 在"货号"文本框中定位光标插入点，输入第一件物品的货号，然后按【Tab】键，使光标自动移到下一个文本框中，继续输入物品信息，并通过【Tab】键完成其他项目的输入，如图4-24所示。

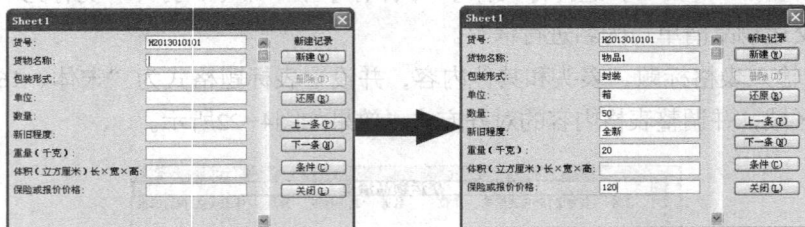

图4-24 输入第一件物品信息

STEP 3 单击 新建(W) 按钮，第一条物品信息将被添加到Excel工作表的对应栏目中，且"Sheet1"对话框中自动添加一组物品参数文本框，继续输入第二件物品的详细信息，然后单击 新建(W) 按钮，如图4-25所示。

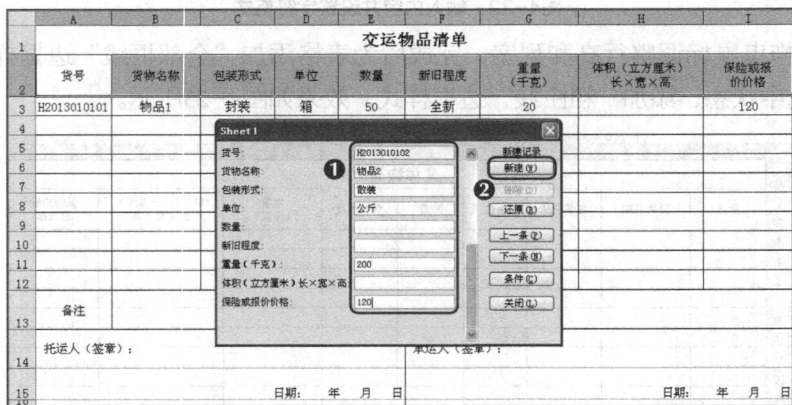

图4-25 添加记录

STEP 4 继续使用相同的方法输入物品信息，单击 上一条(P) 按钮，"Sheet1"对话框的各文本框中将自动显示上一条记录的详细信息，在 新建(W) 按钮上方显示总记录数和当前记录在总记录中所处位置，如图4-26所示。

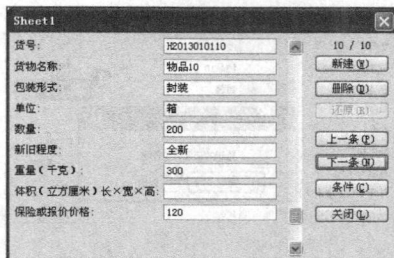

图4-26 查看添加的记录

3. 查找、修改和删除记录

使用记录单，还可查找、修改和删除表格数据，其具体操作如下。

STEP 1 打开"Sheet1"对话框，单击 条件(C) 按钮，进入"条件"模式。

STEP 2 在"包装形式"文本框中输入"封装"，在"数量"文本框中输入"100"，然后单击 下一条(N) 按钮，系统自动搜索出表格中第一条同时满足两个条件的信息，再次单击 下一条(N) 按钮，将搜索出第二条信息，如图4-27所示。

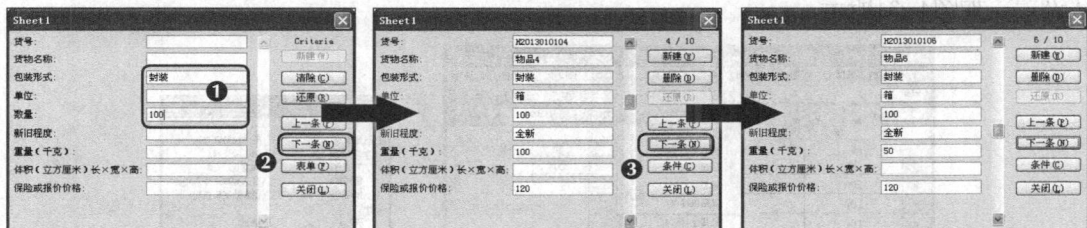

图4-27 查询表单记录

STEP 3 再次单击 条件(C) 按钮，进入"条件"模式，单击 清除(C) 按钮清除条件，然后单击 表单(F) 按钮返回"表单"模式。

STEP 4 通过单击 上一条(P) 按钮和 下一条(N) 按钮浏览表格信息，定位到第5条信息，直接在文本框中修改项目内容，然后单击 新建(W) 按钮确认修改，如图4-28所示。

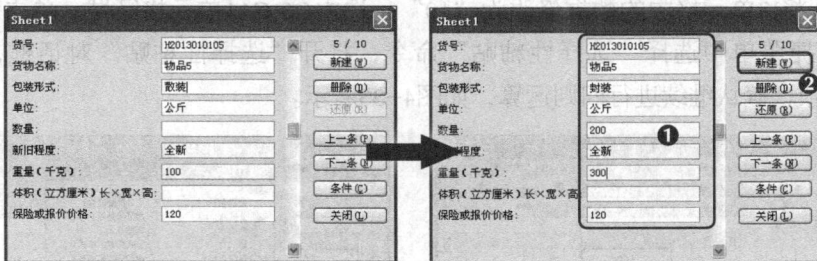

图4-28 修改表单内容

STEP 5 继续浏览表格信息，找到需要删除的信息，单击 删除(D) 按钮，打开提示对话框，提示是否删除当前表单信息，单击 确定 按钮确认删除，完成后单击 关闭(L) 按钮关闭"Sheet1"对话框，如图4-29所示。

图4-29 删除表单内容

4．批量修改工作表数据

下面使用选择性粘贴功能，在原有价格的基础上进行四则运算，其具体操作如下。

STEP 1 选择J3单元格，输入数字"20"，按【Ctrl+C】组合键复制J3单元格内容，然后选择I3:I11单元格区域，在工具栏中单击"粘贴"按钮右侧的下拉按钮，在打开的下拉菜单中选择"选择性粘贴"菜单命令，如图4-30所示。

STEP 2 打开"选择性粘贴"对话框，在"运算"栏中单击选中"减"单选项，然后确认设置，如图4-31所示。

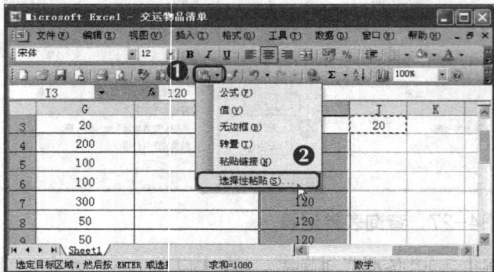

图4-30 选择单元格区域

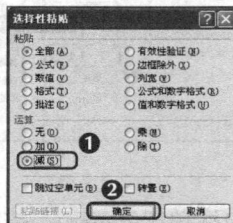

图4-31 设置运算规则

STEP 3 返回Excel工作表，此时I3:I11单元格区域中的所有数据都在原有的基础上减去了20，变为100，如图4-32所示。

STEP 4 将J3单元格中的数据修改为"10"，选中G3:G11单元格区域，单击鼠标右键，在弹出的快捷菜单中选择"选择性粘贴"命令，打开"选择性粘贴"对话框，单击选中"除"单选项，确认继续进行四则运算，如图4-33所示。

图4-32 查看运算结果

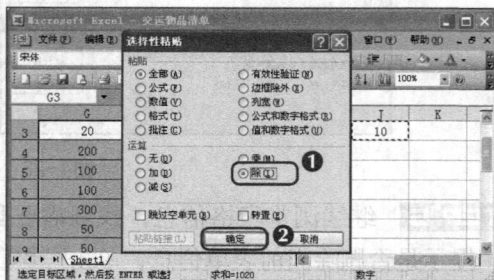

图4-33 继续进行四则运算

实训一　编辑"车辆调度登记表"

【实训目标】

为了更好地管理货运车辆，运输部门决定对车辆调度安排实行登记，即每次货物装车后、实时发车前，都要对车辆的发车时间、调度命令、运货人和运货车辆的详细资料进行登记。老张将这项工作交给小白，小白决定结合运输部门以前的车辆调度资料来制作车辆调度登记表。

要完成本实训，除了掌握基本的表格制作方法外，还应掌握Excel记录单的使用，将每个项目对应的表格信息添加到表格中。本实训的最终效果如图4-34所示。

效果所在位置　光盘:\效果文件\项目四\车辆调度登记表.xls

车辆调度登记表

日期	发车时间	调度编号	调度任务	调度人	接受人	车辆	签字	备注
2013-6-12	9:00	D2013061201	成都-武汉	方苗	王磊	川A****12		
2013-6-12	11:00	D2013061202	成都-重庆	张伏	钟平	川A****46		
2013-6-13	9:00	D2013061301	成都-武汉	张扬	牟伐	川A****51		
2013-6-13	10:00	D2013061302	成都-长沙	刘甫	李峰	川A****42		
2013-6-15	14:00	D2013061501	成都-贵州	宋春	杨毅	川A****95		
2013-6-16	13:00	D2013061601	成都-昆明	熊宇	张勇	川A****45		
2013-6-16	13:30	D2013061602	成都-西安	肖昇	鲁奇	川A****71		
2013-6-16	14:00	D2013061603	成都-武汉	黄湛	陆姜	川A****73		
2013-6-17	9:00	D2013061701	成都-贵州	毛敏	王义	川A****67		
2013-6-17	9:30	D2013061702	成都-昆明	唐蓁	姚川	川A****37		
2013-6-18	8:30	D2013061801	成都-西安	宋春	周波	川A****14		

图4-34　"车辆调度登记表"最终效果

【专业背景】

物流运输中，关于车辆管理的表单种类很多，包括车辆购置申请表、车辆使用申请表、派车通知单、车辆调度登记表、车辆事故报表、车辆维修记录表等。其中，车辆调度登记表是规范调度工作、合理安排车辆使用计划及提高运输效率的重要表格，它明确显示了车辆当前的使用状态，以保证车辆合理、有序地使用，也为运输工作的评估提供依据。

车辆调度登记表主要由车辆管理员编制，负责统计汇总车辆的调度使用情况，审核车辆使用是否合理、经济，减少运输成本，提高经济效益。编制车辆调度登记表时，还可以设置接受运输调度命令人签字栏，以明确责任。

【实训思路】

完成本实训需要先创建表格的基本框架数据，然后利用记录单在对应文本框中输入信息，在其中添加、查询、修改和删除表格数据，其操作思路如图4-35所示。

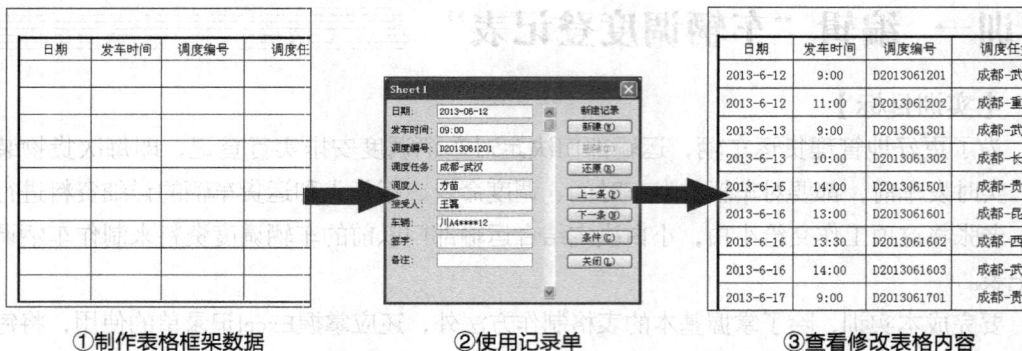

①制作表格框架数据　②使用记录单　③查看修改表格内容

图4-35　制作"车辆调度登记表"的思路

【步骤提示】

STEP 1　启动Excel 2003，以"车辆调度登记表"为名创建一个新工作簿。

STEP 2　输入表标题和表头，设置表标题的字符格式，然后为表格添加边框线。

STEP 3　选择表头所在单元格区域，选择【数据】/【记录单】菜单命令，打开"Sheet1"对话框，在文本框中输入对应的信息，完成后单击 新建(W) 按钮创建第一条表单信息。

STEP 4　使用相同的方法创建多条表单信息，然后单击 条件(C) 按钮，进入"条件"模式，输入条件，单击 上一条(P) 按钮或 下一条(N) 按钮，查询符合条件的表单信息。

STEP 5　浏览表单信息，修改不正确的内容，然后单击 新建(W) 按钮确认修改。

STEP 6　浏览需要删除的信息，单击 删除(D) 按钮，打开提示对话框，提示是否删除当前表单信息，单击 确定 按钮确认删除。

STEP 7　继续浏览表单内容，完成后关闭"Sheet1"对话框，最后保存对工作簿进行的修改即可。

实训二　编辑"货物运输通知单"

【实训目标】

老张下班前找到小白，告诉他明天将会运输一批货物，业务员已经将订单详情发往仓库，要求该部门做好发货准备。现在只需制作一个货物运输通知单，并将通知单交给运输部门，争取在明早预定时间内将货物装车发货。

要完成本实训，应掌握常用函数的使用方法及在Excel中查找和替换文本的方法。本实训完成后的最终效果如图4-36所示。

效果所在位置　光盘:\效果文件\项目四\货物运输通知单.xls

货物运输通知单					
客户名称	××商贸有限公司		联系电话	15928***135	
地　　址	成都温江创业大道创业园				
运 输 货 品 列 表					
货品名称	规格	数量	单价	金额	备注
货物1	24件/箱	100	¥64.50	¥6,450.00	
货物2	50件/箱	100	¥72.50	¥7,250.00	
材料1	50kg/袋	150	¥120.00	¥18,000.00	
材料2	50kg/袋	150	¥140.00	¥21,000.00	
商品1	24件/箱	200	¥90.00	¥18,000.00	
商品2	50件/箱	200	¥110.00	¥22,000.00	
金额总计	¥92,700.00				
运 输 要 求					
1. 交货日期：自签订本单后 15 天内或 2013 年 07 月 24 日以前					
2. 交货地点：成都市温江创业大道创业园					
3. 交货单号码：H20130724					
4. 发票号码：215242234					
通知人员签字	运输主管签字		运输人员签字		

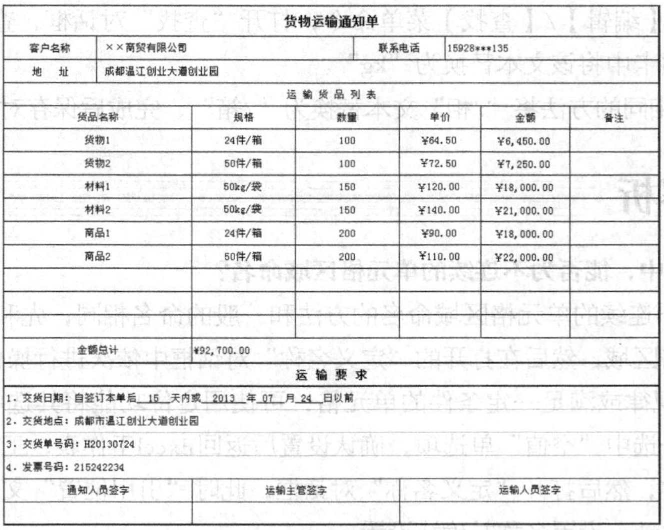

图4-36　“货物运输通知单”最终效果

【专业背景】

货物运输通知单常用于通知运输或仓管部门配合发货、运货，一般由业务部制作、运输部存档，也可由运输部自行制作并存档。制作货物运输通知单，不仅可以监督货运流程，使工作程序化、具体化，还可以明确物流活动中物流人员和部门的职责，便于查阅、审核物流程序。

【实训思路】

完成本实训应先制作表格的框架数据结构，包括输入表头文本、设置字符格式、为表格添加边框等，然后输入表格主要内容、计算表格中的数据，最后填充公式，并利用查找和替换功能修改表格数据，其操作思路如图4-37所示。

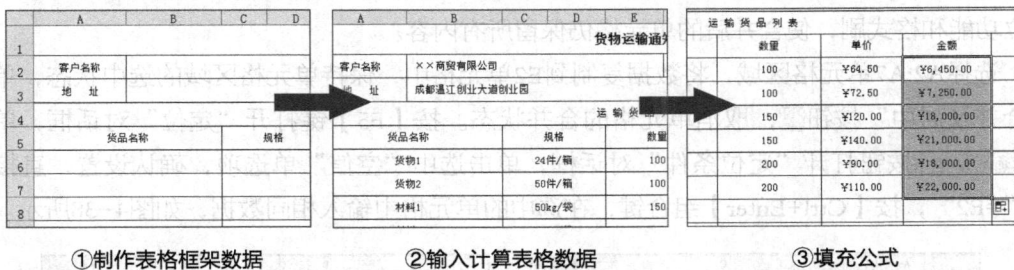

①制作表格框架数据　　②输入计算表格数据　　③填充公式

图4-37　制作“货物运输通知单”的思路

【步骤提示】

STEP 1 启动Excel 2003，新建“货物运输通知单.xls”工作簿。

STEP 2 制作表格框架数据结构，输入表格主要内容，并为其设置字符格式，最后添加表格边框。

STEP 3 在表格对应项目中输入内容，选择并使用公式计算货物金额，并使用SUM函数计算该货物运输单的总金额。

STEP 4 选择【编辑】/【查找】菜单命令，打开"查找"对话框，查找"KG"文本，并在"替换"选项卡中将该文本替换为"kg"。

STEP 5 使用相同的方法将"/相"文本替换为"/箱"，完成后保存对工作簿的修改。

常见疑难解析

问：在Excel中，能否为不连续的单元格区域命名？

答：能。为不连续的单元格区域命名的方法和一般的命名相同，先利用【Ctrl】选键中需要命名的单元格区域，然后在打开的"定义名称"对话框中依次进行操作即可。

对于有一定规律或满足一定条件的单元格，可使用定位功能将其选中，如在"定位条件"对话框中单击选中"空值"单选项，确认设置后返回Excel工作表，工作表中所有为空的单元格都将被选中，然后打开"定义名称"对话框，此时"引用位置"文本框中已自动获取了选中单元格的地址，设置名称并确认设置。

问：能否同时在多个工作表中查找或替换数据？

答：编辑Excel表格时，可以在多个工作表中查找或替换数据，方法是利用【Shift】键或【Ctrl】键选择工作簿中的多个相邻或不相邻的工作表，选择【编辑】/【查找】命令，在打开的对话框中按普通的查找方式查找替换即可。

拓展知识

1．定位功能的实用技巧

合并后的单元格地址为原单元格区域最左上角的单元格地址，如在C2单元格中引用A2单元格内容，进行公式的自动填充后，在C3、C4、C6、C7中造成数据丢失，此时可以利用定位功能和格式刷，使合并后的单元格仍保留所有内容。

选择A2:A7单元格区域，将数据复制到E2单元格中，保持单元格区域的选中状态，单击"合并及居中"按钮国，取消单元格的合并状态。按【F5】键打开"定位"对话框，单击 定位条件(S)... 按钮打开"定位条件"对话框，单击选中"空值"单选项，确认设置，直接输入"=E2"，按【Ctrl+Enter】组合键，在选中的单元格中输入相同数据，如图4-38所示。

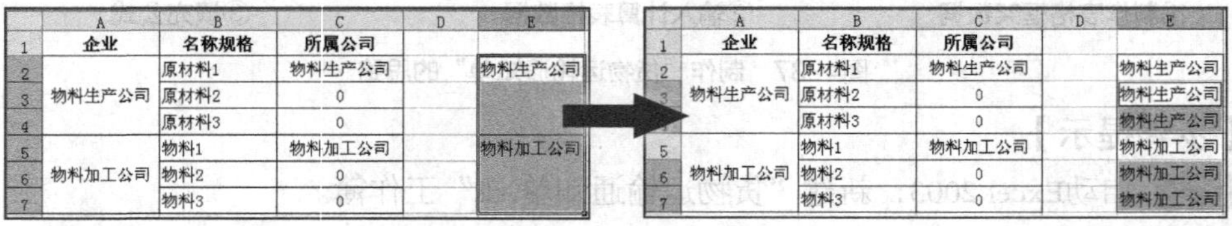

图4-38 定位到空值并输入数据

再次选择A2:A7单元格区域，单击"格式刷"按钮，鼠标指针变为 形状后，单击E2单元格，将合并的格式应用到E2:E7单元格区域中，保持该区域的选中状态，按【Ctrl+C】组合键复制，然后选择A2单元格，按【Ctrl+V】组合键粘贴，打开提示对话框，单击 是(Y) 按钮确认替换即可，如图4-39所示。

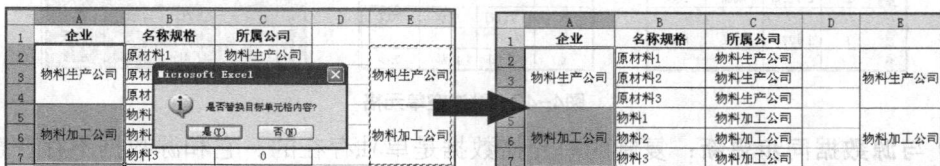

图4-39　结合格式刷替换数据

2．选择性粘贴实用技巧

选择性粘贴功能在Excel电子表格制作过程中的应用非常广泛，包括对表格行列进行转换、保持表格列宽不变、复制时跳过空单元格及使复制的数据与源数据同步更新等，下面简单介绍选择性粘贴的几种实用技巧。

● **表格行列转置**：Excel的行列转置是指将行和列互换，使表格在横向和纵向之间转变，同时，保留其原有格式不变。选择单元格区域，然后在工具栏中单击"粘贴"按钮 右侧的下拉按钮，在打开的菜单中选择"转置"命令，此时原表中的行变为列、列变为行，完成后适当调整行高和列宽，并将标题文字改为竖排（在"单元格格式"对话框"对齐"选项卡的"方向"栏设置）即可，如图4-40所示。

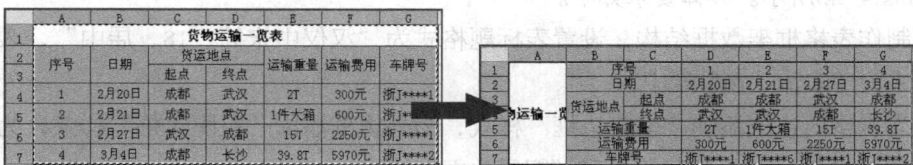

图4-40　行列转置

● **保持列宽不变**：复制表格内容后，在新工作表进行粘贴时，粘贴的工作表的行高和列宽均保持默认不变，此时需手动进行调整。粘贴工作表时，打开"选择性粘贴"对话框，在"粘贴"栏单击选中"列宽"单选项，确认设置后返回Excel工作表，此时表格只复制了原工作表的列宽，按【Ctrl+V】组合键继续粘贴工作表内容，可保持列宽不变。图4-41所示为未复制列宽与复制列宽的表格对比效果。

图4-41　表格对比效果

● **跳过空单元格**：将两个表格合并为1个表格时，使用跳过空单元格功能，可避免复制区域的空单元格覆盖目标单元格中已有数据。复制单元格区域，选择另一个单元格区域的第一个单元格，打开"选择性粘贴"对话框，单击选中"跳过空单元格"复选框，确认设置后即可将两个表格合并在一起，如图4-42所示。

	A	B	C	D
1	货物运输一览表			
2	序号	日期	货运地点	
3			起点	终点
4	1	2月20日	成都	武汉
5				
6	3	2月27日	武汉	成都
7				

	F	G	H	I
1	货物运输一览表			
2	序号	日期	货运地点	
3			起点	终点
4				
5	2	2月21日	成都	武汉
6				
7	4	3月4日	成都	长沙

	A	B	C	D
1	货物运输一览表			
2	序号	日期	货运地点	
3			起点	终点
4	1	2月20日	成都	武汉
5	2	2月21日	成都	武汉
6	3	2月27日	武汉	成都
7	4	3月4日	成都	长沙

图4-42 跳过空单元格

● **与源数据同步更新**：复制的单元格数据是单独存在的，它和源数据不存在直接联系。即更改源数据时，粘贴的数据不会发生改变。若复制数据后，将数据以链接的形式进行粘贴，则更改源数据后，粘贴的数据会同时发生改变。要实现该功能，只需在打开的"选择性粘贴"对话框中单击 粘贴链接(L) 按钮。

课后练习

效果所在位置 光盘:\效果文件\项目四\货物运输月报表.xls

为公司运输部制作"货物运输月报表.xls"工作簿，并通过Excel的记录单功能添加表格数据，如图4-43所示。具体要求如下。

● 制作表格框架数据结构，设置表标题格式为"汉仪中宋简、18、居中"，表内容格式为"宋体、10、居中"。

● 为表格内边框添加"全部边框"样式，为外边框添加"粗匣边框"样式，为表头添加"灰色-25%"底纹颜色和"粗匣边框"样式。

● 选择表头所在单元格区域，打开"记录单"对话框，添加表内容，完成后保存工作簿。

图4-43 利用记录单添加表格数据

项目五
配送管理

情景导入

老张告诉小白，在物流管理活动中，配送管理、运输管理和仓储管理是密不可分的，同属一个物流环节。于是小白决定尝试一批货物由发货、运输到配送的跟踪工作，体验配送管理在物流活动中的作用。

知识技能目标

- 熟练掌握隐藏单元格、行、列和工作表的操作方法。
- 熟练掌握条件格式的使用方法。
- 熟练掌握利用函数实现查询功能的操作方法。

- 了解配送活动的基本流程和配送管理的常用表格。
- 掌握"配送计划表"、"送货单"、"商品配送信息表"工作簿的制作方法。

项目流程对应图

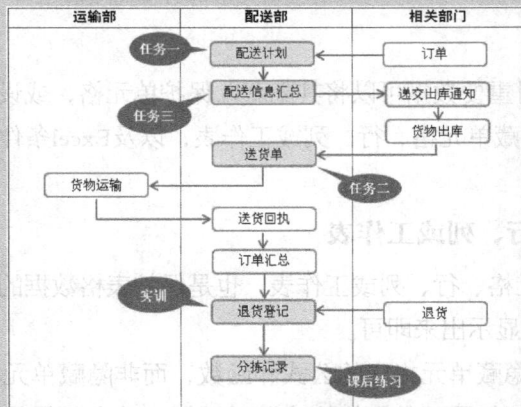

任务一 制作"配送计划表"

每个订单通常都包含多种商品，配送计划则是根据客户要求和仓库存货数量，对订单中不同货物的配送进行安排和计划。配送计划表以每个订单为单位，每条货物的详细信息为内容，通过计划物流配送信息，建立完善、有效的物流配送机制，优化物流管理机构，提高物流服务水平。

一、 任务目标

小白在下班前与合作公司通了电话，沟通订单货物的具体配送时间和运输方式，并做了相关记录。老张看到小白的记录后，告诉他，最好将这类信息记录在表格中，以便在正确的时间内配送货物。小白知道后，立即决定制作一个配送计划表。本任务完成后的最终效果如图5-1所示。

效果所在位置 光盘:\效果文件\项目五\配送计划表.xls

配送计划表

订单编号：S20130615　　　　　　　　　　　　　　　　月份：2013年6月

序号	配送日期	货物名称	规格	数量	单价	金额	配送地	运输方式	备注
1	2013-6-12	东北珍珠米	10kg/袋	25	￥34.00	￥850.00	长益街	货运	
2	2013-6-12	东北香稻	10kg/袋	30	￥48.00	￥1,440.00	长益街	货运	第一次配送
3	2013-6-12	泰国香米	5kg/袋	50	￥68.00	￥3,400.00	长益街	货运	
4	2013-6-12	酸酸乳	24盒/箱	10	￥34.00	￥340.00	长益街	货运	
5	2013-6-16	纯牛奶	24盒/箱	10	￥50.00	￥500.00	长益街	货运	第二次配送
6	2013-6-16	五谷牛奶	16盒/箱	20	￥42.00	￥840.00	长益街	货运	
7									
8									
9									
合计		￥7,370.00							

图5-1 "配送计划表"最终效果

二、 相关知识

制作Excel表格时，对重要数据可以将其隐藏以保护单元格，或设置较显眼单元格格式强调数据，此时将使用到隐藏单元格、行、列或工作表，以及Excel条件格式功能，下面将介绍相关知识。

1. 隐藏单元格、行、列或工作表

在Excel中，隐藏单元格、行、列或工作表，也是保护表格数据的一种方法，可先将重要数据隐藏，需要时再将其显示出来即可。

● **隐藏单元格**：指隐藏单元格内的公式和函数，而非隐藏单元格中的数据。隐藏单元格或单元格区域，打开"单元格格式"对话框，单击"保护"选项卡，在其中单击

选中相应的复选框，设置单元格保护方式。设置保护方式后，还应该打开"保护工作表"对话框，在其中设置保护密码，确认设置后，即可隐藏单元格或单元格区域中公式和函数的操作才能成功，如图5-2所示。

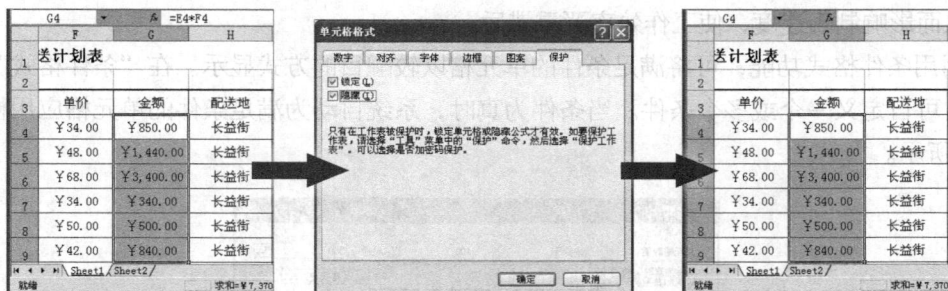

图5-2　隐藏单元格公式

● **隐藏行和列**：指将隐藏工作表中的整行或整列。隐藏行列也是保护工作表数据的一种方法，只需先选中要隐藏的行或列，然后单击鼠标右键，在弹出的快捷菜单中选择"隐藏"命令即可。隐藏后，其他行列编号不发生变化，且在隐藏位置会出现一条颜色较深的分隔线，如图5-3所示。另外，行或列中包含受保护的单元格或单元格区域，该功能不能使用。

图5-3　隐藏行和列

> **多学一招**　要取消单元格隐藏只需取消工作表保护。选中隐藏的行列左右相邻的两列，单击鼠标右键，在弹出的快捷菜单中选择"取消隐藏"命令即可；取消隐藏行的方法与取消隐藏列的方法相同。

● **隐藏工作表**：指将隐藏工作簿中的某一工作表。操作方法为：选择要隐藏的工作表，选择【工具】/【工作表】/【隐藏】菜单命令。取消隐藏时，应选择【工具】/【工作表】/【取消隐藏】菜单命令，此时将打开"取消隐藏"对话框，选择要取消隐藏的工作表，然后确认即可，如图5-4所示。

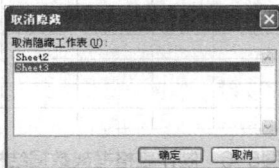

图5-4　取消隐藏工作表

2．Excel条件格式

工作表中的重要数据常需要突出显示。一般情况下，可通过设置单元格格式的方式实现，但此方法容易导致单元格漏选、错选，或为相同类型的数据设置不同类型的格式等情况，从而影响制表速度，使工作效率严重滞后。

利用条件格式功能，可将满足条件的单元格以较醒目的方式显示。在"条件格式"对话框中，可自定义一个或多个条件。当条件为真时，系统自动为满足条件的单元格应用格式如图5-5所示。

图5-5 设置多个条件格式

条件格式包括单元格数值和公式两种模式。

- **单元格数值**：为默认模式，该模式以单元格或单元格区域中的数值为对象，自动判断是否满足设置的条件。若满足，则应用格式；若不满足，则不应用格式。
- **公式**：在"条件"栏的第一个下拉列表框中选择"公式"选项，即可进入该模式。在其后的文本框中输入公式或函数（包括函数名和函数参数等），可将满足该公式或函数的所有单元格或单元格区域设置为对象，自动判断其是否满足设置的条件。若满足，则应用格式；若不满足，则不应用格式。

三、任务实施

1．新建工作簿

新建"配送计划表.xls"工作簿，然后制作表格框架数据结构，并在工作表中输入详细数据，其具体操作如下。

STEP 1 新建"配送计划表.xls"工作簿，合并单元格区域并输入表标题，设置表标题字符格式，然后根据要求制作表格框架数据结构，最后为表格添加边框，效果如图5-6所示。

图5-6 制作表格框架数据结构

STEP 2 将订单中的货物配送信息填写到表格对应的栏目，并利用公式和函数计算出货物金额和合计金额，效果如图5-7所示。

配送计划表

订单编号: S20130615   月份: 2013年6月

序号	配送日期	货物名称	规格	数量	单价	金额	配送地	运输方式	备注
1	2013-6-12	东北珍珠米	10kg/袋	25	￥34.00	￥850.00	长益街	货运	
2	2013-6-12	东北香稻	10kg/袋	30	￥48.00	￥1,440.00	长益街	货运	第一次配送
3	2013-6-12	泰国香米	5kg/袋	50	￥68.00	￥3,400.00	长益街	货运	
4	2013-6-12	酸酸乳	24盒/箱	10	￥34.00	￥340.00	长益街	货运	
5	2013-6-16	纯牛奶	24盒/箱	10	￥50.00	￥500.00	长益街	货运	第二次配送
6	2013-6-16	五谷牛奶	16盒/箱	20	￥42.00	￥840.00	长益街	货运	
7									
8									
9									
合计:		￥7,370.00							

图5-7 填写配送计划表信息

多学一招 打开"定义名称"对话框，在列表框中选择名称选项，单击 删除(D) 按钮可删除自定义名称。

2. 使用文本颜色标记进货数量

表格制作完成后，即可利用条件格式，对表格中的单元格数据进行格式标记，其具体操作如下。

STEP 1 选中E4:E12单元格区域，选择【格式】/【条件格式】菜单命令，打开"条件格式"对话框，在第一个下拉列表框中选择"单元格数值"选项，在第二个下拉列表框中选择"大于或等于"选项，在其后的文本框中输入"30"，单击 格式(F)... 按钮，如图5-8所示。

STEP 2 打开"单元格格式"对话框的"字体"选项卡，在"颜色"下拉列表框中选择"红色"选项，然后单击 确定 按钮确认设置，如图5-9所示。

图5-8 设置条件   图5-9 设置格式

STEP 3 返回"条件格式"对话框，此时预览效果的"未设定格式"处将显示设置文本颜色后的预览效果，单击 确定 按钮确认设置即可。

STEP 4 返回Excel工作表，此时E4:E12单元格区域中数值大于等于30的单元格，其文本颜色将自动变为红色，效果如图5-10所示。

图5-10 设置条件格式后的效果

3. 使用底纹颜色标记不同价位的单价

同一单元格或单元格区域中，可设置多个条件格式，便于对不同价位的单价进行标记，其具体操作如下。

STEP 1 选择F4:F12单元格区域，选择【格式】/【条件格式】菜单命令，打开"条件格式"对话框。

STEP 2 设置条件（1）的条件为"单元格数值，小于或等于，35"，单击格式(F)...按钮，打开"单元格格式"对话框，单击"图案"选项卡，设置底纹颜色为"浅青绿"，确认设置后返回"条件格式"对话框，如图5-11所示。

图5-11 设置条件（1）

STEP 3 单击添加(A)>>按钮，添加条件（2），设置条件（2）的条件为"单元格数值，介于，35，50"，单击格式(F)...按钮，打开"单元格格式"对话框，使用相同的方法设置底纹颜色为"浅黄"，确认设置后返回"条件格式"对话框，如图5-12所示。

图5-12 设置条件（2）

STEP 4 使用相同的方法，添加条件（3），设置条件为"单元格数值，大于，50"，格式为"图案颜色，茶色"，如图5-13所示。

图5-13 设置条件（3）

STEP 5 单击 确定 按钮确认设置，返回Excel工作表，所选单元格区域中符合条件的单元格，都将自动应用设置后的格式，效果如图5-14所示。

图5-14 设置多重条件格式后的效果

多学一招

设置条件格式后，若不需要这种格式，可将其删除。在"条件格式"对话框中单击 删除(D)... 按钮，打开"删除条件格式"对话框，单击选中要删除的条件对应的复选框，然后单击 确定 按钮即可，如图5-15所示。

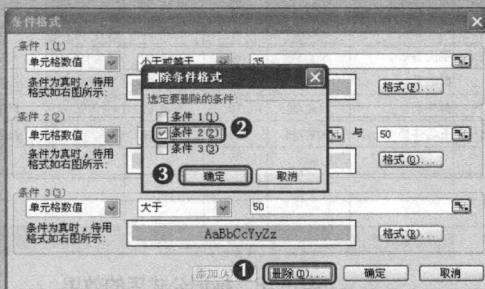

图5-15 删除条件格式

4．标记金额和合计金额

下面标记使用了公式的单元格，便于在下一步操作中对包含公式的单元格进行隐藏保护，其具体操作如下。

STEP 1 选择"配送计划表.xls"表格内容所在单元格区域，选择【插入】/【名称】/

【定义】菜单命令，打开"定义名称"对话框。

STEP 2 在"在当前工作簿中的名称"文本框中输入"A"，在"引用位置"文本框中输入"=GET.CELL(6，A1)"，然后单击 确定 按钮，如图5-16所示。

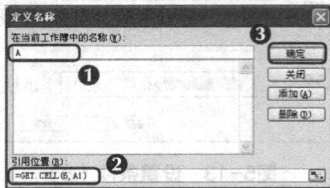

图5-16 定义单元格区域名称

STEP 3 返回Excel工作表，保持单元格区域的选中状态，选中【格式】/【条件格式】菜单命令，打开"条件格式"对话框，在第一个下拉列表框中选择"公式"选项，在其后的文本框中输入公式"=FIND("=",A4:J13)"，单击 格式(F)... 按钮，设置底纹颜色为"灰色"，如图5-17所示。

图5-17 设置条件和格式

STEP 4 单击 确定 按钮返回"条件格式"对话框，单击 确定 按钮确认设置。

STEP 5 返回Excel工作表，原有的条件格式自动被删除，且工作表中包含公式的单元格的底纹都变为了灰色，效果如图5-18所示。

序号	配送日期	货物名称	规格	数量	单价	金额	配送地	运输方式	备注
	订单编号：S20130615							月份：	2013年6月
1	2013-6-12	东北珍珠米	10kg/袋	25	￥34.00	￥850.00	长益街	货运	
2	2013-6-12	东北香稻	10kg/袋	30	￥48.00	￥1,440.00	长益街	货运	
3	2013-6-12	泰国香米	5kg/袋	50	￥68.00	￥3,400.00	长益街	货运	第一次配送
4	2013-6-12	酸酸乳	24盒/箱	10	￥34.00	￥340.00	长益街	货运	
5	2013-6-16	纯牛奶	24盒/箱	10	￥50.00	￥500.00	长益街	货运	
6	2013-6-16	五谷牛奶	16盒/箱	20	￥42.00	￥840.00	长益街	货运	第二次配送
7									
8									
9									
合计：	￥7,370.00								

图5-18 标记公式后的效果

知识提示 定义单元格名称时，引用位置处输入的是GET.CELL函数，其含义为返回单元格中的格式信息；设置条件格式时，文本框中输入的是FIND函数，"=FIND("=",A)"表示在名称为A的单元格区域中查找包含"="符号（"="符号是公式和函数的必备参数）的单元格。

5．隐藏并保护单元格中的公式

标记包含公式的单元格和单元格区域后，即可将其选中，然后利用保护单元格的方法，隐藏并保护单元格中的公式，其具体操作如下。

STEP 1 选择G4:G9单元格区域，按住【Ctrl】键的同时单击C13单元格，选择不连续的单元格区域和单元格。

STEP 2 选择【格式】/【单元格】菜单命令，打开"单元格格式"对话框，单击"保护"选项卡，单击选中"锁定"和"隐藏"复选框，单击 确定 按钮确认设置，如图5-19所示。

STEP 3 返回Excel工作表，保持单元格区域的选中状态，选择【工具】/【保护】/【保护工作表】菜单命令，打开"保护工作表"对话框，在文本框中输入密码"000000"，单击 确定 按钮，打开"确认密码"对话框，重新输入相同密码，然后单击 确定 按钮确认设置，如图5-20所示。

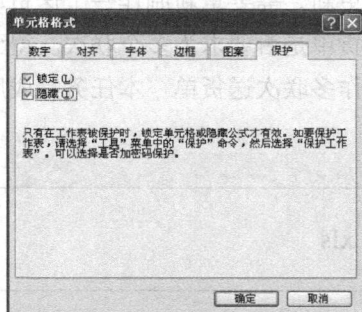

图5-19 锁定和隐藏单元格　　　　　　　　　　图5-20 设置并确认保护密码

STEP 4 返回Excel工作表，单元格区域中的公式将被隐藏，且由于检测不到单元格中的"="符号，条件格式应用的底纹自动消失，效果如图5-21所示。

序号	配送日期	货物名称	规格	数量	单价	金额	配送地	运输方式	备注
						配送计划表			
	订单编号：S20130615							月份：	2013年6月
1	2013-6-12	东北珍珠米	10kg/袋	25	￥34.00	￥850.00	长益街	货运	
2	2013-6-12	东北香稻	10kg/袋	30	￥48.00	￥1,440.00	长益街	货运	第一次配送
3	2013-6-12	泰国香米	5kg/袋	50	￥68.00	￥3,400.00	长益街	货运	
4	2013-6-12	酸酸乳	24盒/箱	10	￥34.00	￥340.00	长益街	货运	
5	2013-6-16	纯牛奶	24盒/箱	10	￥50.00	￥500.00	长益街	货运	第二次配送
6	2013-6-16	五谷牛奶	16盒/箱	20	￥42.00	￥840.00	长益街	货运	
7									
8									
9									
合计：	￥7,370.00								

图5-21 锁定和隐藏单元格

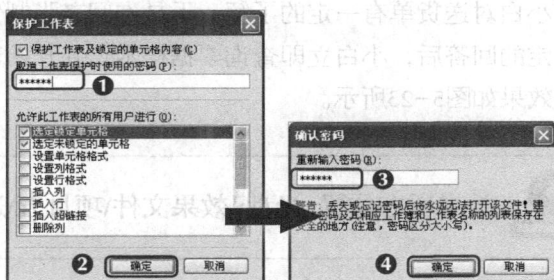

STEP 5 选择G4单元格，此时编辑栏中显示为空白，在编辑栏中定位光标插入点，将打开提示对话框，提示当前单元格处于保护状态，如图5-22所示。

STEP 6 选择【文件】/【保存】菜单命令，保存对工作簿进行的操作。

图5-22 提示单元格正在受保护

任务二 制作多联次"送货单"

送货单是对货物信息进行记录检查和审核的单据。每一次配送货物，都必须填写与配送信息相关的送货单。制作送货单时，可以根据公司情况制作多个联次的表单，一方面用于检查配送货物，另一方面用于监督公司业务。

一、 任务目标

老张带了一堆票据样本给小白，告诉他本周部门资料更新，需要重新制作一个送货单样本。小白对送货单有一定的了解，于是询问老张制作的送货单是否要求为多个联次。得到老张肯定的回答后，小白立即查询票据样本，并开始着手制作多联次送货单。本任务完成后的最终效果如图5-23所示。

效果所在位置 光盘:\效果文件\项目五\送货单.xls

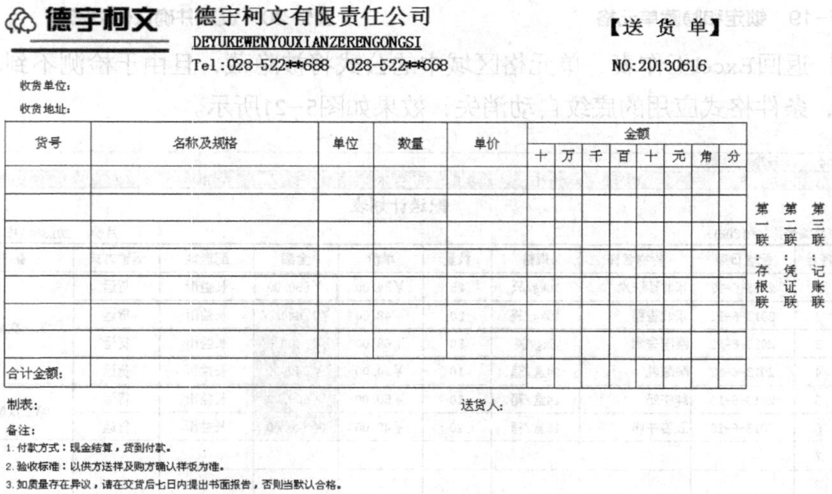

图5-23 多联次"送货单"最终效果

二、 相关知识

无论是在物流行业，还是在其他行业，多联次表单的使用范围都非常广泛。制作和打印多联次表单需要使用到Excel的多种功能，下面将介绍相关知识。

1．多联表单简介

常见表单一般可分为单联、两联、三联和多联等，不同的表单，其格式不同、应用范围不同、对应的表单属性也不同。除此之外，公司还可以根据自身需要，自主设置表单格式和联次。

- **单联表单**：平时最常见的表单，只有一张数据单的表格。
- **两联表单**：指有两张数据单的表格，且每张数据单右侧将显示当前联次。如"第一联：凭证联"、"第二联：记账联"等。
- **三联表单和多联表单**：与两联表单相似，只是表单的联次不同。

表单的联次主要显示在表格内容的右侧，联次显示有两种方式：一种以数字联表示，如"第一联"（或第①联）、"第二联"（或第②联）、"第三联"（或第③联）等；另一种以颜色表示，如"白联"、"红联"、"黄联"等。在具体的联次下，还将表明当前联次的作用或使用对象，如"存根"、"记账"、"结算"、"回单"、"仓库"或"客户"等。图5-24所示为不同表示方式的多联次表单。

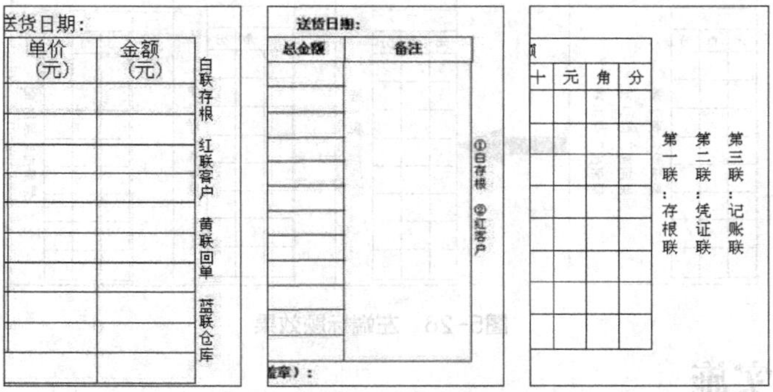

图5-24　不同表示方式的多联次表单

对于多联次表单使用量较高的公司，可联系印刷厂，批量制作多联次表单。这种情况下制作的表单通常还带有自动复写的功能，即每次填写表单时，在一份（多联）表单下垫上隔板，在第一联中直接填写表单数据，其他联次也将通过复写填写数据。此时在每一联中签章，然后再将其他联次表单撕下交给指定对象（通常第一联为本单位存根）。

对于多联次表单使用量不高的公司，可以使用Excel制作打印。这种情况下制作的表单，可直接在Excel 2003软件中填写表单内容，然后再打印多联次并签章，再将其交给指定对象即可。

2．自定义打印表头

自定义打印表头包括顶端标题和左端标题两种方式。

- **顶端标题**：选择表格顶端表头所在单元格区域作为顶端标题。打印时，在每一页打印效果中，打印纸最开始的内容，即为选择的表头所在单元格区域的内容。此方法主要用于表格内容较多的情况，便于打印后每一页都包含表格的表标题和表头，如

图5-25所示。

图5-25 顶端标题效果

- **左端标题**：选择表格左端某一单元格区域作为左端标题。打印时，每一页打印效果左边的内容都将保持不变，即为选择的左端标题所在单元格区域中的内容，如图5-26所示。

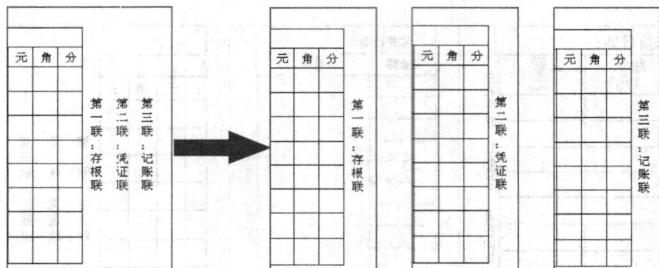

图5-26 左端标题效果

三、任务实施

1．制作表格框架数据结构

首先创建"送货单.xls"工作簿，在工作表中合并单元格，制作表格框架结构，然后输入表格内容、设置文本格式、添加表格边框，完善表格的制作，其具体操作如下。

STEP 1 启动Excel 2003，将工作簿命名为"送货单"进行保存。

STEP 2 合并C1:G1单元格区域，输入文本"德宇柯文有限责任公司"，设置文本格式为"宋体、20、加粗"，单击"左对齐"按钮使其居左显示，如图5-27所示。

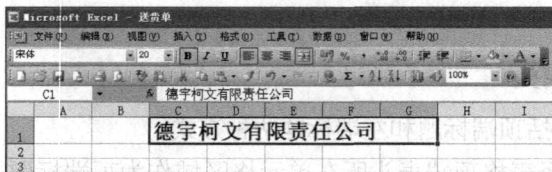

图5-27 输入标题并设置格式

STEP 3 使用相同的方法合并单元格，输入文本并设置字符格式。选择A6:N15单元格区域，为其添加"全部框线"边框样式，效果如图5-28所示。

图5-28　输入表格内容并添加表格边框

STEP 4　选择O6单元格，输入文本"第一联：存根联"，合并O6:O15单元格区域，打开"单元格格式"对话框，单击"对齐"选项卡，在"方向"栏中单击选择竖排文本选项，单击 确定 按钮确认设置，返回Excel工作表，表格数据自动竖排，如图5-29所示。

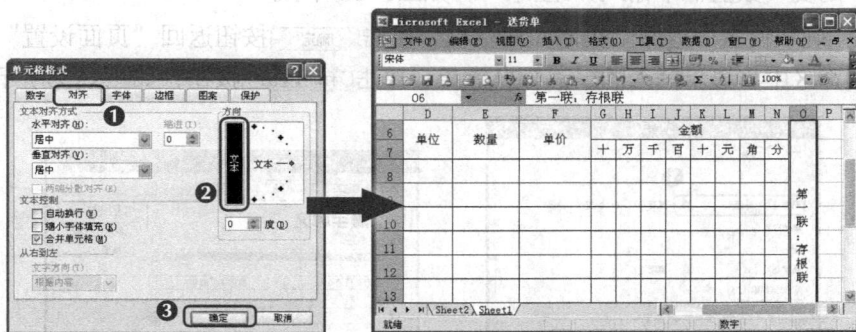

图5-29　设置文本方向

STEP 5　使用相同的方法合并P6:P15、Q6:Q15单元格区域，并分别输入"第二联：凭证联"和"第三联：记账联"文本，设置文本方向，效果如图5-30所示。

图5-30　设置多联

2．在页眉中插入公司Logo

"送货单.xls"工作簿的框架数据结构制作完成后，即可在表格页眉中添加公司Logo，其具体操作如下。

STEP 1 选择【文件】/【页面设置】菜单命令，打开"页面设置"对话框，单击"页眉/页脚"选项卡，单击 ⬚自定义页眉(C)... 按钮，打开"页眉"对话框。

STEP 2 在"左"文本框中定位光标插入点，单击"插入图片"按钮🖼，在打开的对话框中插入公司Logo图片，确认设置后返回"页眉"对话框，此时文本框中出现"&[图片]"字样，如图5-31所示。

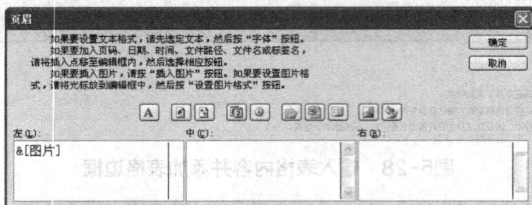

图5-31　插入图片

STEP 3 单击"设置图片格式"按钮，打开"设置图片格式"对话框，在"大小和转角"栏的"高度"数值框中输入"2厘米"，如图5-32所示。

STEP 4 确认设置后返回"页眉"对话框，单击 确定 按钮返回"页面设置"对话框，此时页眉预览区中将显示插入的Logo预览效果，单击 打印预览(W) 按钮，如图5-33所示。

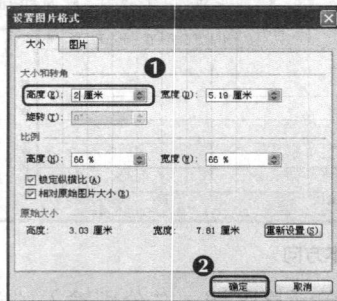

图5-32　设置图片格式　　　图5-33　查看页眉预览效果

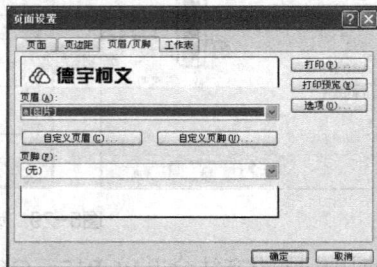

STEP 5 进入打印预览状态，查看公司Logo在工作表中的位置，单击 页边距(M) 按钮，打开调整页边距状态，向下拖曳页眉页边距，使公司Logo与标题在同一水平线上，如图5-34所示。

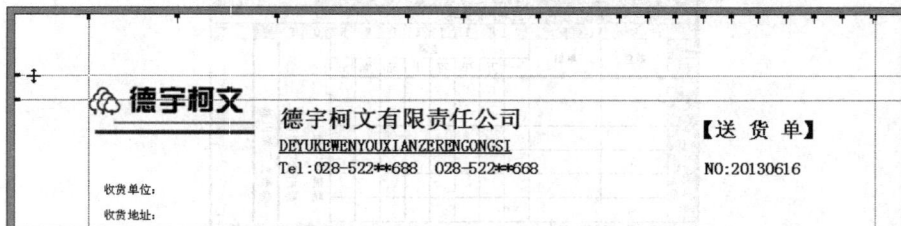

图5-34　调整页眉位置

STEP 6 调整完成后再次单击 页边距(M) 按钮，退出页边距状态，效果如图5-35所示。

图5-35 插入公司Logo后的效果

3．制作多联次表格

此时表格右侧的表单联次还处于同一张工作表中，需要通过设置页面格式，将其制作为多联次表格，其具体操作如下。

STEP 1 在预览模式下单击 关闭(C) 按钮返回Excel工作表，选择【文件】/【页面设置】菜单命令，打开"页面设置"对话框。

STEP 2 单击"工作表"选项卡，在"打印标题"栏的"左端标题列"文本框后单击"收缩"按钮 ，拖曳鼠标选择表格内容中除右侧联次栏的其他列，如图5-36所示。

图5-36 选择左端标题列

STEP 3 单击"展开"按钮 ，展开"页面设置"对话框，此时"左端标题列"文本框中显示为"$A:$N"单元格区域地址，表示左端标题列为A列到N列的所有列，单击 打印预览(W) 按钮，进入打印预览状态，如图5-37所示。

STEP 4 单击 页边距(M) 按钮，打开调整页边距状态，拖曳最右侧的垂直页边距，使表格右侧的联次只显示"第一联：存根联"字样，如图5-38所示。

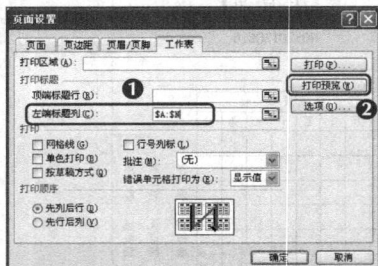

图5-37 查看左端标题列　　　　　图5-38 调整页边距

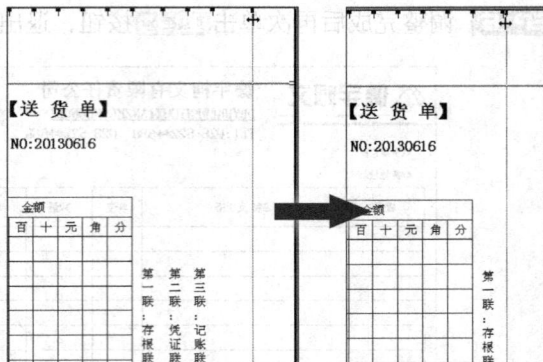

STEP 5 单击打印预览状态下工具栏左侧的 下一页(N) 按钮，表格右侧的联次将由第一联跳转到第二联，再次单击 下一页(N) 按钮，查看表格的第三联，效果如图5-39所示。

STEP 6 单击 关闭(C) 按钮退出打印预览状态，单击 按钮保存对工作簿进行的修改。

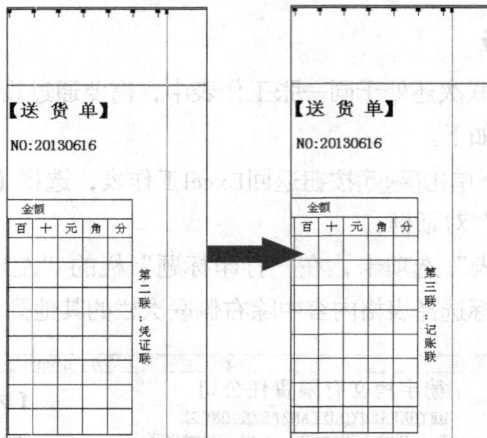

图5-39 查看表单其他联次

4．为工作簿添加密码

完成多联次表单的制作后，即可对其添加打开密码，以保护工作簿，防止操作不当破坏表格，其具体操作如下。

STEP 1 选择【文件】/【另存为】菜单命令，打开"另存为"对话框，设置文件保存位置和文件名，默认文件类型，单击 工具(L)· 按钮，在打开的下拉菜单中选择"常规选项"命令，打开"常规选项"对话框。

STEP 2 在"打开权限密码"文本框中输入打开工作簿的密码，在"修改权限密码"文本框中输入修改工作表的密码，单击选中"建议只读"复选框，然后单击 确定 按钮，如图5-40所示。

STEP 3 打开"确认密码"对话框，在文本框中再次输入打开密码，单击 确定 按钮，打开另一个"确认密码"对话框，在文本框中再次输入修改密码，单击 确定 按钮，返回

"另存为"对话框，如图5-41所示。

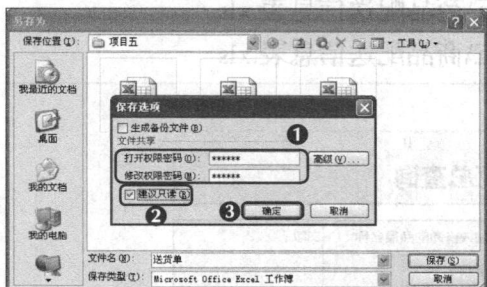

图5-40 设置打开和修改密码　　　　　　　　图5-41 确认打开和修改密码

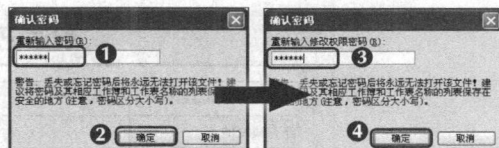

STEP 4 单击 保存(S) 按钮保存工作簿。重新打开工作簿时，将打开"密码"对话框，提示输入打开密码，这里输入密码"111111"，单击 确定 按钮，再在打开的对话框中输入修改密码，单击 确定 按钮即可打开工作簿，如图5-42所示。

图5-42 输入密码打开工作簿

> **知识提示**
>
> 输入修改密码时，单击 只读(R) 按钮，可以"只读"模式打开工作簿，该模式下只能浏览表格内容，不能在原表格的基础上进行修改。若进入"只读"模式后，对表格进行了修改，保存工作簿时将打开如图5-43所示的提示对话框。

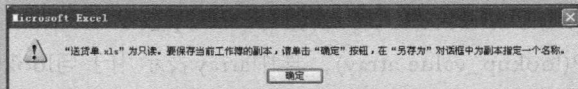

图5-43 只读模式下修改工作簿时的提示信息

任务三 制作"商品配送信息表"

商品配送信息表主要用于反映商品的集货、配货及配送信息，在同一工作簿中可创建多张工作表进行数据汇总，还可根据需要创建信息查询系统，以便快速获取商品信息，实现对商品信息的实时监控。

一、任务目标

小白对货物配送流程和具体的配送工作有了一定认识后，发现之前的货物配送信息表中的许多数据很杂乱，会增大查找货物信息的工作量。小白向老张反映了这个问题，老张告诉他，可以将同类的工作表放在同一个工作簿中，然后利用函数创建一个查询系统，以便查询货物的详细信息，本任务完成后的最终效果如图5-44所示。

素材所在位置　光盘:\素材文件\项目五\商品配送信息表.xls
效果所在位置　光盘:\效果文件\项目五\商品配送信息表.xls

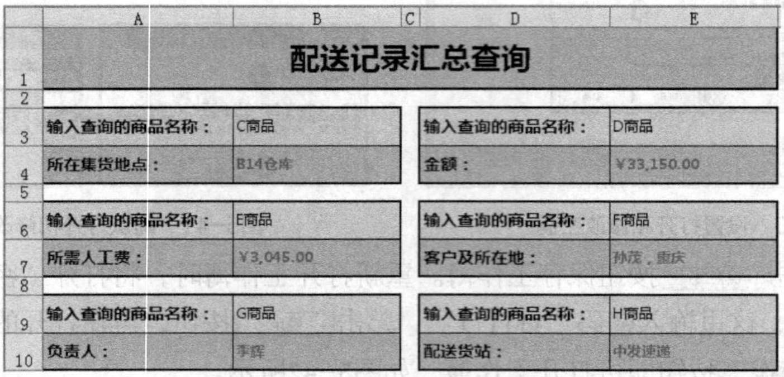

图5-44　"商品配送信息表"最终效果

二、 相关知识

在Excel中可以使用函数来实现查询功能。Excel包含多种查询类函数，如COLUMN函数、LOOKUP函数、HLOOKUP函数、VLOOKUP函数、INDEX函数和OFFSET函数等。不同的函数，其使用方法、函数语法及函数参数各不相同。下面简单介绍使用LOOKUP()函数和VLOOKUP()函数实现查询功能的方法。

● **LOOKUP()函数**：有两种语法结构。一种是向量，语法为LOOKUP(lookup_value,lookup_vector,result_vector)，其中lookup_value表示第一个向量中所要查找的值；lookup_vector表示只包含一行或一列的区域；result_vector表示只包含一行或一列的区域，其大小必须与lookup_vector相同。另一种是数组，语法为LOOKUP(lookup_value,array)，其中array表示用于与lookup_value 进行比较的单元格区域。在F3单元格中输入函数"LOOKUP(1，0/(B2:B10=F2), C2:C10)"，确认设置后，在F1单元格输入商品名时，F3单元格将自动获取商品所在仓库名（见图5-45）。

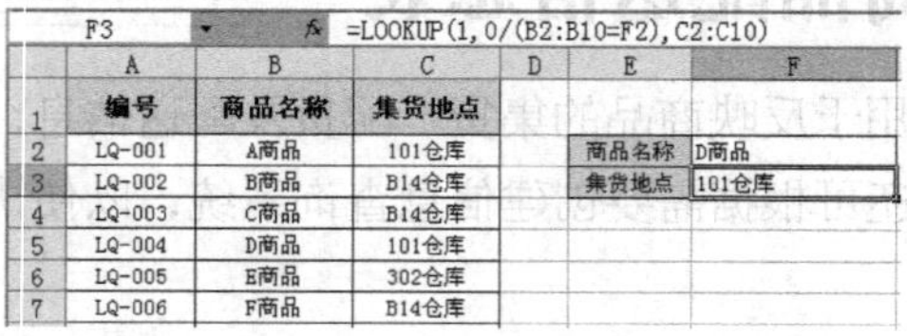

图5-45　使用LOOKUP函数实现查询功能

● **VLOOKUP()函数**：可以实现搜索某个单元格区域的第1列，然后返回该区域相同行上任何单元格中值的效果，其中"V"表示查询方向为垂直方向。VLOOKUP( )函数语法为：VLOOKUP(lookup_value,table_array,col_index_num, range_lookup)，其中各参数含义如图5-46所示。

项目	介绍
名称	垂直查找函数
函数名	VLOOKUP()
语法结构	VLOOKUP(lookup_value, table_array, col_index_num, range_lookup)
lookup_value	要在表格或区域的第一列中搜索的值
table_array	包含数据的单元格区域
col_index_num	table_array 参数中必须返回的匹配值的列号，col_index_num 参数为 1 时，返回 table_array 第一列中的值；col_index_num 为 2 时，返回 table_array 第二列中的值，依此类推
range_lookup	指定希望 VLOOKUP 查找精确匹配值还是近似匹配值，如果 range_lookup 为 TRUE 或被省略，则返回精确匹配值或近似匹配值；若为 FALSE，VLOOKUP 将只查找精确匹配值

图5-46 VLOOKUP函数简介

三、任务实施

1. 汇总商品集货信息数据

下面先在"商品配送信息表.xls"工作簿的"集货"工作表中通过输入、填充和计算等方法，汇总多个商品的集货信息数据，其具体操作如下。

STEP 1 打开"商品配送信息表.xls"工作簿，单击"集货"工作表，在A3单元格中输入"LQ-001"，向下拖曳填充柄填充数据，然后依次在"商品名称"、"集货地点"、"类别"和"数量"项目下输入各商品的数据，效果如图5-47所示。

STEP 2 选择F3:F20单元格区域，打开"单元格格式"对话框，设置数据类型为"货币"，小数位数为"1"，如图5-48所示，确认设置后，在该单元格区域中输入表格内容。

	A	B	C	D	E	F	G	H
1	××企业商品集货信息表							
2	编号	商品名称	集货地点	类别	数量	单价	金额	负责人
3	LQ-001	A商品	101仓库	木工板	1309			
4	LQ-002	B商品	B14仓库	漆	918			
5	LQ-003	C商品	B14仓库	地砖	1037			
6	LQ-004	D商品	101仓库	漆	867			
7	LQ-005	E商品	302仓库	地砖	1190			
8	LQ-006	F商品	B14仓库	吊顶	1496			
9	LQ-007	G商品	D16仓库	木工板	1326			
10	LQ-008	H商品	302仓库	吊顶	986			
11	LQ-009	I商品	101仓库	地砖	1241			
12	LQ-010	J商品	D16仓库	漆	1343			
13	LQ-011	K商品	302仓库	地砖	1071			
14	LQ-012	L商品	B14仓库	木工板	1445			
15	LQ-013	M商品	302仓库	吊顶	1462			
16	LQ-014	N商品	101仓库	漆	1581			
17	LQ-015	O商品	B14仓库	地砖	1530			
18	LQ-016	P商品	B14仓库	木工板	1428			
19	LQ-017	Q商品	D16仓库	吊顶	1394			
20	LQ-018	R商品	101仓库	吊顶	1411			

图5-47 输入表格内容

图5-48 设置数据类型

STEP 3 使用相同的方法设置G3:G20单元格区域的数据类型为"货币"，小数位数为"1"，选择G3单元格，在编辑栏中输入公式"=E3*F3"，按【Ctrl+Enter】组合键计算结果，然后向下拖曳填充柄填充公式。

STEP 4 在"负责人"项目下输入对应的信息，完成后选择【文件】/【保存】菜单命令，保存对工作表进行的编辑，效果如图5-49所示。

	A	B	C	D	E	F	G	H
1	××企业商品集货信息表							
2	编号	商品名称	集货地点	类别	数量	单价	金额	负责人
3	LQ-001	A商品	101仓库	木工板	1309	¥57.6	¥75,460.0	李辉
4	LQ-002	B商品	B14仓库	漆	918	¥58.8	¥54,000.0	张正伟
5	LQ-003	C商品	B14仓库	地砖	1037	¥33.5	¥34,770.0	邓龙
6	LQ-004	D商品	101仓库	漆	867	¥38.2	¥33,150.0	李辉
7	LQ-005	E商品	302仓库	地砖	1190	¥51.2	¥60,900.0	邓龙
8	LQ-006	F商品	B14仓库	吊顶	1496	¥47.1	¥70,400.0	张正伟
9	LQ-007	G商品	D16仓库	木工板	1326	¥32.9	¥43,680.0	李辉
10	LQ-008	H商品	302仓库	吊顶	986	¥50.0	¥49,300.0	邓龙
11	LQ-009	I商品	101仓库	地砖	1241	¥37.1	¥45,990.0	白世伦
12	LQ-010	J商品	D16仓库	漆	1343	¥48.8	¥65,570.0	白世伦
13	LQ-011	K商品	302仓库	地砖	1071	¥40.0	¥42,840.0	张正伟
14	LQ-012	L商品	B14仓库	木工板	1445	¥50.0	¥72,250.0	白世伦
15	LQ-013	M商品	302仓库	吊顶	1462	¥52.4	¥76,540.0	李辉
16	LQ-014	N商品	101仓库	漆	1581	¥41.8	¥66,030.0	白世伦
17	LQ-015	O商品	D16仓库	地砖	1530	¥58.2	¥89,100.0	张正伟
18	LQ-016	P商品	D16仓库	木工板	1428	¥54.1	¥77,280.0	邓龙
19	LQ-017	Q商品	D16仓库	吊顶	1394	¥51.8	¥72,160.0	白世伦
20	LQ-018	R商品	101仓库	吊顶	1411	¥47.1	¥66,400.0	李辉

图5-49　商品集货信息汇总效果

2．汇总商品配货资料

填写完"集货"工作表中的数据后，即可在"配货"工作表中汇总商品配货的相关数据，两个表格中的相同数据可以直接复制利用，其具体操作如下。

STEP 1 　在"集货"工作表中选择A3:D20单元格区域，按【Ctrl+C】组合键复制表格内容，单击"配货"工作表，选择A3单元格，按【Ctrl+V】组合键粘贴表格数据。

STEP 2 　选择E3单元格，在编辑栏中输入符号"="，然后单击"集货"工作表，单击选中G3单元格，引用该单元格中的数据，按【Ctrl+Enter】组合键确认，返回"配货"工作表，向下拖曳填充柄填充数据，如图5-50所示。

	A	B	C	D	E	F	G	H	I
1	××企业商品配货信息表								
2	编号	商品名称	集货地点	类别	金额	人工费	客户	客户所在地	联系电话
3	LQ-001	A商品	101仓库	木工板	¥75,460.0				
4	LQ-002	B商品	B14仓库	漆	¥54,000.0				
5	LQ-003	C商品	B14仓库	地砖	¥34,770.0				
6	LQ-004	D商品	101仓库	漆	¥33,150.0				
7	LQ-005	E商品	302仓库	地砖	¥60,900.0				
8	LQ-006	F商品	B14仓库	吊顶	¥70,400.0				
9	LQ-007	G商品	D16仓库	木工板	¥43,680.0				
10	LQ-008	H商品	302仓库	吊顶	¥49,300.0				

图5-50　引用其他工作表中的数据

STEP 3 　选择F3单元格，在编辑栏中输入公式"=E3*5%"，表示人工费用是总金额的5%，按【Ctrl+Enter】组合键确认后，拖曳填充柄填充计算结果，然后在"客户"项目下输入数据，如图5-51所示。

	A	B	C	D	E	F	G	H	I
1	××企业商品配货信息表								
2	编号	商品名称	集货地点	类别	金额	人工费	客户	客户所在地	联系电话
3	LQ-001	A商品	101仓库	木工板	¥75,460.0	¥3,773.0	刘宇		
4	LQ-002	B商品	B14仓库	漆	¥54,000.0	¥2,700.0	孙茂		
5	LQ-003	C商品	B14仓库	地砖	¥34,770.0	¥1,738.5	朱海军		
6	LQ-004	D商品	101仓库	漆	¥33,150.0	¥1,657.5	陈琴		
7	LQ-005	E商品	302仓库	地砖	¥60,900.0	¥3,045.0	龙科		
8	LQ-006	F商品	B14仓库	吊顶	¥70,400.0	¥3,520.0	孙茂		
9	LQ-007	G商品	D16仓库	木工板	¥43,680.0	¥2,184.0	冯婷婷		
10	LQ-008	H商品	302仓库	吊顶	¥49,300.0	¥2,465.0	朱海军		
11	LQ-009	I商品	101仓库	地砖	¥45,990.0	¥2,299.5	冯婷婷		
12	LQ-010	J商品	D16仓库	漆	¥65,570.0	¥3,278.5	龙科		

图5-51　计算人工费用并输入客户名称

STEP 4 　选择H3单元格，在编辑栏中输入函数"=IF(G3="刘宇","成都",IF(G3="孙茂","

重庆",IF(G3="朱海军","北京",IF(G3="陈琴","上海",IF(G3="龙科","广州","杭州")))))"，按
【Ctrl+Enter】组合键确认输入，完成后拖曳填充柄填充数据，效果如图5-52所示。

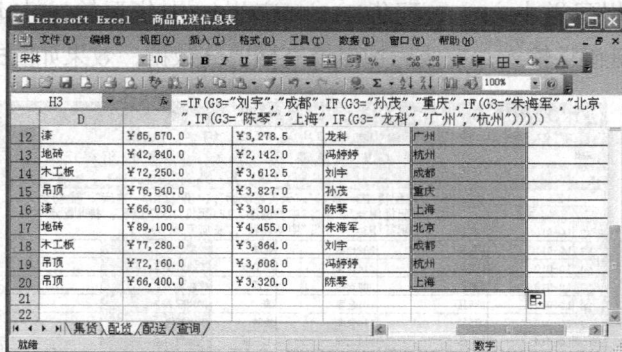

图5-52 根据客户姓名判断客户所在地

函数 "=IF(G3="刘宇","成都",IF(G3="孙茂","重庆",IF(G3="朱海军","北京",IF(G3="陈琴","上海",IF(G3="龙科","广州","杭州")))))" 是根据客户名称判断客户所在地点，即刘宇在成都、孙茂在重庆、朱海军在北京、陈琴在上海、龙科在广州，除此之外的客户，都在杭州。

STEP 5 选择I3单元格，在编辑栏中输入函数 "=IF(G3="刘宇","028-8756****",IF(G3="孙茂","023-6879****",IF(G3="朱海军","010-6879****",IF(G3="陈琴","021-9787****",IF(G3="龙科","020-9874****","0571-8764****")))))"，按【Ctrl+Enter】组合键确认，完成后拖曳填充柄填充数据，效果如图5-53所示。

STEP 6 按【Ctrl+S】组合键保存对工作表进行的编辑。

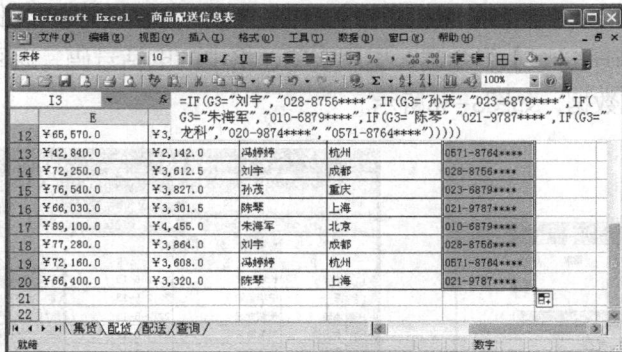

图5-53 根据客户姓名判断客户联系方式

3．汇总商品配送信息

下面继续在"配送"工作表中使用函数和引用汇总商品配送信息，其具体操作如下。

STEP 1 在"集货"工作表中选择A3:D20单元格区域，按【Ctrl+C】组合键复制表格内容，单击"配送"工作表，选择A3单元格，按【Ctrl+V】组合键粘贴表格数据。

STEP 2 在"配送"工作表中选择EI3单元格，在编辑栏中输入函数"=IF(配货!H3="成都","天美意快运",IF(配货!H3="重庆","捷豹专线",IF(配货!H3="北京","中发速递",IF(配货!H3="上海","神州配送中心",IF(配货!H3="广州","中华运输","长城专线")))))"，按【Ctrl+Enter】组合键确认输入，完成后拖曳填充柄填充数据，效果如图5-54所示。

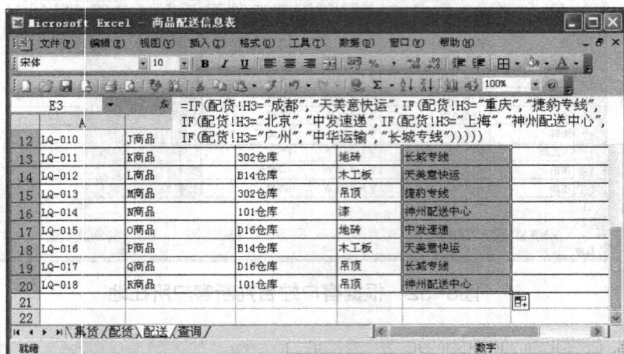

图5-54 根据客户所在地判断货站名称

函数"=IF(配货!H3="成都","天美意快运",IF(配货!H3="重庆","捷豹专线",IF(配货!H3="北京","中发速递",IF(配货!H3="上海","神州配送中心",IF(配货!H3="广州","中华运输","长城专线")))))"主要是根据"配货"工作表中H3单元格（即客户所在地）中的内容，判断当前单元格应返回的值，该函数的设置规则与"配货"工作表中使用的函数类似，是IF函数的嵌套函数。

STEP 3 选择F3:F20单元格区域，打开"单元格格式"对话框，设置如图5-55所示的单元格数据类型，返回Excel工作表，在该单元格区域中输入货运日期。

STEP 4 选择G3单元格，在编辑栏中输入符号"="，然后单击"配货"工作表，单击选择I3单元格，按【Ctrl+Enter】组合键，引用该单元格中的电话号码，返回"配送"工作表，向下拖曳填充柄填充数据，如图5-56所示。

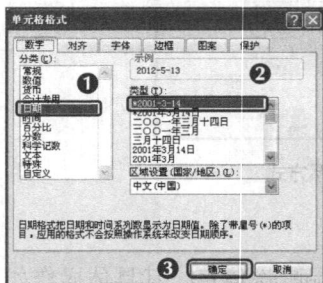

图5-55 设置数据类型

图5-56 引用其他工作表中的数据

STEP 5 按【Ctrl+S】组合键保存对工作表进行的修改。

4. 建立商品配送查询系统

完成3张工作表中数据的汇总和计算后，即可建立独立的商品配送查询系统，以实现快速查询各种商品相关配送数据的目的，其具体操作如下。

STEP 1 单击"查询"工作表，选择B4单元格，在编辑栏中定位光标插入点，输入函数"=IF(ISNA(MATCH(B3,集货!B3:B23,0)),"无此商品，请重新输入！",VLOOKUP(B3,集货!B3:C23,2,0))"，表示如果查询的区域中没有与输入的商品相同的数据，则返回"无此商品，请重新输入！"，否则返回对应的集货地点数据。

STEP 2 按【Ctrl+Enter】组合键确认函数的输入，由于B3单元格此时没有任何数据，所以函数自动返回"无此商品，请重新输入！"文本，在B3单元格中输入商品名称"C商品"，按【Ctrl+Enter】组合键后，B4单元格自动返回商品所在集货地点，如图5-57所示。

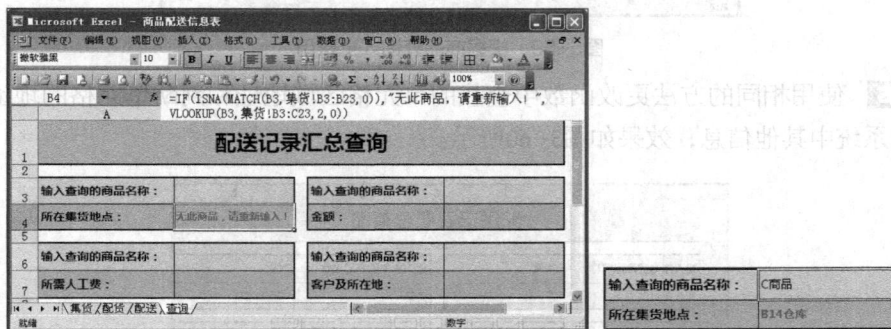

图5-57 根据商品查询集货地点

STEP 3 选择E4单元格，在编辑栏中输入函数"=IF(ISNA(MATCH(E3,集货!B3:B23,0)),"无此商品，请重新输入！",VLOOKUP(E3,集货!B3:G23,6,0))"，表示如果查询的区域中没有与输入的商品相同的数据，则返回"无此商品，请重新输入！"，否则返回对应的金额。

STEP 4 按【Ctrl+Enter】组合键确认函数的输入，由于E3单元格此时没有任何数据，所以函数自动返回"无此商品，请重新输入！"文本，在E3单元格中输入商品名称"D商品"，按【Ctrl+Enter】组合键后，E4单元格自动返回商品所在集货地点，如图5-58所示。

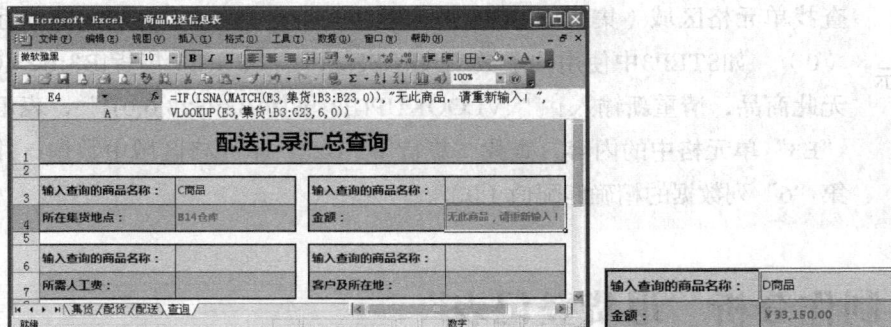

图5-58 根据商品查询金额

STEP 5 选择B6单元格，输入"E商品"，选择B7单元格后，在编辑栏中输

入函数 "=IF(ISNA(MATCH(B6,配货!B3:B23,0)),"无此商品，请重新输入！"，VLOOKUP(B6,配货!B3:F23,5,0))"，按【Ctrl+Enter】组合键确认函数的输入，B7单元格自动返回商品所需人工费用，如图5-59所示。

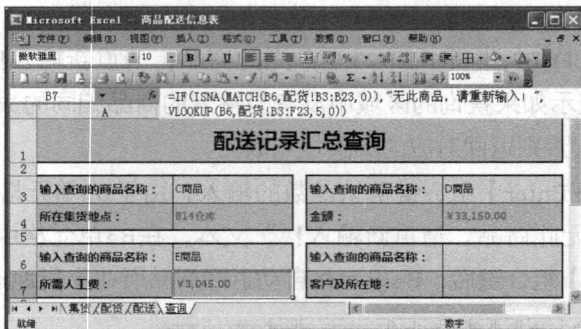

图5-59　根据商品查询人工费用

STEP 6 使用相同的方法更改函数中查找的单元格区域地址和判断单元格的地址，计算获取查询系统中其他信息，效果如图5-60所示。

图5-60　配送记录汇总查询系统

> 该查询系统中使用的函数，都在嵌套函数 "=IF(ISNA(MATCH(B3,集货!B3:B23,0)),"无此商品，请重新输入！"，VLOOKUP(B3,集货!B3:C23,2,0))"的基础上变换而来。其中，需更改的数据包括：判断单元格地址（B3）、查找单元格区域（集货!B3:C23）、返回列的数据（2）、精确值或近似值（0）。如STEP3中使用的函数 "=IF(ISNA(MATCH(E3,集货!B3:B23,0)),"无此商品，请重新输入！"，VLOOKUP(E3,集货!B3:G23,6,0))"，表示根据 "E3"单元格中的内容，查找 "集货!B3:B23"单元格区域中数据，并获取第 "6"列数据的精确匹配值（0）。

实训 制作分析 "退货登记表"

【实训目标】

小白对物流配送环节进行校验监督时，发现一些企业有频繁退换货物的记录，且公司并没有对这些记录进行统计和分析。小白将这一现象告诉老张，老张也觉得这个问题比较严重，于是交代小白制作一份退货登记表，并分析频繁退货的原因。

要完成本实训，首先应掌握表格的基本制作方法，然后掌握条件格式在表格中的应用，本实训的最终效果如图5-61所示。

133

效果所在位置 光盘:\效果文件\项目五\退货登记表.xls

退货登记表

序号	日期	客户名称	商品名称	数量	价格	金额	经手人	退货原因
1	2013-6-12	××外贸服饰有限公司	原材料1	10	￥23.00	￥230.00	袁菜	数量不符
2	2013-6-12	××服饰有限责任公司	包装材料3	12	￥42.00	￥504.00	袁茵	规格不符
3	2013-6-12	××原材料有限公司	原材料1	4	￥45.00	￥180.00	寇峰	质量问题
4	2013-6-15	××家俬有限责任公司	半成品2	24	￥41.00	￥984.00	王琦	数量不符
5	2013-6-15	××服饰有限责任公司	包装材料3	25	￥32.00	￥800.00	李毅	数量不符
6	2013-6-15	××装修有限责任公司	原材料1	40	￥8.00	￥320.00	张飞	规格不符
7	2013-6-15	××装饰有限责任公司	半成品2	20	￥12.00	￥240.00	曹怡	规格不符
8	2013-6-19	××布艺有限责任公司	原材料1	5	￥23.00	￥115.00	华翰	质量问题
9	2013-6-20	××服饰有限公司	包装材料2	10	￥31.00	￥310.00	赵照	质量问题
10	2013-6-21	××广告有限责任公司	包装材料3	18	￥15.00	￥270.00	牟宇	规格不符

图5-61 "退货登记表"最终效果

【专业背景】

物流配送环节中，退换货物是常见现象。企业与合作方签订采购合同时，合同中也会针对退换货流程、退换货标准等内容明确相应条例和款项。每个企业的退换货标准都不同，应根据企业实际情况而定。登记退换货物信息后，首先对退货原因进行分析，在其他部门的配合下找出问题所在，解决问题的同时避免问题再次出现。

【实训思路】

完成本实训需要先创建表格的基本框架数据，输入表格数据并设置单元格和数据格式，完成后利用条件格式，对退货原因、退货数量、所推产品以及经手人等详细信息进行筛选和分析，其操作思路如图5-62所示。

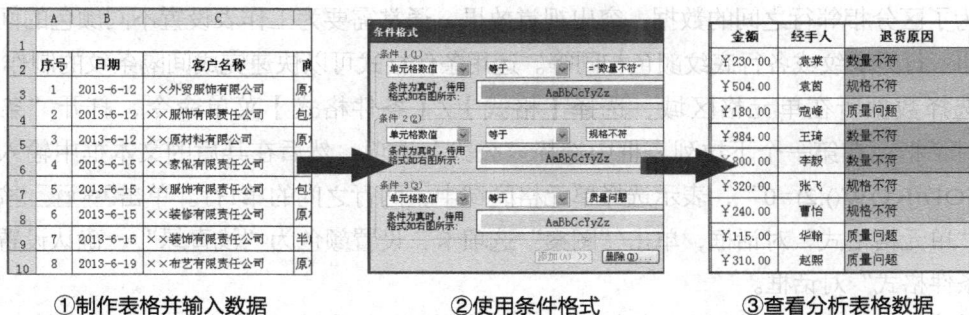

①制作表格并输入数据　　②使用条件格式　　③查看分析表格数据

图5-62 制作"退货登记表"的思路

【步骤提示】

STEP 1 启动Excel 2003，以"退货登记表"为名创建一个新工作簿。

STEP 2 输入表标题和表头，设置表标题的字符格式，根据退货信息输入表格内容，设置表内容的字符格式，然后为表格添加边框。

STEP 3 选择I3:I12单元格区域，选择【格式】/【条件格式】菜单命令，打开"条件格式"对话框，设置条件（1）的条件为"单元格数值，等于，数量不符"，格式为"图案，灰色−25%"。

STEP 4 添加多个条件，并使用相同的方法分别设置条件（2）、条件（3）的条件，设置格式，完成后返回工作表，选择E3:E12单元格区域，并为其添加条件格式。

STEP 5 返回工作表，保存对工作表的修改后关闭工作簿。

常见疑难解析

问：若要为某一特定区域应用条件格式，应如何进行操作？

答：先通过【Shift】键和【Ctrl】键将该特定区域内的所有单元格选中，打开"定义名称"对话框，对特定区域进行命名。完成后打开"条件格式"对话框，在"条件1"栏的第一个下拉列表框中选择"公式"选项，然后在其后的文本框中输入公式（特定区域直接用其名称代替），设置条件格式后确认设置即可。

问：打印表格时，能否通过设置，提高打印质量？

答：能。Excel工作表中数据较多，或包含图片等对象时，其读取和打印速度会减慢，从而影响工作表的打印速度和效果，此时可通过更改打印效果来提高打印速度。选择【文件】/【页面设置】菜单命令，打开"页面设置"对话框，单击"工作表"选项卡，在"打印"栏中单击选中对应的复选框即可。

拓展知识

1．利用条件格式制作间隔条纹

为了区分相邻行之间的数据，突出视觉效果，通常需要为工作表设置不同颜色的间隔条纹，即一行无底纹或各行底纹颜色相同等。运用条件格式可以快速完成间隔条纹的制作。

选择数据所在单元格区域，选择【格式】/【条件格式】菜单命令，打开"条件格式"对话框，在第一个下拉列表框中选择"公式"选项，然后在其后的文本框中输入公式"=MOD(ROW(),2)=0"，表示选择单元格区域中，两行之间的第1行。单击 格式(F)... 按钮，打开"单元格格式"对话框，单击"图案"选项卡，设置颜色为"浅青绿"，确认设置后返回"条件格式"对话框。

单击 添加(A) >> 按钮，添加一个条件，设置条件（2）为公式，并在文本框中输入公式"=MOD(ROW(),2)=1"，表示选择单元格区域中两行之间的第2行。使用相同的方法设置该条件格式为"图案,浅黄",确认设置返回Excel工作表,得到如图5-63所示的效果。

<table>
<tr><th></th><th>A</th><th>B</th><th>C</th><th>D</th><th>E</th><th>F</th><th>G</th><th>H</th><th>I</th></tr>
<tr><td>1</td><td>编号</td><td>商品名称</td><td>集货地点</td><td>类别</td><td>金额</td><td>人工费</td><td>客户</td><td>客户所在地</td><td>联系电话</td></tr>
<tr><td>2</td><td>LQ-001</td><td>A商品</td><td>101仓库</td><td>木工板</td><td>¥1.0</td><td>¥0.0</td><td>刘冲</td><td>成都</td><td>028-8756****</td></tr>
<tr><td>3</td><td>LQ-002</td><td>B商品</td><td>B14仓库</td><td>漆</td><td>¥1.0</td><td>¥0.0</td><td>孙茂</td><td>重庆</td><td>023-6879****</td></tr>
<tr><td>4</td><td>LQ-003</td><td>C商品</td><td>B14仓库</td><td>地砖</td><td>¥1.0</td><td>¥0.0</td><td>朱海军</td><td>北京</td><td>010-6879****</td></tr>
<tr><td>5</td><td>LQ-004</td><td>D商品</td><td>101仓库</td><td>漆</td><td>¥1.0</td><td>¥0.0</td><td>陈琴</td><td>上海</td><td>021-9787****</td></tr>
<tr><td>6</td><td>LQ-005</td><td>E商品</td><td>302仓库</td><td>地砖</td><td>¥1.0</td><td>¥0.0</td><td>龙科</td><td>广州</td><td>020-9874****</td></tr>
<tr><td>7</td><td>LQ-006</td><td>F商品</td><td>B14仓库</td><td>吊顶</td><td>¥1.0</td><td>¥0.0</td><td>孙茂</td><td>重庆</td><td>023-6879****</td></tr>
<tr><td>8</td><td>LQ-007</td><td>G商品</td><td>101仓库</td><td>木工板</td><td>¥1.0</td><td>¥0.0</td><td>冯婷婷</td><td>杭州</td><td>0571-8764****</td></tr>
<tr><td>9</td><td>LQ-008</td><td>H商品</td><td>302仓库</td><td>吊顶</td><td>¥1.0</td><td>¥0.0</td><td>朱海军</td><td>北京</td><td>010-6879****</td></tr>
<tr><td>10</td><td>LQ-009</td><td>I商品</td><td>101仓库</td><td>地砖</td><td>¥1.0</td><td>¥0.0</td><td>冯婷婷</td><td>杭州</td><td>0571-8764****</td></tr>
<tr><td>11</td><td>LQ-010</td><td>J商品</td><td>D16仓库</td><td>漆</td><td>¥1.0</td><td>¥0.0</td><td>龙科</td><td>广州</td><td>020-9874****</td></tr>
<tr><td>12</td><td>LQ-011</td><td>K商品</td><td>302仓库</td><td>地砖</td><td>¥1.0</td><td>¥0.0</td><td>冯婷婷</td><td>杭州</td><td>0571-8764****</td></tr>
<tr><td>13</td><td>LQ-012</td><td>L商品</td><td>B14仓库</td><td>木工板</td><td>¥1.0</td><td>¥0.0</td><td>刘冲</td><td>成都</td><td>028-8756****</td></tr>
<tr><td>14</td><td>LQ-013</td><td>M商品</td><td>302仓库</td><td>吊顶</td><td>¥1.0</td><td>¥0.0</td><td>孙茂</td><td>重庆</td><td>023-6879****</td></tr>
<tr><td>15</td><td>LQ-014</td><td>N商品</td><td>101仓库</td><td>漆</td><td>¥1.0</td><td>¥0.0</td><td>陈琴</td><td>上海</td><td>021-9787****</td></tr>
<tr><td>16</td><td>LQ-015</td><td>O商品</td><td>D16仓库</td><td>地砖</td><td>¥1.0</td><td>¥0.0</td><td>朱海军</td><td>北京</td><td>010-6879****</td></tr>
</table>

图5-63 定位到空值并输入数据

> **多学一招** 该公式为在单元格区域中两行之间设置不同的格式,若要在3行之间设置格式,只需将公式中的"2"更改为"3",即公式"=MOD(ROW(),3)=0",表示在选择的单元格区域中,每3行间的第1行应用条件格式,依次类推。

2. 在Excel工作表中制作下拉列表

在制作如"退货登记表.xls"工作簿时,通常需在同一列的不同单元格中输入几个固定的选项,如"退货原因"项目下的不同单元格中输入质量问题、规格问题和数量问题等。此时,可以利用数据有效性,制作下拉列表,使在单元格中输入数据的操作变为直接在下拉列表中选择数据选项。

选择要添加下拉列表的单元格区域,选择【数据】/【有效性】菜单命令,打开"数据有效性"对话框,在"有效性条件"栏的"允许"下拉列表框中选择"序列"选项,在"来源"文本框中输入下拉列表框中相应的文本选项,每个选项之间以半角逗号分隔,如"数量不符,规格不符,质量问题"。确认设置后返回Excel工作表,选择单元格区域中的任意单元格,右侧出现 按钮,单击该按钮将打开下拉列表,其中包括设置的几个选项,选择对应的选项,该选项的文本内容将输入单元格中,如图5-64所示。

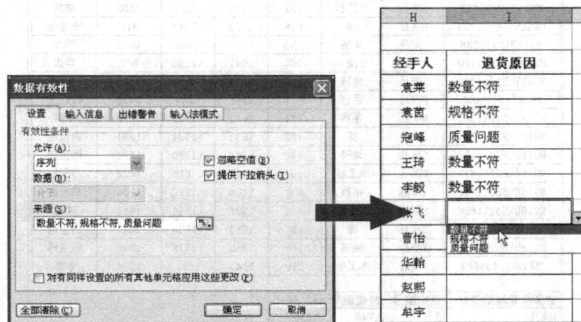

图5-64 制作下拉菜单

3. 使用HLOOKUP()函数实现查询功能

HLOOKUP()函数与VLOOKUP()函数类似,返回行的查询结果。HLOOKUP()函数的语法为：HLOOKUP(lookup_value,table_array,row_index_num,range_lookup)）。

选择B10单元格，输入函数"=IF($A$10="","",HLOOKUP($A$10,$A$2:$F$7,2,))"，表示A10单元格为空时，B10单元格为空，否则在A2:F7单元格区域中查找与A10单元格中数据相同的单元格，并在当前单元格中返回该列第2行中的数据（见图5-65）。

使用相同的方法在C10单元格中返回第3行数据，D10单元格中返回第4行数据……依次类推。完成后选择A10单元格，输入任意商品名称，按【Ctrl+Enter】组合键后，B10:F10单元格区域中自动获取该商品的其他信息。

图5-65　使用HLOOKUP函数查找数据

课后练习

效果所在位置　光盘:\效果文件\项目五\分拣记录表.xls

为公司部门制作"分拣记录表.xls"工作簿，要求在表格下方设置一个查询模块，实现输入商品名称即可查询商品存放位置的目的，效果如图5-66所示。

图5-66　"分拣记录表"最终效果

PART 6

项目六
信息管理

情景导入

为了增强表格的可阅读性，老张要求小白在制作表格时适当添加对象丰富表格，且由于公司正考虑研发物流信息系统，所以小白决定参与其中，以便对物流工作的环节更加熟悉。

知识技能目标

● 熟练掌握在Excel中插入对象美化工作表的操作方法。
● 熟练掌握Excel超链接的使用方法。
● 熟练掌握Excel自选图形的使用方法。

● 了解信息管理活动中的常用表格和其架构规划图的设计思路。
● 掌握"物流订单汇总表"和"信息系统架构规划图"等工作簿的制作方法。

项目流程对应图

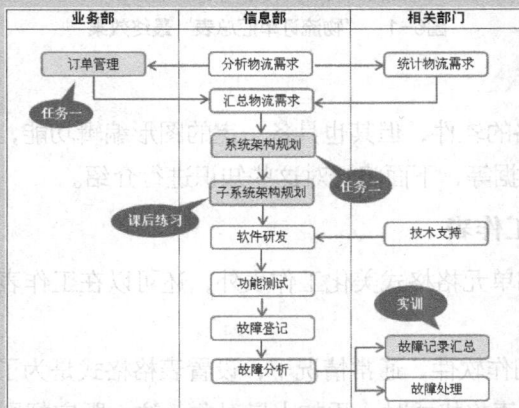

任务一 制作"物流订单汇总表"

物流订单汇总表主要用于对某一时间段中的所有订单信息进行统计，便于对物流业务进行分析，在一定程度上加强了对订单的跟踪和对客户服务质量的保证及对仓储、运输和配送等环节的实时监督。根据实际情况，可以将物流订单汇总表和与之相关的其他工作簿链接在一起。

一、任务目标

公司业务部上月的业务质量没有达到预期要求，老张找到小白，与其商量解决这一问题的具体方法。小白认为，可以将近期内的物流订单汇总，查看各订单的交易详情及客户反馈信息，根据这些问题，找到提高服务、加强业务水平的方法。老张认为此法可取，于是将该表格的制作任务交给了小白。本任务完成后的最终效果如图6-1所示。

素材所在位置 光盘:\素材文件\项目六\物流订单汇总

效果所在位置 光盘:\效果文件\项目六\物流订单汇总表.xls

订单号	下单日	交货日	客户	订货量	出仓日	出仓单号	出仓量	结存量
D20130610001	6月10日	6月15日	××食品有限公司	200	6月11日	K20130611001	200	1200
D20130612014	6月12日	6月17日	××外贸服饰有限公司	400	6月13日	K20130613014	400	1430
D20130612018	6月12日	6月17日	××半成品加工有限公司	500	6月13日	K20130613018	500	2410
D20130620030	6月20日	6月25日	××原材料有限公司	300	6月21日	K20130621030	300	4200
D20130623006	6月23日	6月28日	××家纺有限责任公司	240	6月24日	K20130624006	240	2100
D20130629033	6月29日	7月4日	××服饰有限责任公司	250	6月30日	K20130630033	250	1500
D20130702016	7月2日	7月7日	××装修有限责任公司	400	7月3日	K20130703016	400	1700
D20130706124	7月6日	7月10日	××装饰有限公司	500	7月7日	K20130707124	500	2500
D20130715042	7月15日	7月19日	××布艺有限责任公司	300	7月16日	K20130716042	300	2300
D20130716005	7月16日	7月21日	××包装有限责任公司	240	7月17日	K20130717005	240	2400
D20130724045	7月24日	7月29日	××广告有限责任公司	400	7月25日	K20130725045	400	2100
D20130726033	7月26日	8月1日	××出版工作室	600	7月27日	K20130727033	500	1500
D20130729014	7月29日	8月4日	××半成品加工有限公司	300	7月30日	K20130730014	300	1700
D20130730041	7月30日	8月5日	××家纺有限责任公司	240	7月31日	K20130731041	240	2500

图6-1 "物流订单汇总表"最终效果

二、相关知识

Excel是专门制作表格的软件，但其也具备一定的图形编辑功能，如使用图片、剪贴画和艺术字等对象及超链接数据等，下面将针对这些知识进行介绍。

1．插入对象美化工作表

除了通过设置文本和单元格式美化工作表外，还可以在工作表中插入图片、剪贴画和艺术字等对象。

Excel是专业的表格制作软件，通常情况下，设置表格格式是为了强调表格内容、丰富表格效果，因此无需在设置表格格式时，添加大量对象。这一既定规则，使对象的使用限定在以下范围。

● **页眉和页脚**：页眉和页脚中通常会使用公司Logo和产品商标，插入页眉和页脚后，在工作表区中并不能查看页眉页脚的显示效果，只有进入预览状态，才能查看页眉页脚中添加的图片效果。

● **工作表背景**：工作表背景中插入的图片会以原始大小平铺在工作表区中。正常情况下，只能在编辑Excel数据的工作表区才能看到工作表背景，进入打印预览状态后，工作表背景会自动消失，表示其不能被打印。要打印工作表背景，必须通过相关设置才能完成。

● **其他**：除了以上两种常用方法外，还可将图片或剪贴画直接插入工作表区，用以修饰表格；也可以将表格标题设置为艺术字（仅适用于非正式表格）。

2．使用Excel超链接

在Excel中插入超链接，目的在与快速从当前位置转到目标位置。通常情况下，超链接连接的两个对象存在某种程度上的联系，制作表格时，若由一个数据引入另一个数据，或由一个工作表引入另一个工作表，则可使用超链接。

打开"插入超链接"对话框，在其中可设置添加超链接的选项，包括链接同一工作表、同一工作簿和不同工作簿及不同工作簿的不同工作表中的数据等，具体操作如下。

● **同一工作表**：使当前单元格中的数据，快速链接到当前工作表的某一单元格或单元格区域。在"链接到"列表框中选择"本文档中的位置"选项，然后在中间的文本框中输入要链接到的单元格或单元格区域地址，在下方的列表框中选择当前工作表即可。

● **不同工作表**：指链接到同一工作簿中其他工作表中的单元格或单元格区域。与在同一工作表中添加链接的区别在于，设置目标单元格或单元格区域地址后，在下方的列表框中选择目标所在工作表名称，如图6-2所示。

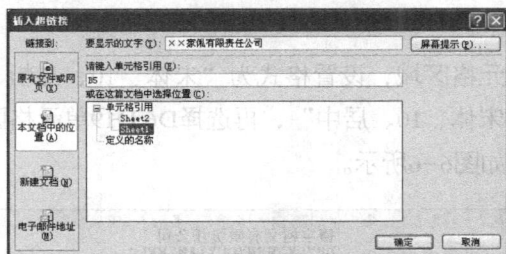

图6-2 链接到不同工作表

● **不同工作簿**：指只链接到工作簿，对具体哪张工作表不做要求。在"链接到"列表框中选择"原有文件或网页"选项，再通过"查找范围"下拉列表框选择文件存放的文件夹，然后在下方的列表框中选择目标工作簿即可，如图6-3所示。

● **不同工作簿的工作表**：指链接到其他工作簿的具体某一张工作表中。操作方法与链接不同工作簿类似，最后只需单击 书签(O) 按钮，打开"在文档中选择位置"对话框，在其中选择目标工作表即可，如图6-4所示。

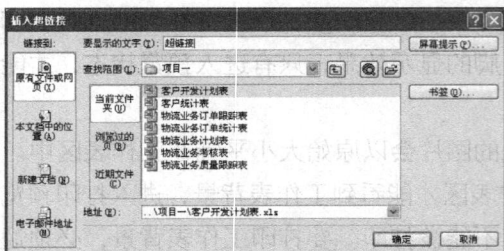

图6-3　链接到不同工作簿　　　　　　图6-4　链接到不同工作簿中的工作表

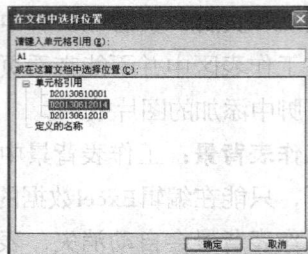

三、任务实施

1．设置表格格式

打开"物流订单汇总表.xls"工作簿，设置表格数据格式和单元格格式，美化工作表，其具体操作如下。

STEP 1 打开"物流订单汇总表.xls"工作簿，选择第2行，单击鼠标右键，在弹出的快捷菜单中选择"插入"命令，插入一个空行，然后按两次【F4】键，重复插入操作，如图6-5所示。

图6-5　插入空行

STEP 2 分别将A1、B1和C1单元格的内容剪切到D1、D2和D3单元格中，然后合并D1:F1、D2:F2、D3:F3单元格区域，选择D1:F3单元格区域，设置字符格式为"宋体、14、加粗、居左"。

STEP 3 选择A5:I5单元格区域，设置格式为"宋体、10、加粗、居中"，选择A6:I19单元格区域，设置格式为"宋体、10、居中"，再选择D6:D19单元格区域，单击"左对齐"按钮使其居左显示，效果如图6-6所示。

图6-6　设置文本格式

STEP 4 选择第1~3行单元格，将鼠标指针移至行中间的分隔线，拖曳调整行高，使用相同的方法调整其他行高和列宽，使所有单元格的数据都完整地显示，完成后选择A5:I19单元格区域，为其添加"全部框线"边框样式，效果如图6-7所示。

	A	B	C	D	E	F	G	H	I
1				德宇柯文有限责任公司					
2				DEYUKEWENYOUXIANZERENGONGSI					
3				Tel:028-522**688 028-522**668					
4									
5	订单号	下单日	交货日	客户	订货量	出仓日	出仓单号	出仓量	结存量
6	D20130610001	6月10日	6月15日	××食品有限公司	200	6月11日	K20130611001	200	1200
7	D20130612014	6月12日	6月17日	××外贸服饰有限公司	400	6月13日	K20130613014	400	1430
8	D20130612018	6月12日	6月17日	××半成品加工有限公司	500	6月13日	K20130613018	500	2410
9	D20130620030	6月20日	6月25日	××原材料有限公司	300	6月21日	K20130621030	300	4200
10	D20130623006	6月23日	6月28日	××家俱有限责任公司	240	6月24日	K20130624006	240	2100

图6-7　调整行高和列宽

2．插入文本框

当某些文本在Excel工作表区的单元格中的显示位置和格式不能很好地控制时，可以通过插入文本框解决这一问题，下面介绍在表格中插入文本框，其具体操作如下。

STEP 1　在"绘图"工具栏上单击"横排文本框"按钮▣，此时鼠标指针变为↓形状，按住鼠标左键不放进行拖曳，即可绘制一个文本框，如图6-8所示。

STEP 2　在文本框中定位光标插入点，输入文本"【物流订单汇总表】"，按两次【Enter】键后输入记录时间，换行后再输入表格编号。

STEP 3　选择"【物流订单汇总表】"文本，设置其字符格式为"宋体、18、加粗、居左"，选择剩余文本，单击"左对齐"按钮▣使其居左显示，效果如图6-9所示。

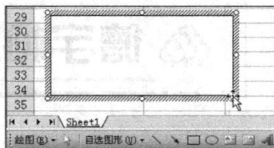

图6-8　绘制文本框

图6-9　输入文本并设置格式

STEP 4　在文本框边缘上单击选择文本框，单击鼠标右键，在弹出的快捷菜单中选择"设置文本框格式"命令，打开"设置文本框格式"对话框，单击"颜色与线条"选项卡，在"线条"栏的"颜色"下拉列表框中选择"无线条颜色"选项，如图6-10所示。

STEP 5　确认设置后返回Excel工作表，将鼠标指针移到文本框边框上，指针变为形状，按住鼠标左键不放进行拖曳，将其置于如图6-11所示的位置。

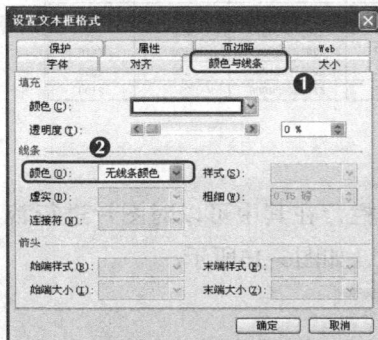

图6-10　取消文本框边框颜色

图6-11　调整文本框位置

"绘图"工具栏通常在Excel 2003软件的任务栏上方，如果操作界面中没有"绘图"工具栏，可在工具栏的空白处单击鼠标右键，在弹出的快捷菜单中选择"绘图"命令即可。

3．插入Logo图片

表格的基本结构已制作完成，此时可以在工作表中插入公司Logo图片，修饰与美化工作表，其具体操作如下。

STEP 1 选择【插入】/【图片】/【来自文件】菜单命令，打开"插入图片"对话框，选择文件存放位置，在中间列表框中选择"公司Logo"选项，然后单击 插入(S) 按钮插入图片，如图6-12所示。

STEP 2 将鼠标指针移至图片右下角的控制节点上，按住【Shift】键的同时向左上角拖曳，调整图片大小，如图6-13所示。

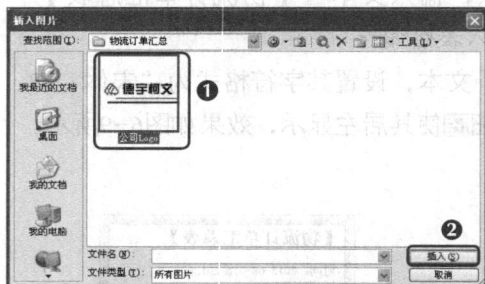

图6-12 选择图片

图6-13 调整图片大小

STEP 3 将鼠标指针移到图片上，将图片拖曳到表格的左上方，且使图片底部与右侧标题底端对齐，效果如图6-14所示。

图6-14 调整图片位置

插入图片后，会同时打开"图片"工具栏，在其中可以对图片进行裁剪，并可调整图片颜色、亮度和对比度等参数，如图6-15所示。

图6-15 "图片"工具栏

4．插入超链接

完成表格制作后，可将表格中的某些单元格数据链接到目标工作簿，方便对数据进行阅读和浏览，其具体操作如下。

STEP 1 选择A6单元格，单击鼠标右键，在弹出的快捷菜单中选择"超链接"命令，打开"插入超链接"对话框。

STEP 2 在"链接到"列表框中选择"原有文件或网页"选项，在中间选择"当前文件夹"选项，然后在"查找范围"下拉列表框中选择文件路径，最后在列表框中选择目标工作簿，如图6-16所示。

STEP 3 单击 书签(O)... 按钮，打开"在文档中选择位置"对话框，在下方的列表框中选择订单号标签对应的选项，单击 确定 按钮确认设置，如图6-17所示。

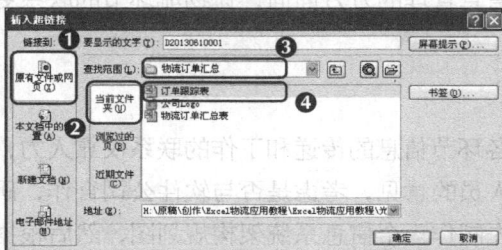

图6-16 选择工作簿　　　　　　　　图6-17 选择工作表

STEP 4 返回"插入超链接"对话框，确认设置后返回Excel工作表，此时A6单元格中的文本变为蓝色加下划线效果，且文本字符格式变为默认格式，如图6-18所示。

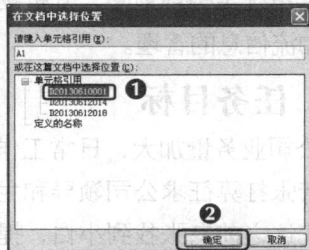

图6-18 插入超链接

STEP 5 使用相同的方法为A7、A8单元格添加超链接，目标位置为"订单跟踪表"工作簿的其他工作表，选择A6:A8单元格区域，将文本字号更改为"10"，并使其居中显示。

STEP 6 单击A6单元格，系统自动打开"订单跟踪表"工作簿，且将活动单元格定位在"D20130610001"工作表的A1单元格，如图6-19所示。

> 插入超链接时，在"插入超链接"对话框的"要显示的文字"文本框中设置超链接显示的文本。插入超链接后，单击单元格，系统会自动跟踪并打开链接的工作簿；在单元格上单击并按住鼠标，可只选定该单元格；若要改变显示内容，应在单元格上单击鼠标右键，在弹出的快捷菜单中选择"编辑超链接"命令，在打开对话框的"要显示的文字"文本框中修改内容即可。

图6-19　打开链接的工作簿

任务二　制作"信息系统架构规划图"

制作信息系统架构规划图的主要目的在于规范物流信息系统，它反映了物流信息系统应该包括的内容，如物流环节、物流管理人员及物流信息流程等。要制作物流信息系统，必须先制作信息系统架构规划图，分析物流信息管理的方方面面，让物流环节的联系更加密切，最终实现物流信息的管理。

一、任务目标

由于公司业务量加大，日常工作中各环节信息的传递和工作的联系仅靠人力，已不能满足需求。老张打算征求公司领导和主管人员的意见，考虑是否与软件公司合作，研发物流信息系统。在这之前老张找到小白，提出先制作一个信息系统架构规划图，然后根据架构规划图，分析公司环节和架构。本任务完成后的最终效果如图6-20所示。

效果所在位置　光盘:\效果文件\项目六\信息系统架构规划图.xls

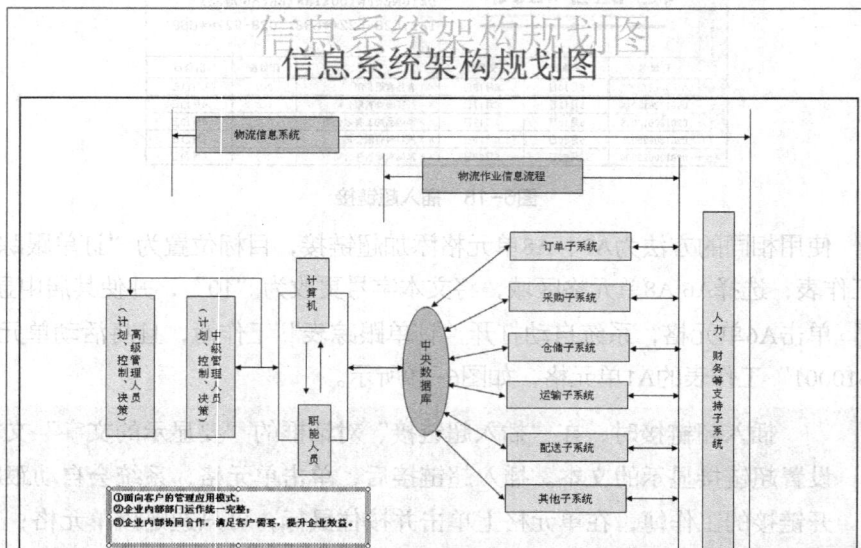

图6-20　"信息系统架构规划图"最终效果

二、 相关知识

要制作信息系统架构规划图，必须掌握其最终目的以及如何使用自选图形进行制作，下面将介绍相关知识。

1．认识物流信息系统

物流信息系统是提升企业物流水平、提高物流工作效率、规范物流信息管理的一个操作系统。要成立一个物流公司，首先必须清楚每个物流环节的工作任务和流程，充分掌握将不同环节联系在一起的方法。拥有一个完整的物流信息系统，可以对每一项工作及工作中涉及的各种文件进行制作和管理，还能随时搜索、查看、调用、复核各项任务的完成情况，监督和管理物流环节。

物流信息系统是一个操作软件，公司应根据承担能力和发展前景，决定是否购买通用类物流软件或联系软件开发人员进行自主开发。

● **通用类物流软件**：适用于大部分公司，能有效完成物流环节的基本工作，但细节处理方面不能满足所有公司，价格与自主研发比较低。

● **自主研发物流软件**：适用于规模较大、有一定经济条件和能力的公司。选择自主研发物流软件时，应选择有信用、实力的软件公司，最大限度地避免系统开发风险。选择好软件公司后，应与程序开发员做好沟通，对本公司具体情况、系统的规划、业务流程的衔接、制度的建设，以及物流环节中工具表单的设计等工作进行讨论与准备。

职业素养　　公司决定自主研发物流软件时，应专派人员负责该项目，且选择的专派人员能够熟练掌握物流活动的每一个环节和任务，为物流信息系统要实现的功能提供有效参数。软件开发前，软件公司会对软件需求做调研，此时公司的专派人员就可以制作物流信息系统架构规划图，向软件公司提供有价值的参考信息。

2．使用Excel自选图形

Excel自选图形主要用于制作无规律或自主设计的图形结构。选择【插入】/【图形】/【自选图形】菜单命令，打开"自选图形"工具栏，其中包括线条、连接符、基本形状、箭头总汇、流程图、星与旗帜、标注、其他等多种自选图形样式，如图6-21所示。下面简单介绍几种常用的自选图形。

● **线条**：主要包括直线、箭头、双箭头、曲线等多种线条，选择对应线条后，在工作表区拖曳即可绘制，按住【Shift】键，还可绘制水平或垂直线条。

● **连接符**：连接符与线条的类型相似，但在连接符的两个端点上添加了绿色的圆点，将圆点拖曳到其他形状上时，圆点会自动获取形状的顶点或中点位置，并与其连接在一起，此时绿色的圆点变为红色。

● **基本形状**：主要包括矩形、圆形、菱形等多种形状，绘制形状时，同样可以按住

【Shift】键绘制有规则的图形，如选择"矩形"形状，按住【Shift】键即可绘制出一个正四边形（正方形）。

● **箭头总汇**：主要包括各种空心箭头，如上箭头、上下箭头、弧线箭头等。

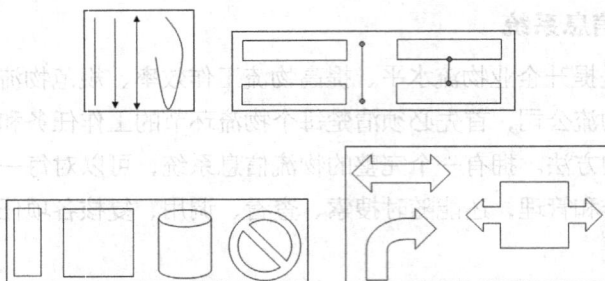

图6-21　常用自选图形

三、任务实施

1．插入自选图形

首先创建"信息系统架构规划图.xls"工作簿，然后绘制多个自选图形，在其中输入文本并设置文本对齐方式，其具体操作如下。

STEP 1　新建"信息系统架构规划图.xls"工作簿，选择【工具】/【选项】菜单命令，打开"选项"对话框，在"窗口选项"栏中撤销选中"网格线"复选框，确认设置后返回Excel工作表。

STEP 2　选择【插入】/【图片】/【自选图形】菜单命令，打开"自选图形"工具栏，单击"基本形状"按钮，在打开的下拉菜单中选择"矩形"选项，此时鼠标指针变为十形状，在工作表区拖曳鼠标绘制一个矩形，如图6-22所示。

STEP 3　在形状上单击鼠标右键，在弹出的快捷菜单中选择"添加文字"命令，输入文本"高级管理人员"，按【Enter】键换行，继续输入文本，完成后按【Ctrl+A】组合键全选文本，设置字号为"11"，单击"居中"按钮使其居中显示，效果如图6-23所示。

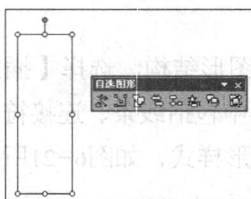

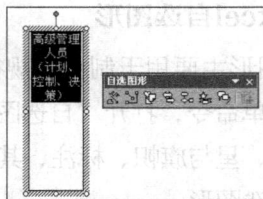

图6-22　绘制形状　　　　图6-23　输入文本并设置格式

STEP 4　在形状的边框上单击选中该形状，单击鼠标右键，在弹出的快捷菜单中选择"设置自选图形格式"命令，打开"设置自选图形格式"对话框。

STEP 5　单击"对齐"选项卡，在"文本对齐方式"栏的"垂直"下拉列表框中选择"居中"选项，单击 确定 按钮返回Excel工作表，此时图形中的文本将以垂直显示方式在形状中居中对齐，如图6-24所示。

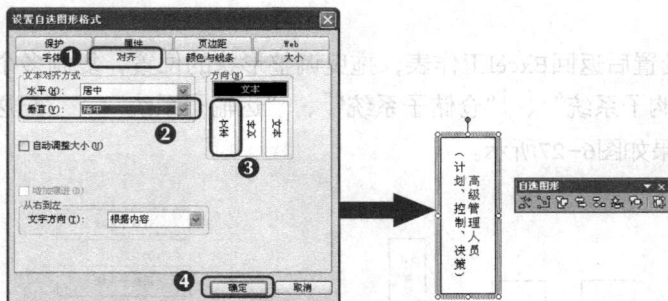

图6-24　设置垂直对齐方式

STEP 6 在形状的边框上单击，按【Ctrl+C】组合键复制图形，按【Ctrl+V】组合键粘贴图形，在复制的图形边框上单击鼠标并进行拖曳，将其放在第1个图形的右方，将图形中文本"高级"更改为"中级"，如图6-25所示。

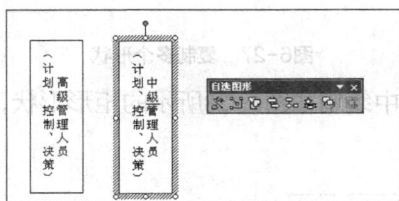

图6-25　复制一个图形

STEP 7 再次绘制一个矩形，在其中添加文本"计算机"，设置文本字号为"11"，打开"设置自选图形格式"对话框，在"对齐"选项卡中设置垂直和水平对齐方式都为"居中"，文字方向为垂直。

STEP 8 保持形状的选中状态，按【Ctrl+C】组合键复制形状，按【Ctrl+V】组合键粘贴形状，将复制的形状拖曳至"计算机"形状的下方，并将其文本更改为"职能人员"，效果如图6-26所示。

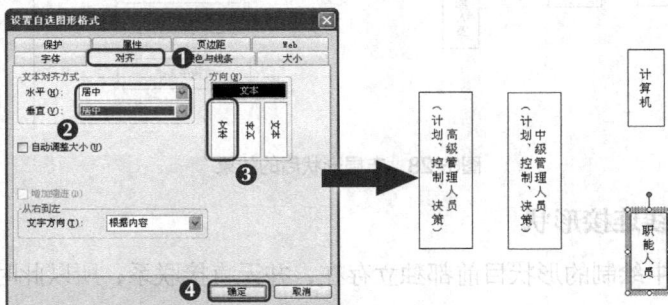

图6-26　制作两个图形

STEP 9 再次单击"基本形状"按钮，在打开的下拉菜单中选择"椭圆"选项，在工作表区中绘制一个椭圆，添加文本"中央数据库"，设置字号为"11"、水平和垂直对齐方式为"居中"，文本方向为垂直。

STEP 10 再绘制一个矩形，在其中输入文本"订单子系统"，设置水平和垂直对齐方式都为"居中"。

STEP 11 确认设置后返回Excel工作表，拖曳调整形状的位置，复制多个形状，并将其文本分别更改为"采购子系统"、"仓储子系统"、"运输子系统"、"配送子系统"、"其他子系统"，其效果如图6-27所示。

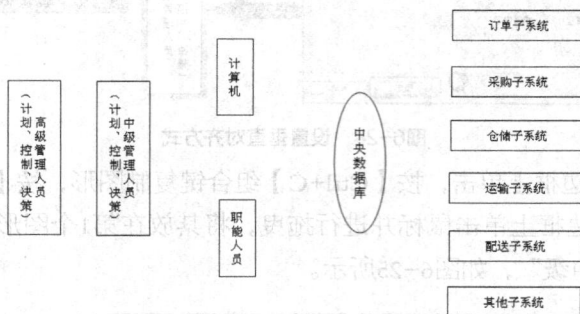

图6-27 复制多个形状

STEP 12 再在Excel工作区中绘制如图6-28所示的矩形形状，并将其置于合适的位置，完成后保存工作簿。

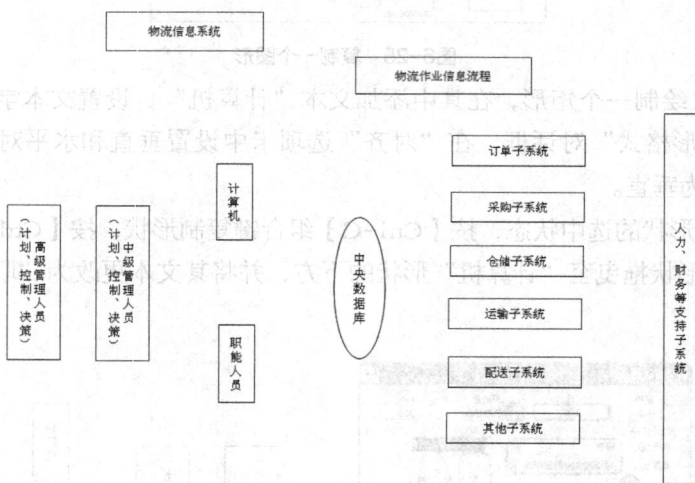

图6-28 布局形状后的效果

2．绘制连接线连接形状

在Excel工作表中绘制的形状目前都独立存在，并无直接联系，所以此时要在工作表中绘制直线和连接线，将形状连接在一起，其具体操作如下。

STEP 1 在"自选图形"工具栏中单击"连接符"按钮，在打开的下拉菜单中选择"肘形连接符"选项，将鼠标指针移至"计算机"形状上，鼠标指针变为⇧形状，且该图形边框上出现多个节点，如图6-29所示。

STEP 2 在该图形边框的左侧中间单击，连接符自动连接到该处，此时会出现一条随鼠标移动的虚线，将鼠标指针移到"职能人员"形状上，使用相同的方法在其左侧边框中间位置单击，连接两个形状，如图6-30所示。

图6-29 选择连接符　　　　　　　图6-30 连接形状

STEP 3 使用相同的方法，在两个形状的右侧也用"肘形连接符"连接，完成后在"自选图形"工具栏中单击"线条"按钮，在打开的下拉菜单中选择"箭头"选项。

STEP 4 在两个形状中绘制相反的箭头，然后再次单击按钮，在打开的下拉菜单中选择"双箭头"选项，绘制双箭头，将连接符与椭圆形状连接在一起，绘制多个"双箭头"，将工作表区的形状连接为图6-31所示的效果。

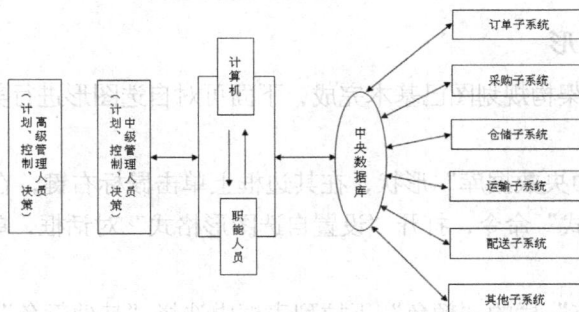

图6-31 绘制箭头和双箭头

STEP 5 单击"连接符"按钮，在打开的下拉菜单中选择"肘形箭头连接符"选项，在工作表的空白处绘制一条肘形箭头连接符。

STEP 6 将无箭头的一方置于第一个双箭头中间，在有箭头的一方的绿色圆点上单击鼠标并按住不放，将其拖曳到左端第一个形状的上方中间位置，释放鼠标将其与该形状连接在一起，向右拖曳垂直线上的黄色控制点，使其与绿色圆点在同一垂直线上，如图6-32所示。

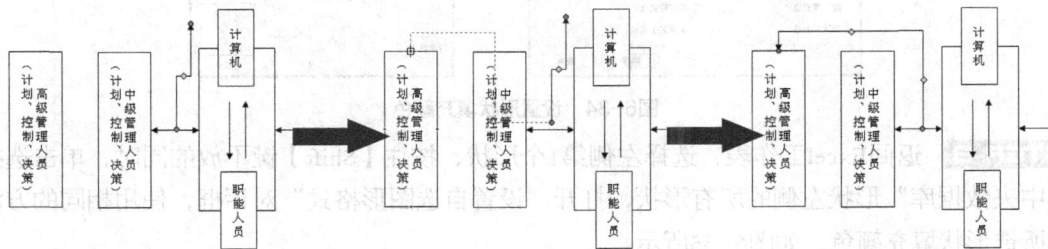

图6-32 使用连接线连接图形

STEP 7 使用相同的方法继续在工作表区中绘制直线、箭头和双箭头，并将系统中的各形状连接在一起，最终效果如图6-33所示。

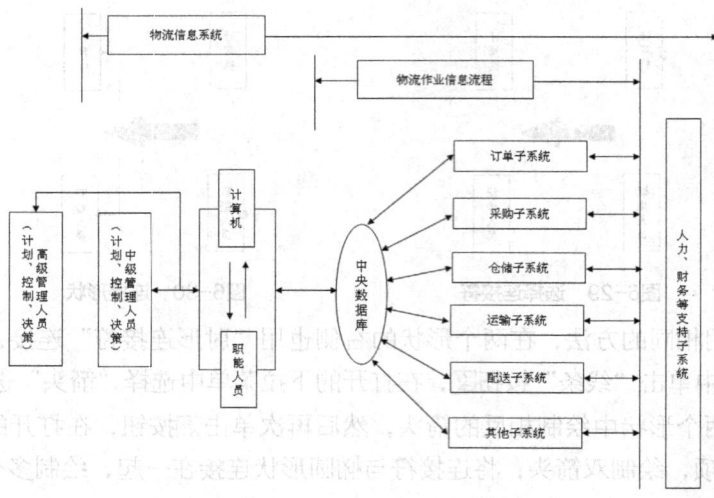

图6-33　连接形状后的最终效果

3．编辑自选图形

此时信息系统的架构规划图已基本完成，下面可对自选图形进行美化，使其更具有可读性，其具体操作如下。

STEP 1 选择"中央数据库"形状，在其边框上单击鼠标右键，在弹出的快捷菜单中选择"设置自选图形格式"命令，打开"设置自选图形格式"对话框，单击"颜色和线条"选项卡。

STEP 2 在"填充"栏的"颜色"下拉列表框中选择"其他颜色"命令，打开"颜色"对话框，设置如图6-34所示的颜色，确认设置后返回"设置自选图形格式"对话框。

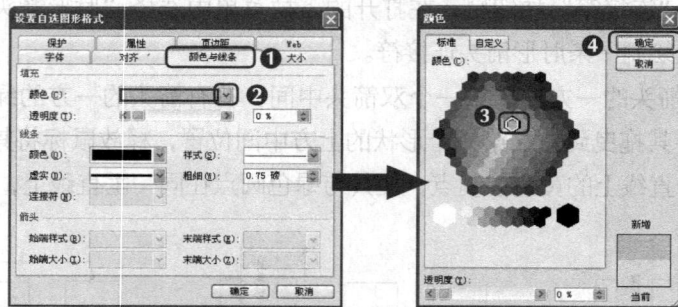

图6-34　设置形状填充颜色

STEP 3 返回Excel工作表，选择左侧第1个形状，按住【Shift】键不放的同时，单击选择"中央数据库"形状左侧的所有形状，打开"设置自选图形格式"对话框，使用相同的方法为所选形状填充颜色，如图6-35所示。

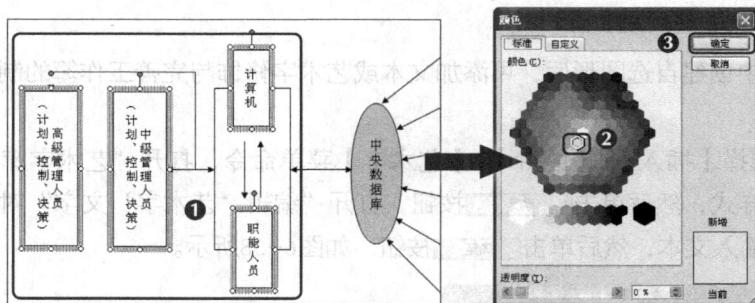

图6-35 为多个形状填充颜色

STEP 4 使用相同的方法为 "中央数据库" 右侧的所有形状填充相同的颜色, 为其上方的形状填充灰色, 完成后的最终效果如图6-36所示。

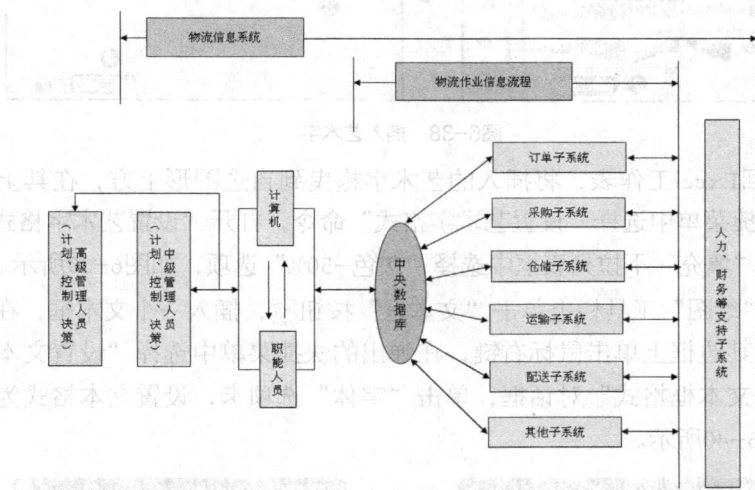

图6-36 填充颜色后的最终效果

STEP 5 按住【Shift】键不放, 同时单击选择所有自选图形 (包括线条、箭头、双箭头等), 然后在任意自选图形边框上单击鼠标右键, 在弹出的快捷菜单中选择【组合】/【组合】命令, 如图6-37所示。

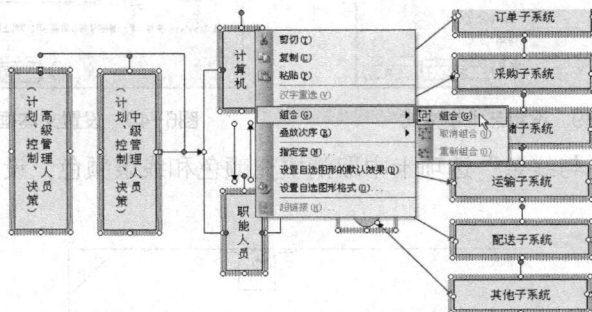

图6-37 组合形状

STEP 6 将组合自选图形拖曳到工作表的合适位置, 完成后保存工作簿。

4．美化并完善自选图形

在工作簿中创建自选图形后，可添加文本或艺术字修饰与完善工作簿的制作，其具体操作如下。

STEP 1 选择【插入】/【图片】/【艺术字】菜单命令，打开"艺术字库"对话框，选择一种艺术字样式，然后单击 确定 按钮，打开"编辑'艺术字'文字"对话框，在"文字"文本框中输入文本，然后单击 确定 按钮，如图6-38所示。

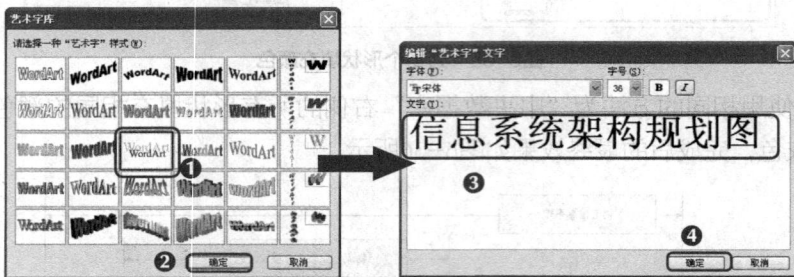

图6-38 插入艺术字

STEP 2 返回Excel工作表，将插入的艺术字拖曳到自选图形上方，在其上单击鼠标右键，在弹出的快捷菜单中选择"设置艺术字格式"命令，打开"设置艺术字格式"对话框，在"线条"栏的"填充"下拉列表框中选择"灰色-50%"选项，如图6-39所示。

STEP 3 在"绘图"工具栏上单击"文本框"按钮，插入一个文本框，在文本框中输入文本内容。在其边框上单击鼠标右键，在弹出的快捷菜单中选择"设置文本框格式"命令，打开"设置文本框格式"对话框，单击"字体"选项卡，设置文本格式为"宋体、加粗、10"，如图6-40所示。

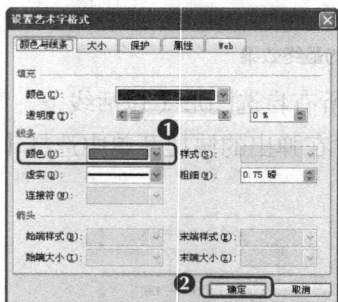

图6-39 设置艺术字格式　　　　　　图6-40 设置文本框格式

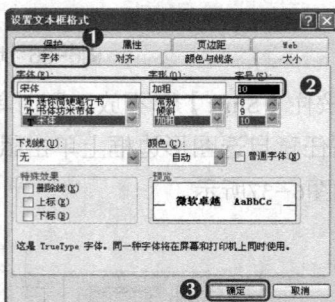

STEP 4 在"颜色与线条"选项卡中取消填充颜色和线条颜色，设置文本方向为水平，效果如图6-41所示。

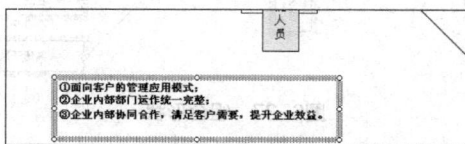

图6-41 文本框最终效果

STEP 5 选择自选图形周围的单元格区域（将自选图形包围在其中），在工具栏单击□▾ 按钮右侧的下拉按钮▾，在打开的下拉菜单中选择"粗匣框线"选项，效果如图6-42所示。

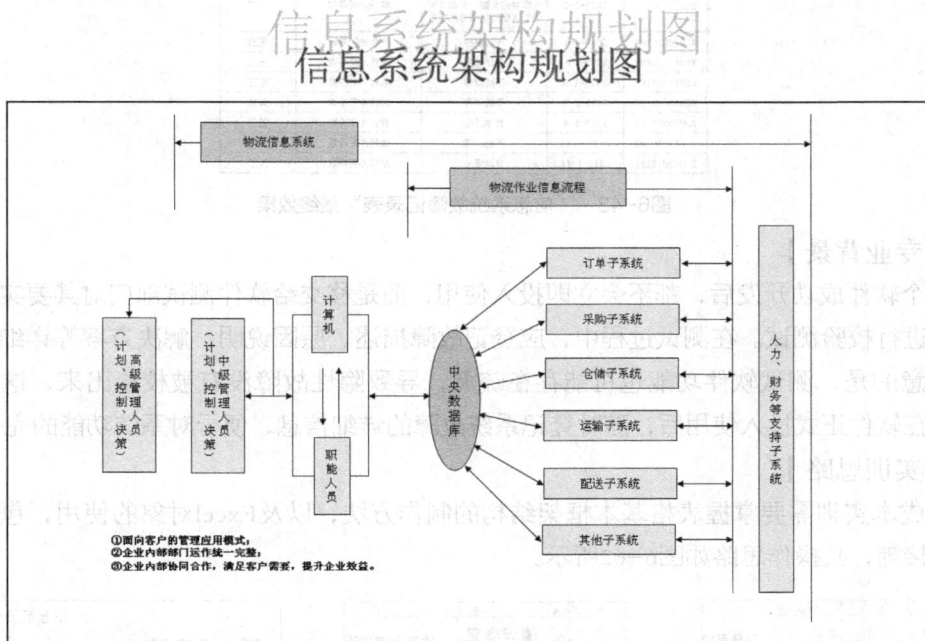

图6-42 最终效果

> **知识提示** 插入超链接时，在"插入超链接"对话框的"要显示的文字"文本框中设置超链接显示的文本。插入超链接后，单击单元格，系统会自动跟踪并打开链接的工作簿；在单元格上单击并按住鼠标，可只选定该单元格；若要改变显示内容，应在单元格上单击鼠标右键，在弹出的快捷菜单中选择"编辑超链接"命令，更改打开对话框中"要显示的文字"文本框中内容即可。

实训 统计分析"信息系统故障记录表"

【实训目标】

信息系统成功开发后，还需通过软件测试，校验信息系统中的功能是否能够正常使用。老张将测试工作交给小白，小白觉得应制作一个信息系统故障记录表，记录系统使用过程中故障出现的原因和解决方案，以便研发部门对该系统进行完善。

要完成本实训，除了应掌握Excel表格制作基本操作外，还应掌握Excel对象的使用，本实训的最终效果如图6-43所示。

素材所在位置 光盘:\素材文件\项目六\信息系统故障登记表.xls、公司Logo.jpg
效果所在位置 光盘:\效果文件\项目六\信息系统故障记录表.xls

编号	时间	故障说明	原因	处理人
X2013010101	2013-1-1	进入“仓库管理”模块的入库登记页面，单击“登记”按钮时自动退出软件	软件冲突导致	张二
X2013010102	2013-1-2	不能保存	软件冲突导致	王五
X2013010105	2013-1-5	自动退出	软件冲突导致	张二
X2013010106	2013-1-6	不能保存	软件冲突导致	王五
X2013010107	2013-1-7	不能保存	软件冲突导致	蒋三
X2013010108	2013-1-8	自动退出	软件冲突导致	王五
X2013010110	2013-1-10	不能保存	软件冲突导致	蒋三
X2013010111	2013-1-11	自动退出	软件冲突导致	张二

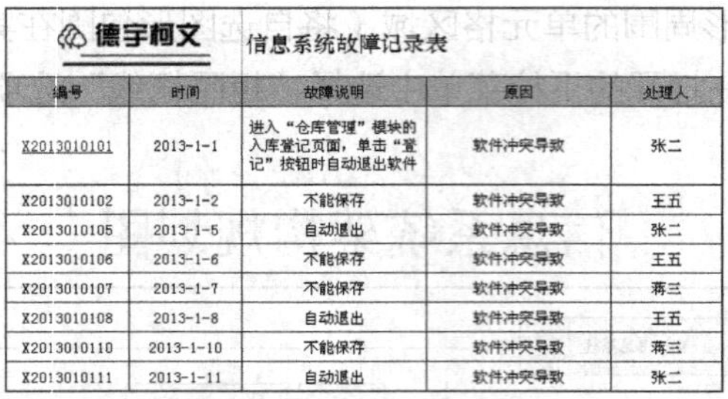

图6-43　“信息系统故障记录表”最终效果

【专业背景】

每个软件成功开发后，都不会立即投入使用，而是移交给软件测试部门对其要实现的功能依次进行校验测试。在测试过程中，应登记故障描述、原因说明、解决方案等详细信息。值得注意的是，测试软件功能也可能存在疏漏，导致隐性故障没有被校验出来，这种情况下，应在软件正式投入使用后，随时登记系统故障的详细信息，便于对系统功能的完善。

【实训思路】

完成本实训需要掌握表格基本框架结构的制作方法，以及Excel对象的使用，包括图片和超链接等，其操作思路如图6-62所示。

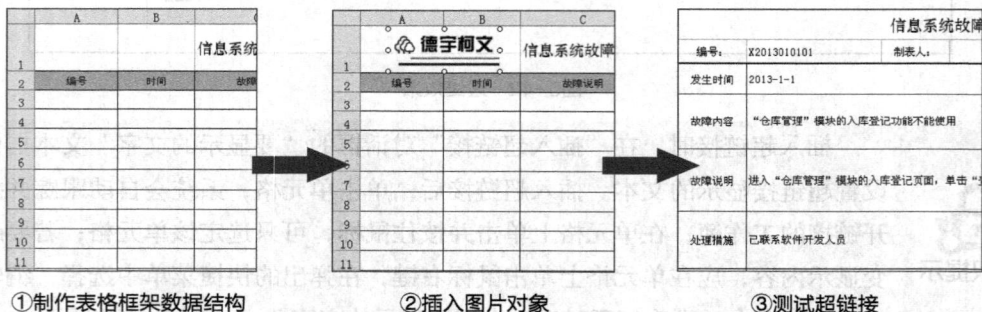

①制作表格框架数据结构　②插入图片对象　③测试超链接

图6-44　制作“信息系统故障记录表”的思路

【步骤提示】

STEP 1 启动Excel 2003，新建“信息系统故障记录表.xls”工作簿。

STEP 2 制作表格框架数据结构，为表标题、表头设置字符格式，然后为表头添加“灰色”底纹，为表内容添加“全部框线”边框样式。

STEP 3 插入图片，调整图片大小，将图片拖曳至表格标题的左侧。

STEP 4 输入表格数据，设置表内容的字符格式，完成后为表内容中“编号”项目下的具体编号添加超链接，并通过单击超链接测试其功能。

常见疑难解析

问：如何在Excel工作表中插入背景图片？

答：选择【格式】/【工作表】/【背景】菜单命令，打开“工作表背景”对话框，在其中选择图片文件，确认设置后，即可将该图片作为工作表背景添加到工作表中。

问：能否在Excel中添加虚线箭头？

答：在Excel中绘制直线、箭头和双箭等自选图形时，系统默认将所有自选图形设置为实线，如果要将实线更改为虚线，可打开"设置自选图形格式"对话框，单击"颜色与线条"选项卡，在"线条"栏的"虚实"下拉列表框中选择虚线选项，确认设置后返回Excel工作表，自选图形的线条变为选择的虚线样式。

拓展知识

1．将常用图片添加到剪贴画中

Excel 2003自带了许多不同类型的剪贴画，剪贴画存放在剪辑库中，使用时只需在剪辑库中选取所需样式即可将其插入当前工作表中。除此之外，还可以将常用图片添加到剪辑库中。

将常用图片添加到剪辑库的具体操作方法为：选择【插入】/【图片】/【剪贴画】菜单命令，打开"剪贴画"任务窗格，在其下方单击"管理剪辑"超链接，打开"收藏夹-Microsoft 剪辑管理器"对话框。选择【文件】/【将剪辑添加到管理器】/【在我自己的目录】菜单命令，打开如图6-64所示的对话框，选择图片保存位置，在中间的列表框中选择要添加的图片，然后单击 添加(A) 按钮。此时图片即可被添加到剪辑库中，在"收藏夹-Microsoft 剪辑管理器"对话框左侧"收藏夹列表"任务窗格中选择"我的收藏集"下的"收藏夹"目录，即可在右侧的列表框中查看添加到剪辑库的图片文件，如图6-45所示。

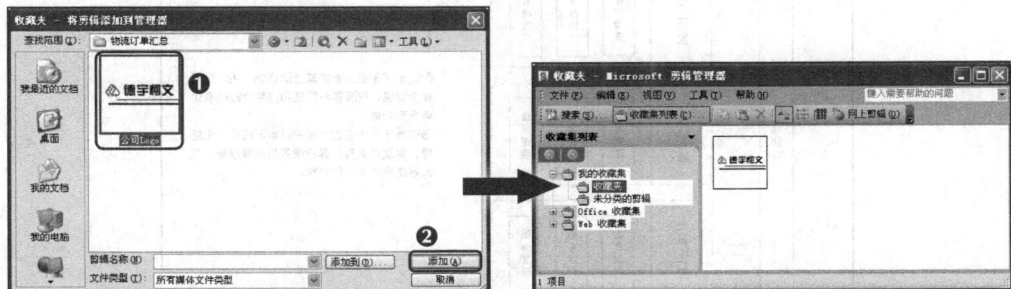

图6-45　利用排序功能实现各行插入行

2．打印工作表背景

在工作表中添加背景后，打印时背景并不会随表格数据同时打印。要打印工作表背景，只有先将工作表数据与背景保存为图片，具体方法为在工作表中插入背景，拖曳鼠标选择数据所在单元格区域，按住【Shift】键不放，同时选择【编辑】/【复制图片】菜单命令，此时将打开"复制图片"对话框，保持默认设置不变，单击 确定 按钮，切换到其他工作表中，按【Ctrl+V】组合键粘贴图片，此时打印图片即可，如图6-46所示。

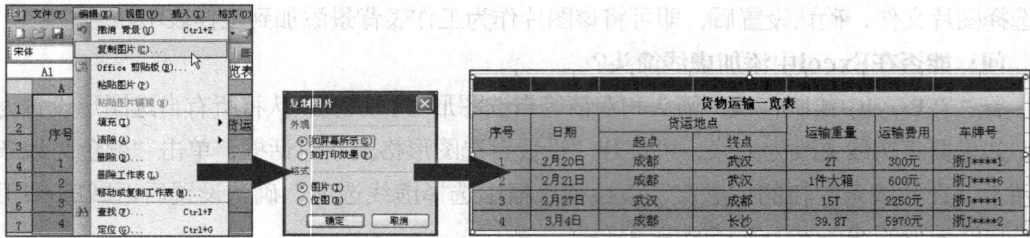

图6-46 利用筛选功能删除空行

课后练习

效果所在位置 光盘:\效果文件\项目六\订单子系统规划.xls

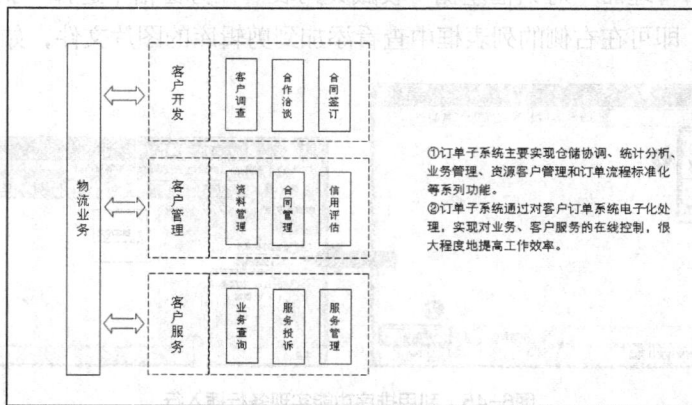

为公司物流信息系统制作一个订单子系统规划图,效果如图6-47所示。具体要求如下。

● 利用自选图形中"基本形状-矩形"和"箭头总汇-左右箭头"图形,绘制流程图。
● 在图形中添加文本,设置字符格式,并设置自选图形的格式(线条类型)。
● 添加艺术字和文本框,在文本框中输入文本内容,完成后添加边框并保存工作簿。

图6-47 "订单子系统规划"最终效果

PART 7

项目七
人员管理

情景导入

为了提高员工工作积极性，公司对员工的职位、考核和薪酬等重新进行了调整。于是老张希望小白能编制新的表格来进行人员管理，要求尽可能地体现表格数据，实现计算和分析功能。小白接到任务后，立刻开始制作。

知识技能目标

- 熟练掌握组织结构图的使用方法。
- 熟练掌握窗口拆分与冻结的操作方法。
- 熟练掌握数据排序、筛选、分类汇总的操作方法。

- 了解员工考核和员工工资的构成，以及人员管理常用表格。
- 掌握"公司组织结构图"、"员工绩效考核表"、"员工工资表"等工作簿的制作方法。

项目流程对应图

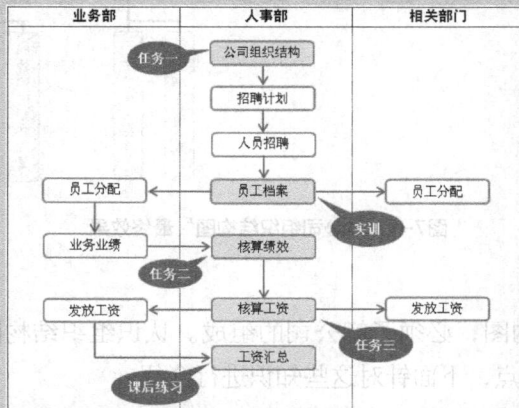

任务一 制作"公司组织结构图"

公司组织结构图常用反映公司的整体结构，对公司的各部门职能以及各部门的具体工作做具体的规划。制作公司组织结构图时，应根据公司规模和部门分类，决定工作的细化程度，保证制作的公司组织结构图既方便浏览，又便于使用者理解公司的组织结构。

一、任务目标

由于企业部门的整合和分离，导致公司内部结构发生了变化，于是老张要求部门人员尽快制作出新的组织结构图。小白自告奋勇地接下了这项工作，并决定使用Excel 2003进行制作，一方面锻炼自己的工作能力，另一方面也可以对Excel软件的使用更加得心应手。本任务完成后的最终效果如图7-1所示。

効果所在位置 光盘:\效果文件\项目七\公司组织结构图.xls

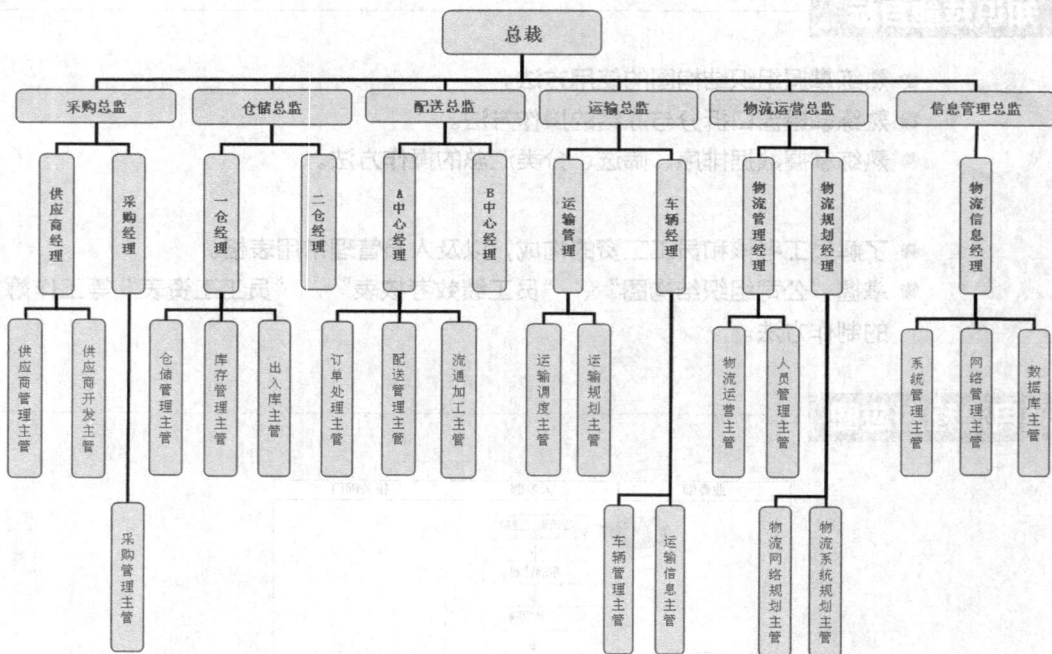

图7-1 "公司组织结构图"最终效果

二、相关知识

要制作公司组织结构图，必须了解公司的组成。认识组织结构图类型并掌握其创建方法，也是必须掌握的知识点，下面针对这些知识进行介绍。

1．公司组织结构图的组成

公司组织结构图形象地反映了组织内部机构、岗位之间的关系，是公司结构最直观的体现，也是对组织功能的一种侧面诠释。

一般情况下，应将公司所有部门制定在一个组织结构图中，方便浏览和理解，但若公司部门的分类较细，公司规模较大，则可采用细化组织结构图的方式进行制作。即先制作出公司部门总框架组织结构图，再制作独立部门及其下级部门的组织结构图，使组织结构图框架化、公司独立部门具体化。

在制作组织结构图前，可新建草稿文档，确认组织结构图中应包含的各项内容，如部门分布情况、上下级部门的隶属关系及公司部门综合情况等。一个完整的公司组织结构图应包括以下几方面。

● **公司名称及Logo**：公司名称和公司Logo可在工作表中作为标题，也可以将公司名称和Logo添加到页眉，标题应包括"组织结构图"字样。

● **发布日期和版本**：发布日期为制作好后正式投入使用的日期，版本为当前组织结构图的更新次数。如前面有3个不同的组织结构图，则当前为第4版。

● **结构图主体**：主要由框、线、部门和岗位名称等构成，这些组成部分组合在一起，形成了组织结构图的主体。

● **读图说明和备注**：可以简单介绍组织结构图的主要组成、创建组织结构图的部门和日期，以及如何正确使用组织结构图等。

● **其他**：除了以上介绍的内容外，还可以在组织结构图中添加修改记录，添加制作、监制、审核、发布等人员的简介。

2．Excel常用图示

Excel图示和图形是两个完全不同的概念。图形可以自定义其格式、形状、位置等，而图示则是具有一定规律的、可快速完成制作的复杂图形。如图7-2所示，Excel中主要包括6种图示。

图7-2　Excel常用图示

● **组织结构图**：显示层次关系，常用于表现公司人员结构。只要能够表现的层次关系，都可以用组织结构图来制作。

● **循环图**：显示持续循环的过程，常用于表现某一可循环的流程，如在财务领取报销单，填写后经过财务审核、本部门审核、总经理审核后，最后再交由财务部门登记入账。

- **射线图**：显示核心元素的关系，常用于表现某一部门、职位或文件与其他事物之间的联系。
- **锥图**：显示基于基础的关系。
- **维恩图**：显示元素间的重选区域，主要展现重选区域不同对象之间的相同点。
- **目标图**：显示实现目标的步骤。

三、任务实施

1．插入组织结构图

新建"公司组织结构图.xls"工作簿，然后插入组织结构图，并输入图形中的详细参数，具体操作如下。

STEP 1 新建"公司组织结构图.xls"工作簿，选择【插入】/【图示】菜单命令，打开"图示库"对话框，选择"组织结构图"选项，然后单击 确定 按钮插入组织结构图。

STEP 2 在第1个形状中定位光标插入点，输入"总裁"文本，然后依次在第2排的三个形状中输入"采购总监"、"仓储总监"、"配送总监"文本，如图7-3所示。

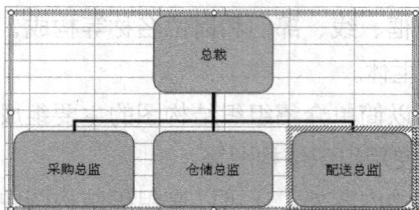

图7-3　输入文本

STEP 3 在第2排第3个图形边框上单击鼠标右键，在弹出的快捷菜单中选择"同事"命令，即可添加第4个图形，在其中输入文本"运输总监"文本。完成后利用相同的方法继续添加两个图形，并在其中输入文本，拖曳组织结构图右下角的节点，调整组织结构图的大小，效果如图7-4所示。

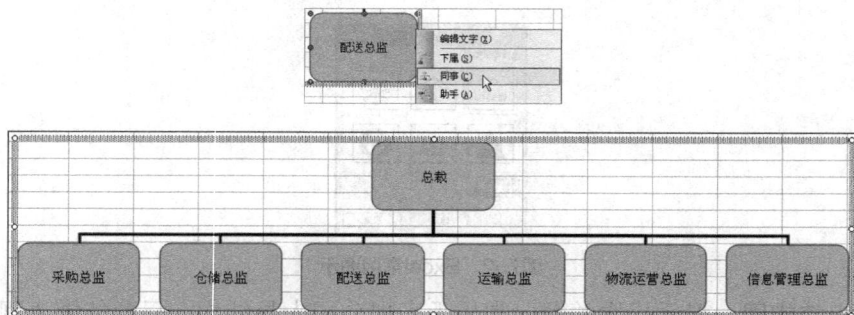

图7-4　添加"同事"图形并输入文本

STEP 4 在第2排第1个图形边框上单击，选中该图形，在"组织结构图"工具栏上单击 插入形状(N) 按钮右侧的下拉按钮，在打开的下拉菜单中选择"下属"命令，在该形状下添加一个图形，输入文本"供应商经理"文本，如图7-5所示。

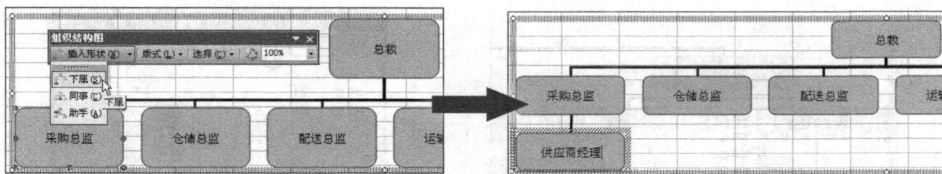

图7-5 添加"下属"图形并输入文本

STEP 5 使用相同的方法，在"采购总监"图形下再添加一个"下属"图形，输入文本"采购经理"。

STEP 6 选择第2行的第2个图形，单击鼠标右键，在弹出的快捷菜单中选择"下属"命令，添加一个"下属"图形，使用相同的方法添加其他图形，最终效果如图7-6所示。

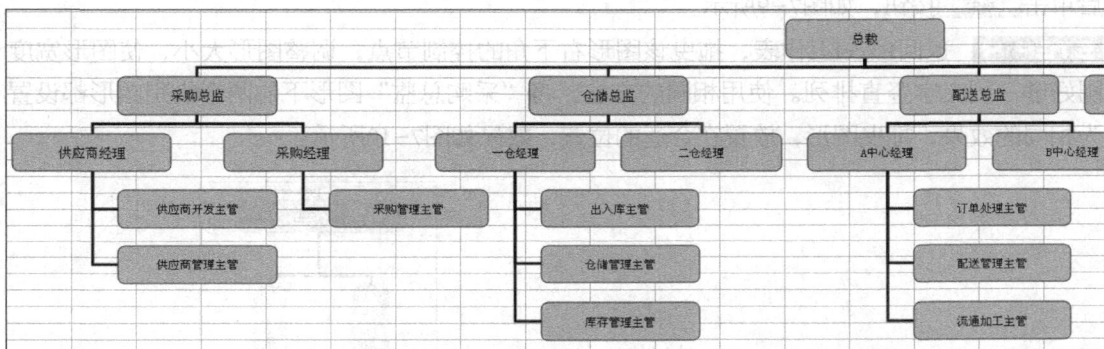

图7-6 公司组织结构图效果

2．调整组织结构图

组织结构图的版式为自动版式，即不能调整其中图形的大小，在调整外部边框大小时，内部图形将同时调整，为了使组织结构图的效果更美观，可对其版式进行适当的调整，其具体操作如下。

STEP 1 选择第3行第1个图形，在其边框上单击鼠标右键，在弹出的快捷菜单中选择【版式】/【自动版式】命令，如图7-7所示。

STEP 2 再次单击鼠标右键，在弹出的快捷菜单中选择"设置自选图形格式"命令，打开"设置自选图形格式"对话框，单击"对齐"选项卡，在"方向"栏选择如图7-8所示的选项。

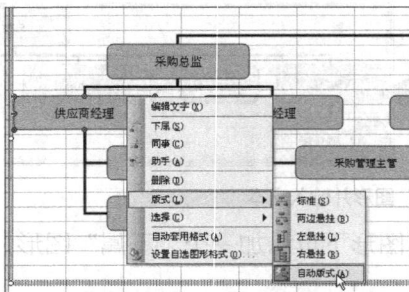

图7-7 取消图形自动版式

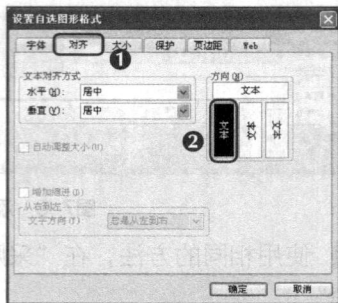

图7-8 设置文字方向

STEP 3 单击"大小"选项卡，在"比例"栏中撤销选中"锁定纵横比"复选框，完成后单击 确定 按钮，如图7-9所示。

STEP 4 返回Excel工作表，拖曳该图形右下角的控制节点，调整图形大小，使图形宽度刚好够一列文字竖直排列。使用相同的方法，将"采购总监"图形下的两个级别图形都设置为相同的效果，拖曳图形，放置在合适的位置，效果如图7-10所示。

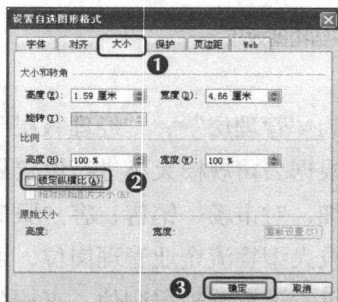

图7-9 取消锁定纵横比

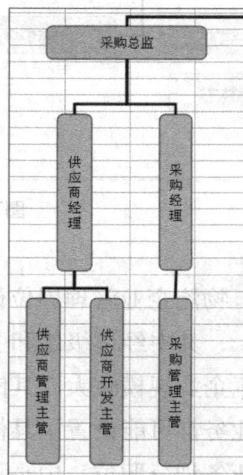

图7-10 调整图形形状和位置

选中与图形相连的黑色连接线，其包含两种控制点：一种是连接线中间的黄色控制点；另一种是与图形连接处的红色控制点。黄色控制点通常处于横连接线上，用于调整该线段的垂直位置，将鼠标指针移到该控制点上，向上或向下拖曳鼠标即可进行调整；红色控制点通常处于连接线的两端，用于连接两个不同的图形，红色控制点在图形上的位置可以自定义设置，将鼠标指针移到红色控制点上，拖曳鼠标，将红色控制点移到图形边框的其他栏，即可调整连接线与图形的连接位置。当红色节点变为绿色时，表示该节点没有与图形连接在一起。在编辑组织结构图时，可通过这些控制点，调整图形的显示效果，如图7-11所示。

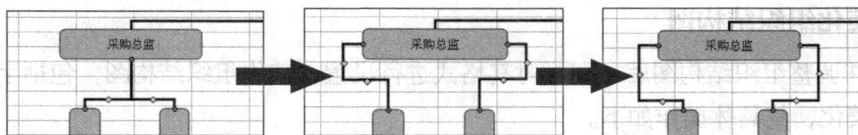

图7-11 通过控制点调整图形效果

STEP 5 将"仓储总监"图形的下级图形文字方向统一设置为竖排，调整形状，最后重新排列形状，其效果如图7-12所示。

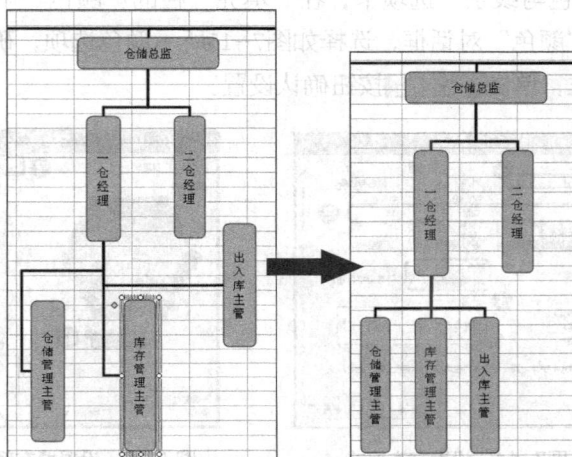

图7-12 调整图形形状和位置

STEP 6 使用相同的方法，设置和调整第2行其他图形的下级图形的文字方向、图形形状和图形位置，使组织结构图的整体布局较为美观，其效果如图7-13所示。

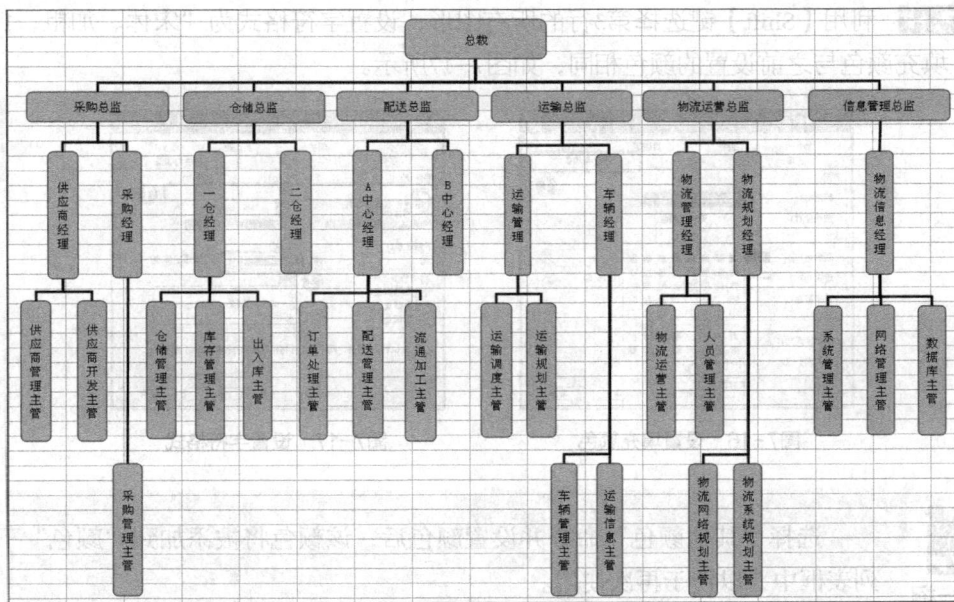

图7-13 完成后的组织结构图效果

3．美化组织结构图

创建并调整组织结构图后，即可对其格式进行设置，美化组织结构图，包括字体、底纹和边框的美化，其具体操作如下。

STEP 1 选择"总裁"图形，打开"设置自选图形格式"对话框，单击"字体"选项卡，设置字符格式为"宋体、加粗、16"，在"颜色"下拉列表框中选择"绿色"选项，设置字体颜色为绿色，如图7-14所示。

STEP 2 单击"颜色与线条"选项卡，在"填充"栏的"颜色"下拉列表框中选择"其他颜色"命令，打开"颜色"对话框，选择如图7-15所示颜色选项，确认设置后返回"设置自选图形格式"对话框，单击 确定 按钮确认设置。

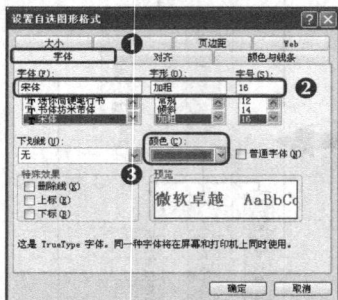

图7-14　设置文本格式　　　　图7-15　设置填充颜色

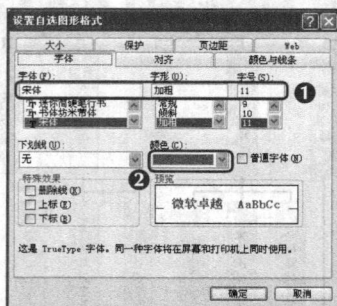

STEP 3 选择"采购总监"图形，并通过【Shift】键将第2行的所有图形都选中，打开"设置自选图形格式"对话框，设置格式为"宋体、加粗、12、绿色"，单击"颜色与线条"选项卡，为选中的图形设置与"总裁"图形一样的填充颜色，如图7-16所示。

STEP 4 利用【Shift】键选择第3行的所有图形，设置字符格式为"宋体、加粗、11、绿色"，填充颜色与之前设置的颜色相同，如图7-17所示。

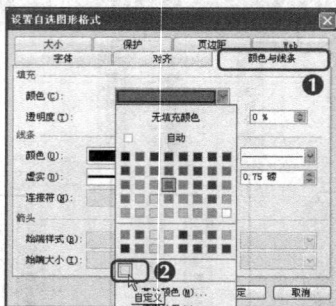

图7-16　设置填充颜色　　　　图7-17　设置字符格式

选择"其他颜色"命令并设置颜色后，该颜色将被添加到"颜色"下拉列表框中，以便于再次使用。

当组织结构图中同一级别的图形较多时，按住【Shift】键并利用鼠标单击选择的方式非常繁琐，此时可以选择其中一个图形，设置其格式，然后在工具栏中双击"格式刷"按钮，鼠标指针变为形状后，依次单击同一级别的其他图形，即可为其应用相同样式。

STEP 5 为剩下的形状设置字符格式为"宋体、常规、11、绿色"，并设置相同的填充颜色，完成后的最终效果如图7-18所示。

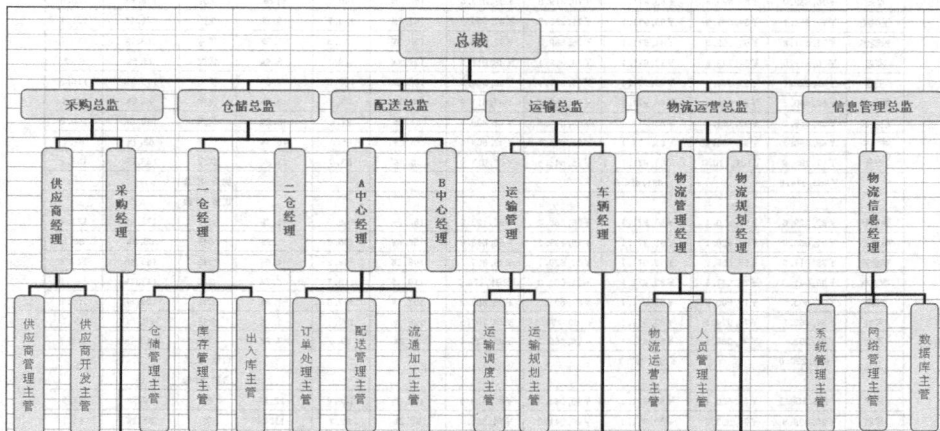

图7-18　美化组织结构图后的效果

STEP 6 选择【工具】/【选项】菜单命令，在打开的"选项"对话框中撤销选中"网格线"复选框，确认设置后保存工作簿即可。

一个完整的组织结构图还应包括其他项目，如利用文本框输入读图说明和备注信息；利用艺术字制作组织结构图标题；利用图片制作公司LOGO等，可通过自行制作完善当前组织结构图。

任务二　分析"员工绩效考核表"

员工绩效考核表主要体现公司员工业务完成情况，与计划任务是否有差距，公司管理人员对绩效的评价，以及该业绩对应的绩效奖金等详细信息。不同的职位，其绩效评定规则也各不相同，所以绩效考核表通常以部门为单位，统计分析部门员工的绩效完成情况。

一、任务目标

上个月公司业绩下滑，因此老张找到小白，希望他能通过员工绩效考核表，分析部门员工的绩效，得出任务完成率和销售增长率的变化情况，从而制定相应的销售方案，提高公司业绩。本任务完成后的最终效果如图7-19所示。

素材所在位置 光盘:\素材文件\项目七\员工绩效考核表.xls

效果所在位置 光盘:\效果文件\项目七\员工绩效考核表.xls

员工绩效考核表

姓名	上月销售额	本月任务	本月销售额	计划回款额	实际回款额	任务完成率	评分	销售增长率	评语	回款完成率	评分
郭呈祥	¥73,854.1	¥54,631.8	¥83,971.1	¥53,620.1	¥96,111.5	153.7%	153.7	13.7%	优秀	179.2%	179.2
张丽丽	¥69,807.3	¥51,596.7	¥83,971.1	¥72,842.4	¥65,760.5	162.7%	162.7	20.3%	优秀	90.3%	90.3
孙洪伟	¥77,900.9	¥51,596.7	¥83,971.1	¥76,889.2	¥73,854.1	156.6%	156.6	7.8%	优秀	96.1%	96.1
杜鸿强	¥58,678.6	¥51,596.7	¥83,971.1	¥55,643.5	¥91,053.0	162.7%	162.7	43.1%	优秀	163.6%	163.6
李琼	¥76,889.2	¥59,690.3	¥83,971.1	¥70,819.0	¥91,053.0	140.7%	140.7	9.2%	优秀	128.6%	128.6
王晓涵	¥73,854.1	¥54,631.8	¥83,971.1	¥71,830.7	¥87,006.2	153.7%	153.7	13.7%	优秀	121.1%	121.1
张晓伟	¥54,631.8	¥60,702.0	¥83,971.1	¥76,889.2	¥92,064.7	138.3%	138.3	53.7%	优秀	119.7%	119.7
邓超	¥70,819.0	¥84,748.8	¥83,971.1	¥94,088.1	¥88,017.9	129.7%	129.7	18.6%	优秀	93.5%	93.5
王超	¥53,620.1	¥83,971.1	¥83,971.1	¥69,807.3	¥80,936.0	100.0%	100.0	56.6%	优秀	115.9%	115.9
刘红芳	¥59,690.3	¥95,099.8	¥83,971.1	¥94,088.1	¥88,017.9	88.3%	88.3	40.7%	优秀	93.5%	93.5
赵千俊	¥56,655.2	¥96,111.5	¥83,971.1	¥55,643.5	¥77,900.9	87.4%	87.4	48.2%	优秀	140.0%	140.0
林晓华	¥59,690.3	¥98,134.9	¥83,971.1	¥83,971.1	¥52,608.4	85.6%	85.6	40.7%	优秀	62.7%	62.7
宋丹	¥67,783.9	¥101,170.0	¥83,971.1	¥55,643.5	¥88,017.9	83.0%	83.0	23.9%	优秀	158.2%	158.2
	¥853,874.8		¥1,091,624.3						优秀 汇总		
13									优秀 计数		
张嘉轩	¥89,029.6	¥53,620.1	¥83,971.1	¥56,655.2	¥97,123.2	156.6%	156.6	-5.7%	合格	171.4%	171.4
张伟杰	¥91,053.0	¥53,620.1	¥83,971.1	¥76,889.2	¥50,585.0	156.6%	156.6	-7.8%	合格	65.8%	65.8
李全友	¥88,017.9	¥56,655.2	¥83,971.1	¥53,620.1	¥76,889.2	148.2%	148.2	-4.6%	合格	143.4%	143.4
罗玉林	¥90,041.3	¥75,877.5	¥83,971.1	¥91,053.0	¥101,170.0	110.7%	110.7	-6.7%	合格	111.1%	111.1
刘梅	¥91,053.0	¥77,900.9	¥83,971.1	¥51,596.7	¥56,655.2	107.8%	107.8	-7.8%	合格	109.8%	109.8
宋科	¥84,982.8	¥79,924.4	¥83,971.1	¥100,158.3	¥69,807.3	105.1%	105.1	-1.2%	合格	69.7%	69.7
周羽	¥91,053.0	¥94,088.1	¥83,971.1	¥56,655.2	¥62,725.4	89.2%	89.2	-7.8%	合格	110.7%	110.7
	¥625,230.6		¥587,797.7						合格 汇总		
7									合格 计数		
张婷	¥100,158.3	¥53,620.1	¥83,971.1	¥90,041.3	¥89,029.6	156.6%	156.6	-16.2%	差	98.9%	98.9
周敏	¥96,099.8	¥91,053.0	¥83,971.1	¥90,041.3	¥74,865.8	92.2%	92.2	-11.7%	差	83.1%	83.1
陈锐	¥93,076.4	¥92,064.7	¥67,783.9	¥101,170.0	¥77,900.9	73.6%	73.6	-27.2%	差	77.0%	77.0
宋万	¥95,099.8	¥99,146.6	¥83,971.1	¥57,666.9	¥97,123.2	84.7%	84.7	-11.7%	差	168.4%	168.4
王翔	¥97,123.2	¥99,146.6	¥83,971.1	¥69,807.3	¥50,585.0	84.7%	84.7	-13.5%	差	72.5%	72.5
	¥480,567.5		¥403,668.3						差 汇总		
5									差 计数		

图7-19 "员工绩效考核表"最终效果

二、相关知识

要对绩效数据进行分析，除了应掌握绩效构成和管理环节外，还应掌握使用Excel排序、筛选和分类汇总等知识，下面将具体进行介绍。

1．绩效构成和管理环节

绩效构成主要由业绩考核与业绩评定两方面组成，其中业绩考核包括计划任务和完成任务，评定项目包括任务完成率和业绩增长率等，通过对业绩的考核和对项目完成情况的评定，计算最终绩效奖金。

> 物流业务员，也就是物流行业的"销售"。在实际工作中，物流业务员的主要职责就是获取客户订单，如让客户购买本公司的产品，或让客户将货物交由本公司负责运输等。考核物流业务员业绩的方法也是由计划任务、完成任务、任务完成率和业绩增长率等方面综合考虑。

不同行业、不同管理层、不同职位，其绩效的构成项目不同，考核和评定方法也不相同。业务员的销售业绩考核和评定的基础数据应该包括上月销售额、本月任务、本月销售额、计划回款额和实际回款额等，这些项目直接与销售业绩挂钩，可以非常直观地体现业务员的销售业绩情况。

另外，通过设定任务完成率及评分、销售增长率及评分、回款完成率及评分等项目来进行绩效考核的评定处理，以便为绩效奖金的发放提供参考数据，图7-20所示即为绩效考核项目的主要构成。

绩效管理主要强调企业目标和个人目标的一致性，强调企业和个人同步成长绩效管理的过程是一个循环的过程，一般可分为4个环节，即绩效计划、绩效辅导、绩效考核与绩效反馈。其中绩效考核是绩效管理的重点环节，通过结合绩效计划环节中设定的考核项目和各种实际发生的数据进行计算和评定，一方面可以获取绩效奖金的数据，另一方面可以为绩效反馈环节提供有力的数据支持，如图7-21所示。

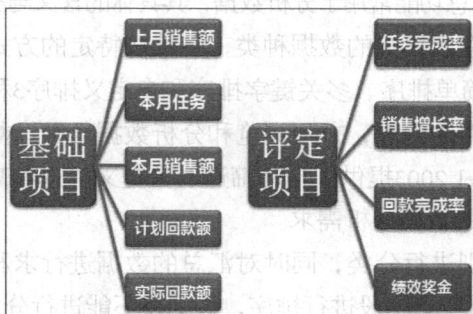

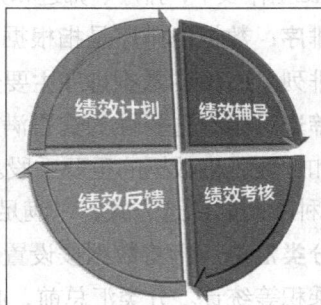

图7-20 绩效构成　　　　　　　　　图7-21 绩效管理环节

2．窗口拆分与冻结

如果Excel工作表中数据记录较多，浏览表格底端的数据时将无法对应到表头，此时可通过固定标题和项目字段的方法来浏览数据记录，以便查看各数据对应的表头。可通过窗口的拆分与冻结来实现。

- **拆分窗口**：指将工作表窗口拆分成多个窗口，在每个窗口中均可显示工作表中的内容，拆分窗口操作对于编辑列数或行数特别多的表格非常适用。拆分窗口后，当前工作表中的内容将被分为4个部分，每个部分都是一个完整的工作表，如图7-22所示，选择任意单元格，在其他拆分窗口中，该单元格将同时被选中。

上月销售额	本月任务	本月销售额	计划回款额	本月任务	本月销售额	计划回款额	实际回款额
￥93,076.4	￥92,064.7	￥67,783.9	￥101,170.0	￥92,064.7	￥67,783.9	￥101,170.0	￥77,900.9
￥70,819.0	￥64,748.8	￥83,971.1	￥94,088.1	￥64,748.8	￥83,971.1	￥94,088.1	￥88,017.9
￥58,678.6	￥51,596.7	￥83,971.1	￥55,643.5	￥51,596.7	￥83,971.1	￥55,643.5	￥91,053.0
￥73,854.1	￥54,631.8	￥83,971.1	￥53,620.1	￥54,631.8	￥83,971.1	￥53,620.1	￥96,111.5
￥76,889.2	￥59,690.3	￥83,971.1	￥70,819.0	￥59,690.3	￥83,971.1	￥70,819.0	￥91,053.0
￥88,017.9	￥56,665.2	￥83,971.1	￥53,620.1	￥56,665.2	￥83,971.1	￥53,620.1	￥76,889.2
￥59,690.3	￥98,134.9	￥83,971.1	￥83,971.1	￥98,134.9	￥83,971.1	￥83,971.1	￥52,608.4
￥59,690.3	￥95,099.8	￥83,971.1	￥94,088.1	￥95,099.8	￥83,971.1	￥94,088.1	￥88,017.9
￥91,053.0	￥77,900.9	￥83,971.1	￥51,596.7	￥77,900.9	￥83,971.1	￥51,596.7	￥56,655.2

图7-22 拆分窗口

- **冻结窗口**：指将工作表窗口中的某些行或列固定在可视区域内，不随滚动条的移动而移动，以便于对照查看。窗口冻结对于查看数据量非常庞大的表头项目下对应的数据非常适用。图7-23所示，冻结窗口后，选择的单元格上方及左侧的内容都将固定，其余部分可随滚动条移动。

	A	B	C	E	F	G	I
1				业务员绩效考核表			
2	姓名	上月销售额	本月任务	计划回款额	实际回款额	任务完成率	评分	销售增长率
3	陈锐	¥93,076.4	¥92,064.7	¥101,170.0	¥77,900.9	73.6%		
4	邓超	¥70,819.0	¥64,748.8	¥94,088.1	¥88,017.9	129.7%		
5	杜海强	¥58,678.6	¥51,596.7	¥55,643.5	¥91,053.0	162.7%		
18	王翔	¥97,123.2	¥99,146.6	¥69,807.3	¥50,585.0	84.7%		
19	王晓涵	¥73,854.1	¥54,631.8	¥71,830.7	¥87,006.2	153.7%		
20	张嘉轩	¥89,029.6	¥53,620.1	¥56,655.2	¥97,123.2	156.6%		
21	张丽丽	¥69,807.3	¥51,596.7	¥72,842.4	¥65,760.5	162.7%		

图7-23　冻结窗口

3．数据的排序、筛选和分类汇总

在Excel工作表中，排序、筛选和分类汇总功能常用于分析数据，其具体的含义与类型如下。

● **排序**：数据的排序是指根据存储在表格中的数据种类，将其按特定的方式进行重新排列。Excel的数据排序主要分为简单排序、多关键字排序和自定义排序3种。

● **筛选**：指有选择性的查看满足条件的记录，方便浏览和分析数据。筛选数据是分析和管理表格数据的重要手段。Excel 2003提供了自动筛选、自定义筛选和高级筛选等3种不同的筛选方式，以满足不同的数据分析需求。

● **分类汇总**：指将数据按设置的类别进行分类，同时对汇总的数据进行求和、计数或乘积等统计。分类汇总前，必须对所选字段进行排序，否则将不能进行分类汇总。

三、任务实施

1．计算表格数据

首先打开"员工业绩考核表.xls"工作簿，并完成其中各项目数据的计算，完善员工业绩考核表，具体操作如下。

STEP 1 启动Excel 2003，打开"员工业绩考核表.xls"工作簿。

STEP 2 选择G3单元格，在编辑栏中输入公式"=D3/C3"，按【Ctrl+Enter】组合键计算公式，完成后拖曳G3单元格右下角的填充柄填充数据，如图7-24所示。

	A	B	C	D	E	F	G	H	I	J	K	L	M
1					员工绩效考核表								
2	姓名	上月销售额	本月任务	本月销售额	计划回款额	实际回款额	任务完成率	评分	销售增长率	评语	回款完成率	评分	绩效奖金
3	陈锐	¥93,076.4	¥92,064.7	¥67,783.9	¥101,170.0	¥77,900.9	73.6%						
4	邓超	¥70,819.0	¥64,748.8	¥83,971.1	¥94,088.1	¥88,017.9	129.7%						
5	杜海强	¥58,678.6	¥51,596.7	¥83,971.1	¥55,643.5	¥91,053.0	162.7%						
6	郭呈瑞	¥73,854.1	¥54,631.8	¥83,971.1	¥53,620.1	¥96,111.5	153.7%						

图7-24　计算并填充公式

STEP 3 在H3单元格中输入公式"=G3*100"，计算公式并拖曳填充柄填充数据，在I3单元格中输入公式"=(D3-B3)/B3"，计算公式并拖曳填充柄填充数据。

STEP 4 选择J3单元格，在编辑栏中输入函数"=IF(I3<-8%,"差",IF(AND(I3>=-8%,I3<=0),"合格",IF(AND(I3>0,I3<=5%),"良好","优秀")))"，按【Ctrl+Enter】组合键计算函数，向下拖曳填充柄填充函数，如图7-25所示。

| J3 | | fx | =IF(I3<-8%,"差",IF(AND(I3>=-8%,I3<=0),"合格",IF(AND(I3>0,I3<=5%),"良好","优秀"))) | | | | | | | | | |

	A	B	C	D	E	F	G	H	I	J	K	L	M
1					员工绩效考核表								
2	姓名	上月销售额	本月任务	本月销售额	计划回款额	实际回款额	任务完成率	评分	销售增长率	评语	回款完成率	评分	绩效奖金
3	陈锐	¥93,076.4	¥92,064.7	¥67,783.9	¥101,170.0	¥77,900.9	73.6%	73.6	-27.2%	差			
4	邓琨	¥70,819.0	¥64,748.8	¥83,971.1	¥94,088.1	¥88,017.9	129.7%	129.7	18.6%	优秀			
5	杜海旭	¥58,678.6	¥51,596.7	¥83,971.1	¥55,643.5	¥91,053.0	162.7%	162.7	43.1%	优秀			
6	郭呈瑞	¥73,854.1	¥54,631.8	¥83,971.1	¥53,620.1	¥96,111.5	153.7%	153.7	13.7%	优秀			
7	李嫌	¥76,889.2	¥59,690.3	¥83,971.1	¥70,819.0	¥91,053.0	140.7%	140.7	9.2%	优秀			
8	李全友	¥88,017.9	¥56,655.2	¥83,971.1	¥53,620.1	¥76,889.2	148.2%	148.2	-4.6%	合格			
9	林晓华	¥59,690.3	¥98,134.9	¥83,971.1	¥83,971.1	¥52,608.4	85.6%	85.6	40.7%	优秀			
10	刘红芳	¥59,690.3	¥95,099.8	¥83,971.1	¥94,088.1	¥88,017.9	88.3%	88.3	40.7%	优秀			

图7-25 利用函数判断评语

知识提示 该函数含义为：I3单元格数值小于"-8%"时，判断为"差"；数值大于等于"-8%"，且小于等于"0"时，判断为"合格"；数值大于"0"，且小于等于"5%"时，判断为"良好"；除此之外，都判断为"优秀"。

STEP 5 在K3单元格中输入公式"=F3/E3"，完成后填充数据，在L3单元格中输入公式"=K3*100"，完成后填充数据。

STEP 6 在M3单元格中输入函数"=(H3+L3)*7.5+IF(J3="差",I3*100*15,I3*100*7.5)"，按【Ctrl+Enter】组合键计算结果，完成后拖曳填充柄填充数据，如图7-26所示。

| M3 | | fx | =(H3+L3)*7.5+IF(J3="差",I3*100*15,I3*100*7.5) | | | | | | | | | |

	B	C	D	E	F	G	H	I	J	K	L	M
1				员工绩效考核表								
2	上月销售额	本月任务	本月销售额	计划回款额	实际回款额	任务完成率	评分	销售增长率	评语	回款完成率	评分	绩效奖金
3	¥93,076.4	¥92,064.7	¥67,783.9	¥101,170.0	¥77,900.9	73.6%	73.6	-27.2%		77.0%	77.0	¥722.1
4	¥70,819.0	¥64,748.8	¥83,971.1	¥94,088.1	¥88,017.9	129.7%	129.7	18.6%	优秀	93.5%	93.5	¥1,813.6
5	¥58,678.6	¥51,596.7	¥83,971.1	¥55,643.5	¥91,053.0	162.7%	162.7	43.1%	优秀	163.6%	163.6	¥2,771.1
6	¥73,854.1	¥54,631.8	¥83,971.1	¥53,620.1	¥96,111.5	153.7%	153.7	13.7%	优秀	179.2%	179.2	¥2,599.9
7	¥76,889.2	¥59,690.3	¥83,971.1	¥70,819.0	¥91,053.0	140.7%	140.7	9.2%	优秀	128.6%	128.6	¥2,088.4
8	¥88,017.9	¥56,655.2	¥83,971.1	¥53,620.1	¥76,889.2	148.2%	148.2	-4.6%	合格	143.4%	143.4	¥2,152.6
9	¥59,690.3	¥98,134.9	¥83,971.1	¥83,971.1	¥52,608.4	85.6%	85.6	40.7%	优秀	62.7%	62.7	¥1,416.7
10	¥59,690.3	¥95,099.8	¥83,971.1	¥94,088.1	¥88,017.9	88.3%	88.3	40.7%	优秀	93.5%	93.5	¥1,668.9

图7-26 计算绩效奖金

2．冻结与拆分窗口查看表格数据

完成表格数据计算后，即可利用窗口冻结与拆分功能，查看表格中的数据，其具体操作如下。

STEP 1 选择G9单元格，选择【窗口】/【拆分】菜单命令，此时工作表以G9单元格为基准，拆分为4个工作区，并在G9单元格的上方和左侧各添加一条拆分线，如图7-27所示。

	A	B	C	D	E	F	G	H	I	J	K	L	M
1					员工绩效考核表								
2	姓名	上月销售额	本月任务	本月销售额	计划回款额	实际回款额	任务完成率	评分	销售增长率	评语	回款完成率	评分	绩效奖金
3	陈锐	¥93,076.4	¥92,064.7	¥67,783.9	¥101,170.0	¥77,900.9	73.6%	73.6	-27.2%	差	77.0%	77.0	¥722.1
4	邓琨	¥70,819.0	¥64,748.8	¥83,971.1	¥94,088.1	¥88,017.9	129.7%	129.7	18.6%	优秀	93.6%	93.5	¥1,813.6
5	杜海旭	¥58,678.6	¥51,596.7	¥83,971.1	¥55,643.5	¥91,053.0	162.7%	162.7	43.1%	优秀	163.6%	163.6	¥2,771.1
6	郭呈瑞	¥73,854.1	¥54,631.8	¥83,971.1	¥53,620.1	¥96,111.5	153.7%	153.7	13.7%	优秀	179.2%	179.2	¥2,599.9
7	李嫌	¥76,889.2	¥59,690.3	¥83,971.1	¥70,819.0	¥91,053.0	140.7%	140.7	9.2%	优秀	128.6%	128.6	¥2,088.4
8	李全友	¥88,017.9	¥66,655.2	¥83,971.1	¥53,620.1	¥76,889.2	148.2%	148.2	-4.6%	合格	143.4%	143.4	¥2,152.6
9	林晓华	¥59,690.3	¥98,134.9	¥83,971.1	¥83,971.1	¥52,608.4	85.6%	85.6	40.7%	优秀	62.7%	62.7	¥1,416.7
10	刘红芳	¥59,690.3	¥95,099.8	¥83,971.1	¥94,088.1	¥88,017.9	88.3%	88.3	40.7%	优秀	93.5%	93.5	¥1,668.9

图7-27 拆分窗口

STEP 2 此时工作表区右侧和下方各有两个滑动条，拖曳窗口右侧下方的滑动条，调整右下角拆分窗口的显示区域，选择G4单元格，在被拆分的4个拆分窗口中，G4单元格都将呈被选中状态，如图7-28所示。

图7-28 调整工作表在窗口中的显示区域

STEP 3 将鼠标指针移到拆分线上并双击鼠标，或选择【窗口】/【取消拆分】菜单命令，删除拆分线，退出窗口拆分状态。

STEP 4 选择B3单元格，选择【窗口】/【冻结窗格】菜单命令，此时将以B3单元格为基础，将其上方的所有行和左侧的所有列固定，单击窗口下方滑动条右侧的 按钮，A列数据将保持不动，B列后的所有列将向左移动一列的距离，B列数据被隐藏，如图7-29所示。

图7-29 查看列数据

STEP 5 单击窗口右侧滑动条下方的 按钮，第1行和第2行数据将保持不动，第3行下方的所有行将向上移动一行的距离，第3行数据被隐藏，如图7-30所示。

图7-30 查看行数据

STEP 6 拖曳窗口右侧和下方的滑动条，浏览工作表信息，完成后选择【窗口】/【取消冻结窗格】菜单命令，退出窗格冻结状态。

多学一招　选择A2单元格，然后再选择【窗口】/【冻结窗格】菜单命令，可只冻结首行；选择B1单元格，然后再选择【窗口】/【冻结窗格】菜单命令，可只冻结首列。

3．利用排序分析表格数据

查看浏览表格数据后，即可利用Excel的排序功能轻松实现对表格数据的分析，其具体操作如下。

STEP 1 选择工作表数据区域中的任意单元格，选择【数据】/【排序】菜单命令，打开"排序"对话框，此时工作表数据所在单元格区域将自动被选中。

STEP 2 在"主要关键字"下拉列表框中选择"本月任务"选项，在右侧单击选中"升序"单选项，单击 确定 按钮确认设置后返回Excel工作表，此时C列"本月任务"项目下的数据，将从小到大依次排列，如图7-31所示。

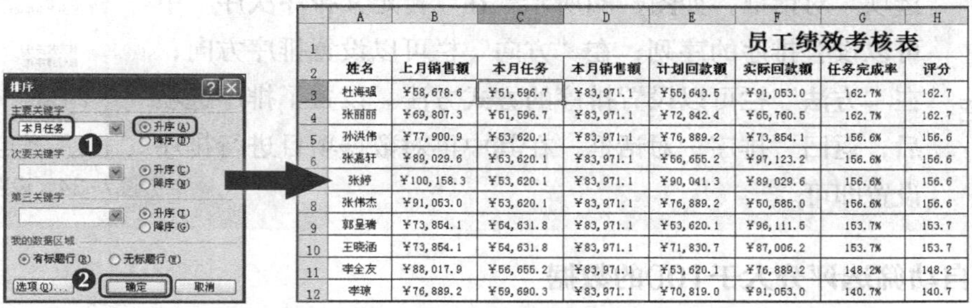

图7-31　对"本月任务"数据进行升序排列

STEP 3 再次选择【数据】/【排序】菜单命令，打开"排序"对话框，在"次要关键字"下拉列表框中选择"任务完成率"选项，单击选择"升序"单选项，完成后返回Excel工作表，此时单元格区域中的数据将在主关键字已排序的基础上，再对次要关键字进行排序，如图7-32所示。

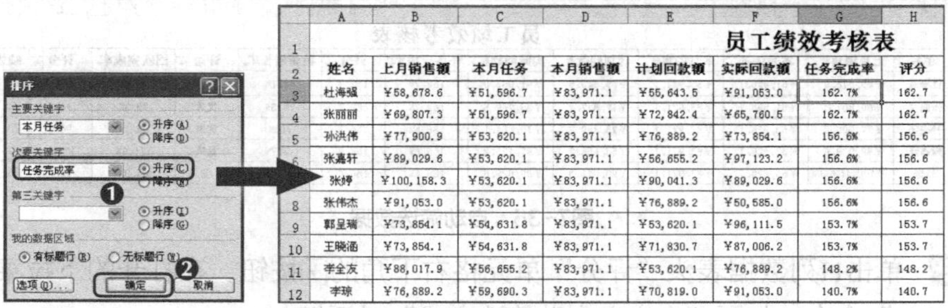

图7-32　对"任务完成率"数据进行升序排列

STEP 4 查看并比较"本月任务"和"任务完成率"项目下的数据，再次打开"排序"对话框，在"第三关键字"下拉列表框中设置继续排序的项目选项，然后设置排序方式，确认后返回Excel工作表，可在主要关键字和次要关键字的基础上，对第三关键字再次进行排序。

多学一招 为了保持原有的数据顺序，排序前可在A列前插入一列，在A3单元格中输入数字"1"，按住【Ctrl】键的同时拖曳填充柄填充数据。对其他项目排序分析后，只对A列数据进行升序排列，其余列的数据将自动变为排序前的顺序，完成后，将A列删除，如图7-33所示。

图7-33　添加辅助列恢复原始数据顺序

在"排序"对话框中单击 选项(O)... 按钮，将打开"排序选项"对话框，如图7-34所示。在"自定义排序次序"中可以设置排序的序列；在"方向"栏可以设置排序方向；在"方法"栏可以设置排序的方式方法。设置了排序选项后，返回"排序"对话框，在其中再对数据项目进行排序设置即可。

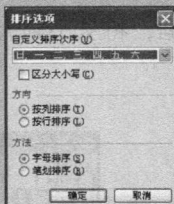

图7-34　设置排序选项

4．自动筛选评分大于100的数据

企业一般会将某一阶段的完成率或某一阶段的评分筛选出来，以便对相应的员工给予奖励，在Excel中可通过自动筛选功能快速进行筛选，其具体操作如下。

STEP 1 选择工作表数据区域中的任意单元格，然后选择【数据】/【筛选】/【自动筛选】单命令，进入数据筛选状态，此时表格表头行的所有单元格右侧都将出现 按钮，如图7-35所示。

图7-35　自动筛选数据

STEP 2 单击H列数据表头"评分"单元格右下角的 按钮，在打开的下拉菜单中选择"（自定义）"命令，打开"自定义自动筛选方式"对话框。

STEP 3 在"评分"下拉列表框中选择"大于"选项，在其后的下拉列表框中输入数据"100"，单击 确定 按钮确认设置，如图7-36所示。

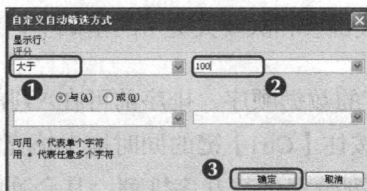

图7-36　设置自定义筛选方式

STEP 4 单击L列数据表头"评分"单元格右下角的▼按钮，在打开的下拉菜单中选择"（自定义）"命令，打开"自定义自动筛选方式"对话框，同样设置筛选条件为"大于，100"，完成后返回Excel工作表。

STEP 5 单击J列数据表头"评语"单元格右下角的▼按钮，在打开的下拉菜单中选择"优秀"选项，此时Excel工作表中显示的数据将同时满足设置的所有筛选条件，效果如图7-37所示。

	A	B	C	D	E	F	G	H	I	J	K	L	M
1						员工绩效考核表							
2	姓名	上月销售额	本月任务	本月销售额	计划回款额	实际回款额	任务完成率	评分	销售增长率	评语	回款完成率	评分	绩效奖金
3	杜海强	¥58,678.6	¥51,596.7	¥83,971.1	¥55,643.5	¥91,053.0	162.7%	162.7	43.1%	优秀	163.6%	163.6	¥2,771.1
9	程星瑞	¥73,854.1	¥54,631.8	¥83,971.1	¥53,620.1	¥96,111.5	153.7%	153.7	13.7%	优秀	179.2%	179.2	¥2,599.9
10	王晓洁	¥73,854.1	¥54,631.8	¥83,971.1	¥71,830.7	¥87,006.2	153.7%	153.7	13.7%	优秀	121.1%	121.1	¥2,164.0
12	李瑾	¥76,889.2	¥59,690.3	¥83,971.1	¥70,819.0	¥91,053.0	140.7%	140.7	9.2%	优秀	128.6%	128.6	¥2,088.4
13	张晓伟	¥54,631.8	¥60,702.0	¥83,971.1	¥76,889.2	¥92,064.7	138.3%	138.3	53.7%	优秀	119.7%	119.7	¥2,338.3

图7-37 筛选数据后的最终效果

STEP 6 查看表格数据，再次单击L列数据表头"评分"单元格右下角的▼按钮，在打开的下拉菜单中选择"降序排列"选项，此时该列被筛选出来的数据将以降序方式进行排列。

STEP 7 再次选择【数据】/【筛选】/【自动筛选】菜单命令，即可退出筛选状态。

> 知识提示
>
> 对数据进行筛选后，除了单击▼按钮，在打开的下拉菜单中选择排序方式外，还可以选择【数据】/【排序】菜单命令，打开"排序"对话框，在其中设置主要关键字、次要关键字、第三关键字参数，完成对筛选后的数据进行排序的操作。

5. 汇总优秀员工数量

下面将在"员工绩效考核表.xls"工作簿中，对评语为"优秀"的员工数量进行统计，其具体操作如下。

STEP 1 选择工作表数据区域的任意单元格，选择【数据】/【排序】菜单命令，打开"排序"对话框，设置"主要关键字"为"评语"，方式为"降序"，确认设置后返回Excel工作表，如图7-38所示。

STEP 2 选择【数据】/【分类汇总】菜单命令，同时打开"分类汇总"对话框，在"分类字段"下拉列表框中选择"评语"选项，在"汇总方式"下拉列表框中选择"计数"选项，在"选定汇总项"列表框中单击选中"姓名"选项，如图7-39所示。

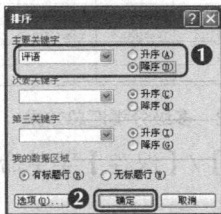

图7-38 对"评语"列平降序排列　　　　图7-39 设置分类汇总参数选项

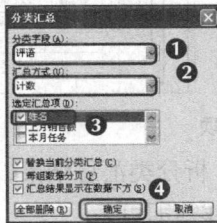

STEP 3 返回Excel工作表，此时表格中的数据将根据相同"评语"汇总"姓名"数量，即分别统计同一评语的员工人数，效果如图7-40所示。

	姓名	上月销售额	本月任务	本月销售额	计划回款额	实际回款额	任务完成率	评分	销售增长率	评语	回款完成率	评分	绩效奖金
3	郭呈瑞	¥73,854.1	¥54,631.8	¥83,971.1	¥53,620.1	¥96,111.1	153.7%	153.7	13.7%	优秀	179.2%	179.2	¥2,599.9
4	张丽丽	¥69,807.3	¥51,596.7	¥83,971.1	¥72,842.4	¥65,760.5	162.7%	162.7	20.3%	优秀	90.3%	90.3	¥2,049.8
5	孙洪伟	¥77,900.9	¥53,620.1	¥83,971.1	¥76,889.2	¥73,854.1	156.6%	156.6	7.8%	优秀	96.1%	96.1	¥1,953.4
6	杜海福	¥58,678.6	¥51,596.7	¥83,971.1	¥55,643.5	¥91,053.0	162.7%	162.7	43.1%	优秀	163.6%	163.6	¥2,771.1
7	李琼	¥76,889.2	¥59,690.3	¥83,971.1	¥70,819.0	¥91,053.0	140.7%	140.7	9.2%	优秀	128.6%	128.6	¥2,088.4
8	王晓涵	¥73,854.1	¥54,631.8	¥83,971.1	¥71,830.7	¥87,006.2	153.7%	153.7	13.7%	优秀	121.1%	121.1	¥2,164.0
9	张晓伟	¥54,631.8	¥60,702.0	¥83,971.1	¥76,889.2	¥92,064.7	138.3%	138.3	53.7%	优秀	119.7%	119.7	¥2,338.3
10	邓超	¥70,819.0	¥64,748.8	¥83,971.1	¥94,088.1	¥88,017.9	129.7%	129.7	18.6%	优秀	93.5%	93.5	¥1,813.6
11	王超	¥53,620.1	¥83,971.1	¥83,971.1	¥69,807.3	¥80,936.0	100.0%	100.0	56.6%	优秀	115.9%	115.9	¥2,041.1
12	刘红芳	¥59,690.3	¥95,099.8	¥83,971.1	¥94,088.1	¥88,017.9	88.3%	88.3	40.7%	优秀	93.5%	93.5	¥1,668.9
13	赵子俊	¥56,655.2	¥96,111.5	¥83,971.1	¥55,643.5	¥77,900.9	87.4%	87.4	48.2%	优秀	140.0%	140.0	¥2,066.9
14	林晓华	¥59,690.3	¥98,134.9	¥83,971.1	¥83,971.1	¥52,608.4	85.6%	85.6	40.7%	优秀	62.7%	62.7	¥1,416.7
15	宋丹	¥67,783.9	¥101,170.0	¥83,971.1	¥55,643.5	¥88,017.9	83.0%	83.0	23.9%	优秀	158.2%	158.2	¥1,988.0
16	13									优秀 计数			
17	张嘉轩	¥89,029.6	¥53,620.1	¥83,971.1	¥56,655.2	¥97,123.2	156.6%	156.6	-5.7%	合格	171.4%	171.4	¥2,417.6
18	张伟杰	¥91,053.0	¥53,620.1	¥83,971.1	¥76,889.2	¥50,585.0	156.6%	156.6	-7.8%	合格	65.8%	65.8	¥1,609.6
19	李全友	¥88,017.9	¥56,655.2	¥83,971.1	¥53,620.1	¥76,889.2	148.2%	148.2	-4.6%	合格	143.4%	143.4	¥2,152.6
20	罗玉林	¥90,041.3	¥75,877.5	¥83,971.1	¥91,053.0	¥101,170.0	110.7%	110.7	-6.7%	合格	111.1%	111.1	¥1,612.8
21	刘博	¥91,053.0	¥77,900.9	¥83,971.1	¥51,596.7	¥56,655.2	107.8%	107.8	-7.8%	合格	109.8%	109.8	¥1,573.6
22	宋科	¥84,982.8	¥79,924.3	¥83,971.1	¥100,158.3	¥69,807.3	105.1%	105.1	-1.2%	合格	69.7%	69.7	¥1,301.8
23	周羽	¥91,053.0	¥94,088.1	¥83,971.1	¥56,655.2	¥62,725.4	89.2%	89.2	-7.8%	合格	110.7%	110.7	¥1,441.4
24	7									合格 计数			
25	张婷	¥100,158.3	¥53,620.1	¥83,971.1	¥90,041.3	¥89,029.6	156.6%	156.6	-16.2%	差	98.9%	98.9	¥1,673.7
26	阚敏	¥95,099.8	¥91,053.0	¥83,971.1	¥90,041.3	¥74,865.8	92.2%	92.2	-11.7%	差	83.1%	83.1	¥1,139.7
27	陈锐	¥93,076.4	¥92,064.7	¥67,783.9	¥101,170.0	¥77,900.9	73.6%	73.6	-27.2%	差	77.0%	77.0	¥722.1
28	宋万	¥95,099.8	¥99,146.6	¥83,971.1	¥57,666.9	¥97,123.2	84.7%	84.7	-11.7%	差	168.4%	168.4	¥1,722.8
29	王翔	¥97,123.2	¥99,146.6	¥83,971.1	¥69,807.3	¥50,585.0	84.7%	84.7	-13.5%	差	72.5%	72.5	¥975.6
30	5									差 计数			
31	25									总计数			

图7-40　分类汇总效果

STEP 4 再次选择【数据】/【分类汇总】菜单命令，打开"分类汇总"对话框，在"汇总方式"下拉列表框中选择"求和"选项，在"选定汇总项"列表框中单击选中"上月销售额"和"本月销售额"复选框，撤销选中"替换当前分类汇总"复选框，如图7-41所示。

STEP 5 确认设置后返回Excel工作表，系统将保留第一次分类汇总结果，并再次对上月销售额和本月销售额进行统计求和，效果如图7-42所示。

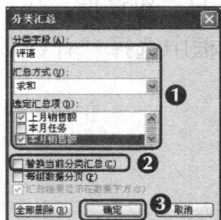

分类汇总

分类字段(A)：
评语
汇总方式(U)：
求和
选定汇总项(D)：
☑ 上月销售额 ❶
☐ 本月任务
☑ 本月销售额
☐ 替换当前分类汇总(C) ❷
☐ 每组数据分页(P)
☐ 汇总结果显示在数据下方(S)
全部删除(R)　确定 ❸ 取消

图7-41　设置分类汇总选项

	姓名	上月销售额	本月任务	本月销售额	计划回款额	实际回款额	任务完成率	评分	销售增长率	评语
1				员工绩效考核表						
2	姓名	上月销售额	本月任务	本月销售额	计划回款额	实际回款额	任务完成率	评分	销售增长率	评语
3	郭呈瑞	¥73,854.1	¥54,631.8	¥83,971.1	¥53,620.1	¥96,111.5	153.7%	153.7	13.7%	优秀
4	张丽丽	¥69,807.3	¥51,596.7	¥83,971.1	¥72,842.4	¥65,760.5	162.7%	162.7	20.3%	优秀
5	孙洪伟	¥77,900.9	¥53,620.1	¥83,971.1	¥76,889.2	¥73,854.1	156.6%	156.6	7.8%	优秀
6	杜海福	¥58,678.6	¥51,596.7	¥83,971.1	¥55,643.5	¥91,053.0	162.7%	162.7	43.1%	优秀
7	李琼	¥76,889.2	¥59,690.3	¥83,971.1	¥70,819.0	¥91,053.0	140.7%	140.7	9.2%	优秀
8	王晓涵	¥73,854.1	¥54,631.8	¥83,971.1	¥71,830.7	¥87,006.2	153.7%	153.7	13.7%	优秀
9	张晓伟	¥54,631.8	¥60,702.0	¥83,971.1	¥76,889.2	¥92,064.7	138.3%	138.3	53.7%	优秀
10	邓超	¥70,819.0	¥64,748.8	¥83,971.1	¥94,088.1	¥88,017.9	129.7%	129.7	18.6%	优秀
11	王超	¥53,620.1	¥83,971.1	¥83,971.1	¥69,807.3	¥80,936.0	100.0%	100.0	56.6%	优秀
12	刘红芳	¥59,690.3	¥95,099.8	¥83,971.1	¥94,088.1	¥88,017.9	88.3%	88.3	40.7%	优秀
13	赵子俊	¥56,655.2	¥96,111.5	¥83,971.1	¥55,643.5	¥77,900.9	87.4%	87.4	48.2%	优秀
14	林晓华	¥59,690.3	¥98,134.9	¥83,971.1	¥83,971.1	¥52,608.4	85.6%	85.6	40.7%	优秀
15	宋丹	¥67,783.9	¥101,170.0	¥83,971.1	¥55,643.5	¥88,017.9	83.0%	83.0	23.9%	优秀
16		¥853,874.8		¥1,091,624.3						优秀 汇总
17	13									优秀 计数

图7-42　多级分类汇总效果

STEP 6 查看并分析分类汇总结果，选择【文件】/【保存】菜单命令，保存对工作表的修改，完成后关闭工作簿即可。

設置多级分类汇总时，若保持"替换当前分类汇总"复选框的选中状态，确认设置后，前面设置的分类汇总将被当前的分类汇总替代，不能实现多级分类汇总的效果。单击对话框左下角的 全部删除(R) 按钮，系统将自动将工作表中的所有分类汇总删除。

任务三 制作"员工工资表"

工资表主要用于核算公司员工日常工作所对应的报酬，员工工资应根据不同职位、不同部门，以及不同管理阶层的具体情况进行核算，不同公司，其核算标准也不相同。通常情况下，员工试用结束后签订的劳动合同中，都对工资的核算进行了说明。

一、 任务目标

月初时，老张交给小白一份员工岗位对照表，交代小白根据员工岗位对照表制作一份上月的员工工资表。小白仔细查看了岗位对照表的详细信息，并询问老张员工工资的核算标准。小白将自己的制作思路整理了一遍，得到老张的支持和肯定后，便开始制作员工工资表。本任务完成后的最终效果如图7-43所示。

素材所在位置 光盘:\素材文件\项目七\员工工资表.xls
效果所在位置 光盘:\效果文件\项目七\员工工资表.xls

员工工资表

姓名	工资		津贴		其他补贴		应发工资	扣除					实发工资
	基本工资	岗位工资	管理津贴	特殊岗位津贴	工龄工资	加班工资		考勤	社保	纳税所得额	个人所得税	小计	
张明	2000.00	700.00	0.00	500.00	250.00	360.00	3810.00	120.00	224.00	0.00	0.00	344.00	3466.00
冯波琴	2000.00	300.00	0.00	0.00	150.00	100.00	2550.00	0.00	224.00	0.00	0.00	224.00	2326.00
罗鸿亮	5000.00	1000.00	200.00	500.00	500.00	400.00	7600.00	150.00	224.00	3726.00	267.60	641.60	6958.40
李萍	2000.00	300.00	0.00	500.00	250.00	260.00	3310.00	110.00	224.00	0.00	0.00	334.00	2976.00
朱小军	2000.00	300.00	0.00	0.00	200.00	80.00	2580.00	0.00	224.00	0.00	0.00	224.00	2356.00
王姐	2000.00	300.00	0.00	500.00	150.00	0.00	2950.00	0.00	224.00	0.00	0.00	224.00	2726.00
邓丽红	5000.00	1000.00	200.00	0.00	600.00	360.00	7160.00	0.00	224.00	3436.00	238.60	462.60	6697.40
邹文静	2000.00	300.00	0.00	0.00	100.00	0.00	2400.00	110.00	224.00	0.00	0.00	334.00	2066.00
张丽	2000.00	300.00	0.00	0.00	100.00	200.00	2600.00	120.00	224.00	0.00	0.00	344.00	2256.00
杨雪华	2000.00	700.00	0.00	500.00	300.00	300.00	3800.00	0.00	224.00	76.00	2.28	226.28	3573.72
彭静	2000.00	300.00	0.00	0.00	150.00	80.00	2630.00	0.00	224.00	0.00	0.00	224.00	2306.00
付晓宇	2000.00	300.00	0.00	0.00	100.00	160.00	2560.00	110.00	224.00	0.00	0.00	334.00	2226.00
洪伟	3200.00	700.00	200.00	500.00	250.00	320.00	5170.00	130.00	224.00	1316.00	39.48	393.48	4776.52
谭桦	2000.00	300.00	0.00	0.00	150.00	0.00	2450.00	0.00	224.00	0.00	0.00	224.00	2226.00
郭凯	3200.00	1000.00	200.00	0.00	400.00	240.00	5040.00	120.00	224.00	1196.00	35.88	379.88	4660.12
陈佳倩	3200.00	700.00	200.00	500.00	350.00	160.00	5110.00	0.00	224.00	1386.00	41.58	265.58	4844.42

图7-43 "员工工资表"最终效果

二、 相关知识

公司发放工资不仅要制作工资表，还应制作工资条。所以在制作工资表时必须掌握工资表的组成项目，了解工资表和工资条的区别和联系，下面针对这些知识进行介绍。

1. 员工薪酬的构成和核算

职工的薪酬福利由应发工资和应扣工资两部分组成，如图7-44所示，其中应发工资主要包括工资、津贴和补贴等；应扣工资主要包括考勤、社保和所得税等。计算职工薪酬时，应根据应发工资和扣除两部分综合计算。

- **工资**：主要由基本工资、岗位工资和绩效奖金等部分组成。其中，基本工资属于就业合同上签订的工资；岗位工资即为职位工资（一般只有管理级的人员才有该项工资）；绩效奖金则根据任务完成情况进行核算发放。

- **津贴**：可分为管理津贴、特殊职位津贴等类型。津贴和岗位工资一样，都根据人员具体的职位进行核定发放，一般公司会制作岗位对照表，根据岗位对照表上的规定进行发放。

- **补贴**：公司根据具体情况核定发放，如夏天的高温补贴和出差的补贴等。

- **考勤**：考勤属于扣除项目，考勤达到标准，不奖励；考勤未达到标准，会在扣除全勤奖的基础上，再对未达标的考勤进行核算和扣除。例如，迟到一次，除了扣除全勤奖外，迟到一次的费用也会一并扣除。

- **社保**：即社会保险，由养老保险、医疗保险、失业保险、生育保险、工伤保险和住房公积金（不是必须项目）等组成。员工转正后与公司签订劳动合同，公司有义务为员工购买社保。员工购买社保的系数，应根据转正后工资的多少进行核算，且购买的社保由公司和员工本人共同缴纳。员工个人缴纳的部分，在公司核算工资一并扣除，然后再统一购买社保。

- **所得税**：员工工资只要超过了3500元/月（包括3500元），都必须缴纳个人所得税。个人所得税计算标准为：应纳个人所得税税额=应纳税所得额×适用税率-速算扣除数。其中，应纳税所得额=扣除三险一金后的月收入-扣除标准（3500）。个人所得税实行的标准如图7-45所示。

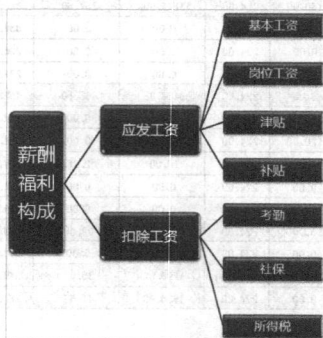

全月应纳税所得额	税率	速算扣除数
全月应纳税额不超过1500元	3%	¥0
全月应纳税额超过1500元至4500元	10%	¥105
全月应纳税额超过4500元至9000元	20%	¥555
全月应纳税额超过9000元至35000元	25%	¥1,005
全月应纳税额超过35000元至55000元	30%	¥2,755
全月应纳税额超过55000元至80000元	35%	¥5,505
全月应纳税额超过80000元	45%	¥13,505

图7-44　员工薪酬福利组成　　　　图7-45　个人所得税实行标准

2. 工资表和工资条

核算员工薪酬后，应制作员工工资表，并将薪酬中的各核算项目都反映在工资表中，图7-46所示为制作的员工工资表。工资表通常作为财务部门发放工资的依据，以及月末账务核算的原始凭证。

员工工资表

工资结算日期：2013年5月31日　　　工资统计范围：2013年4月30日—2013年5月30日

序号	姓名	年龄	职务	应领工资				应扣工资				实发工资	个人所得税	税后工资
				基本工资	提成	效益奖金	小计	迟到	事假	旷工	小计			
1	李刚	36	经理	3500	3600	600	7700	0	0	0	0	7700	1305	6395
2	张可	28	经理助理	3000	2500	400	5900			100	100	5800	925	4875
3	谢兴	32	业务员	1500	2200	360	4060			50	50	4010	462.75	3547.25
4	王永志	25	业务员	1500	2300	360	4160	20			20	4140	482.25	3657.75
5	李欣然	24	业务员	1500	1800	360	3660		150	150		3510	387.75	3122.25
6	郑丽娟	26	业务员	1500	1600	360	3460		50		50	3410	372.75	3037.25
7	邓严	27	业务员	1500	2400	360	4260			0	0	4260	500.25	3759.75
8	易安晓	23	业务员	1500	1500	360	3360	40		300	340	3020	314.25	2705.75
9	董庆	30	业务员	1500	800	360	2660		100		100	2560	173.5	2386.5
10	梁兴欣	42	后勤人员	1500			1500			0	0	1500	67.5	1432.5
11	李语美	25	后勤人员	1500			1500			0	0	1500	67.5	1432.5
12	嘉彤	24	办公室文员	1500			1500			0	0	1500	67.5	1432.5

图7-46　工资表

小型企业发放工资时，一般会通过支付现金进行发放；大型、中型企业则一般通过银行（企业基本账户）转账支付。不论哪一种支付，都应根据工资表制作工资条，发放工资后，员工在财务部领取工资条，查看工资条的明细，核对各项目数据是否有误，并对比工资条中最终工资和实际收到的工资数额是否相符。图7-47所示即为制作的工资条。

序号	姓名	年龄	职务	应领工资				应扣工资				实发工资	个人所得税	税后工资
				基本工资	提成	效益奖金	小计	迟到	事假	旷工	小计			
1	李刚	36	经理	3500	3600	600	7700	0	0	0	0	7700	1305	6395

序号	姓名	年龄	职务	应领工资				应扣工资				实发工资	个人所得税	税后工资
				基本工资	提成	效益奖金	小计	迟到	事假	旷工	小计			
2	张可	28	经理助理	3000	2500	400	5900			100	100	5800	925	4875

序号	姓名	年龄	职务	应领工资				应扣工资				实发工资	个人所得税	税后工资
				基本工资	提成	效益奖金	小计	迟到	事假	旷工	小计			
3	谢兴	32	业务员	1500	2200	360	4060			50	50	4010	462.75	3547.25

图7-47　工资条

值得注意的是，银行转账支付，转账凭证即为发放工资的依据，而现金支付则无任何凭证证明，所以以现金发放工资时，一定要要求领取工资的员工，在对应位置签字确认，作为领取工资的凭证。

三、任务实施

1.利用函数核算工资表

首先打开素材文件"员工工资表.xls"工作簿，并根据"员工岗位对照表"工作表中的详细信息，核算员工工资的各组成部分，其具体操作如下。

STEP 1　打开"员工工资表.xls"工作簿，选择B4单元格，输入函数"=IF(员工岗位对照表!D3="经理",5000,IF(员工岗位对照表!D3="主管",3200,2000))"，表示根据"员工岗位对照表"工作表中D3单元格中的数据判断员工的基本工资，按【Ctrl+Enter】组合键完成函数计算。

STEP 2　拖曳填充柄填充数据，到B19单元格后释放鼠标，效果如图7-48所示。

| B4 | ▼ | | *fx* =IF(员工岗位对照表!D3="经理",5000,IF(员工岗位对照表!D3="主管",3200,2000)) | | | | | | | |

图7-48 计算并填充基本工资

STEP 3 使用相同的方法，依次根据"员工岗位对照表"工作表中的职位对应信息，核算工资、津贴和补贴，最终利用SUM函数，计算出每个员工的应发工资，如图7-49所示。

图7-49 核算员工应发工资

> **知识提示** "岗位工资"核算规则为：A级为1000元，B级为700元，其他为300元。"管理津贴"核算规则为：只有员工级别为A的为200元。"特殊岗位津贴"核算规则为：特殊岗位津贴为500元。"工龄工资"核算规则为：每年增加50元；"加班工资"核算规则为：每小时20元。

STEP 4 输入员工考勤和社保扣除数据后，选择K4单元格，在编辑栏中输入函数"=IF(H4-I4-J4-3500<0,0,H4-I4-J4-3500)"，表示如果扣除考勤和社保后的工资大于3500元，则用该工资减去3500，否则显示为0，按【Ctrl+Enter】组合键确认输入后，拖曳填充柄填充数据，如图7-50所示。

图7-50 核算应纳税所得额

STEP 5 选择L4单元格，在编辑栏中输入函数"=IF(AND(K4<=1500,K4>0),K4*3%,IF(AND(K4>1500,K4<4500),K4*10%-105,))"，按【Ctrl+Enter】组合键确认输入，拖曳填充柄填充数据。

知识提示

由于此表中应发工资数据不算太大，所以这里的函数"=IF(AND(K4<=1 500,K4>0),K4*3%,IF(AND(K4>1500,K4<4500),K4*10%-105,))"只核算了应纳税所得额的前两项，即不超过1500元和位于1500元至4500元之间的两种情况，在实际操作中，应将其他情况也体现在函数中。

STEP 6 计算"小计"项目下的数据（不包括应纳税所得额），然后再通过公式计算实发工资，效果如图7-51所示。

姓名	工资		津贴		其他补贴		应发工资	扣除					实发工资
	基本工资	岗位工资	管理津贴	特殊岗位津贴	工龄工资	加班工资		考勤	社保	纳税所得额	个人所得税	小计	
张明	2000.00	700.00	0.00	500.00	250.00	360.00	3810.00	120.00	224.00	0.00		344.00	3466.00
冯波琴	2000.00	300.00	0.00	0.00	150.00	100.00	2550.00	0.00	224.00	0.00	0.00	224.00	2326.00
罗鸿亮	5000.00	1000.00	200.00	500.00	500.00	400.00	7600.00	150.00	224.00	3726.00	267.60	641.60	6958.40
李洋	2000.00	300.00	0.00	500.00	250.00	260.00	3310.00	110.00	224.00	0.00		334.00	2976.00
朱小军	2000.00	300.00	0.00	0.00	200.00	80.00	2580.00	0.00	224.00	0.00		224.00	2356.00
王超	2000.00	300.00	0.00	0.00	150.00	0.00	2950.00	0.00	224.00	0.00		224.00	2726.00
邓丽红	5000.00	1000.00	200.00	0.00	600.00	360.00	7160.00	0.00	224.00	3436.00	238.60	462.60	6697.40
邹文静	2000.00	300.00	0.00	0.00	100.00	0.00	2400.00	110.00	224.00	0.00		334.00	2066.00
张丽	2000.00	300.00	0.00	0.00	100.00	200.00	2600.00	120.00	224.00	0.00		344.00	2256.00
桥雪华	2000.00	700.00	0.00	500.00	300.00	300.00	3800.00	0.00	224.00	76.00	2.28	226.28	3573.72
彭静	2000.00	300.00	0.00	0.00	150.00	80.00	2530.00	0.00	224.00	0.00		224.00	2306.00
付晓宇	2000.00	300.00	0.00	0.00	100.00	160.00	2560.00	110.00	224.00	0.00		334.00	2226.00
洪伟	3200.00	700.00	200.00	500.00	250.00	320.00	5170.00	130.00	224.00	1316.00	39.48	393.48	4776.52
谭桦	2000.00	300.00	0.00	0.00	150.00	0.00	2450.00	0.00	224.00	0.00		224.00	2226.00
郭凯	3200.00	1000.00	200.00	0.00	400.00	240.00	5040.00	120.00	224.00	1196.00	35.88	379.88	4660.12

图7-51 完成工资表后的效果

多学一招

公司实际发放工资时，工资中的角、分位等小数位数字通常会将其四舍五入，利用函数可以实现这一目的。如将N4单元格原有数据"=H4-M4"，替换为"=FIXED(H4-M4,0)"，该函数表示将当前单元格中的数值四舍五入到元（保留到角时，函数第2个参数的数值变为1即可）。

2. 标记工资大于4000的员工

计算出工资表中各员工应得工资后，即可通过条件格式，对工资大于某一金额的员工信息进行标记，预估分析公司中高薪员工信息，其具体操作如下。

STEP 1 选择N4:N19单元格区域，选择【格式】/【条件格式】菜单命令，打开"条件格式"对话框，设置条件为"单元格数值，大于或等于，4000"，格式为"字体颜色，红色"，如图7-52所示。

图7-52 设置条件格式

STEP 2 完成后返回Excel工作表，此时N列中大于或等于4000的单元格数据都将显示为红色。选择A4:N19单元格区域，选择【格式】/【条件格式】菜单命令，打开"条件格式"对话框，单击 [删除(D)...] 按钮，打开"删除条件格式"对话框，单击选中"条件1"复选框，确认设置后返回"条件格式"对话框。

STEP 3 重新设置条件（1）的格式，在第1个下拉列表框中选择"公式"选项，然后在其后的文本框中输入"=N4"，保持光标插入点位置不变，按【F4】键，使当前数据变为"=$N4"，然后继续输入">4000"，单击 [格式(F)...] 按钮，打开"单元格格式"对话框，设置底纹颜色，如图7-53所示。

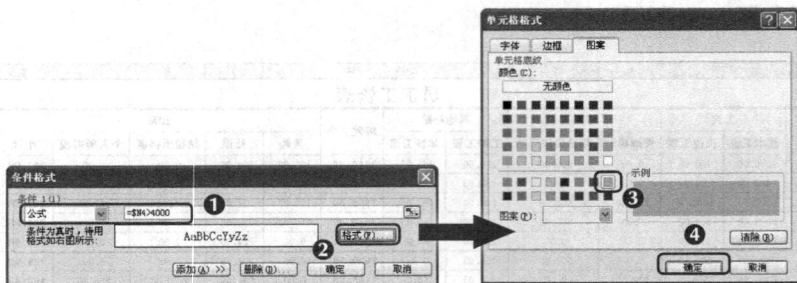

图7-53 设置条件和格式

STEP 4 确认设置后返回"条件格式"对话框，单击 [确定] 按钮返回Excel工作表，此时N列中从N4单元格开始的所有单元格中，只要满足单元格数值大于4000，该单元格所在行都将自动应用设置的格式，效果如图7-54所示。

4	张明	2000.00	700.00	0.00	500.00	250.00	360.00	3810.00	120.00	224.00	0.00	0.00	344.00	3466.00
5	冯淑琴	2000.00	300.00	0.00	0.00	150.00	100.00	2550.00	0.00	224.00	0.00	0.00	224.00	2326.00
6	罗鸿亮	5000.00	1000.00	200.00	0.00	500.00	400.00	7600.00	150.00	224.00	3726.00	267.60	641.60	6958.40
7	李萍	2000.00	300.00	0.00	500.00	250.00	260.00	3310.00	110.00	224.00	0.00	0.00	334.00	2976.00
8	朱小军	2000.00	300.00	0.00	0.00	200.00	80.00	2580.00	0.00	224.00	0.00	0.00	224.00	2356.00
9	王超	2000.00	300.00	0.00	500.00	150.00	0.00	2950.00	0.00	224.00	0.00	0.00	224.00	2726.00
10	邓丽红	5000.00	1000.00	200.00	0.00	600.00	360.00	7160.00	0.00	224.00	3436.00	238.60	462.60	6697.40
11	邹文静	2000.00	300.00	0.00	0.00	100.00	0.00	2400.00	110.00	224.00	0.00	0.00	334.00	2066.00
12	张丽	2000.00	300.00	0.00	0.00	100.00	200.00	2600.00	120.00	224.00	0.00	0.00	344.00	2256.00
13	杨雪华	2000.00	700.00	0.00	500.00	300.00	300.00	3800.00	0.00	224.00	76.00	2.28	226.28	3573.72
14	彭静	2000.00	300.00	0.00	0.00	150.00	80.00	2530.00	0.00	224.00	0.00	0.00	224.00	2306.00
15	付晓宇	2000.00	300.00	0.00	0.00	100.00	160.00	2560.00	110.00	224.00	0.00	0.00	334.00	2226.00
16	洪伟	3200.00	700.00	200.00	500.00	250.00	320.00	5170.00	130.00	224.00	1316.00	39.48	393.48	4776.52
17	谭桦	2000.00	300.00	0.00	0.00	150.00	0.00	2450.00	0.00	224.00	0.00	0.00	224.00	2226.00
18	韩凯	3200.00	1000.00	200.00	0.00	400.00	240.00	5040.00	120.00	224.00	1196.00	35.88	379.88	4660.12
19	陈佳倩	3200.00	700.00	200.00	500.00	350.00	160.00	5110.00	0.00	224.00	1386.00	41.58	265.58	4844.42

图7-54 设置条件格式后的效果

3. 制作工资条

工资表完成后，即可使用函数和条件格式完成工资条的制作，由于原来的工资表中表头部分存在合并单元格，所以应将表格数据复制到新工作表中，然后再制作，其具体操作如下。

STEP 1 新建工作表标签，将其重命名为"工资条"，在A1:N1单元格区域中输入工资表的表头。

STEP 2 在"员工工资表"工作表中复制A4:N19单元格区域，返回"工资条"工作表，选择A2单元格，打开"选择性粘贴"对话框，单击选中"数值"单选项，确认设置，效果如图7-55所示。

姓名	基本工资	岗位工资	管理津贴	特殊岗位津贴	工龄工资	加班工资	应发工资	考勤	社保	纳税所得额	个人所得税	小计	实发工资
张明	2000.00	700.00	0.00	500.00	250.00	360.00	3810.00	120.00	224.00	0.00	0.00	344.00	3466.00
冯淑琴	2000.00	300.00	0.00	0.00	150.00	100.00	2550.00	0.00	224.00	0.00	0.00	224.00	2326.00
罗鸿亮	5000.00	1000.00	200.00	500.00	500.00	400.00	7600.00	150.00	224.00	3726.00	267.60	641.60	6958.40
李萍	2000.00	300.00	0.00	500.00	250.00	260.00	3310.00	110.00	224.00	0.00	0.00	334.00	2976.00
朱小军	2000.00	300.00	0.00	0.00	200.00	80.00	2580.00	0.00	224.00	0.00	0.00	224.00	2356.00
王娟	2000.00	300.00	0.00	500.00	150.00	0.00	2950.00	0.00	224.00	0.00	0.00	224.00	2726.00
邓丽红	5000.00	1000.00	200.00	0.00	800.00	360.00	7160.00	0.00	224.00	3436.00	238.60	462.60	6697.40

图7-55　选择性粘贴数据

STEP 3 选择A22单元格，在其中输入函数"=CHOOSE(MOD(ROW(A1),3)+1,"",A\$1, OFFSET(A\$1,ROW(A2)/3,))"，向右拖曳填充柄，到N22单元格处释放鼠标，填充表头。

STEP 4 保持单元格区域的选中状态，在工具栏中单击"居中"按钮 ，然后将"应发工资"、"小计"、"实发工资"单元格中的数据加粗显示。

STEP 5 完成后选择A22:N22单元格区域，向下拖曳N22单元格右下角的填充柄填充数据，效果如图7-56所示。

图7-56　引用其他工作表中的数据

函数"=CHOOSE(MOD(ROW(A1),3)+1,"",A\$1, OFFSET(A\$1,ROW (A2)/3,))"表示每3行循环一次A1单元格所在行，在该单元格下方的单元格中获取A2单元格的数据，并每3行获取其下一行数据。若表格表头不在第1行，则将函数中的A1、A2单元格替换为目标单元格地址即可。

STEP 6 保持单元格区域的选中状态，选择【格式】/【条件格式】菜单命令，打开"条件格式"对话框，设置条件为"公式，=A22<>"""，单击 按钮，打开"单元格格式"对话框，单击"边框"选项卡，单击"外边框"按钮 ，如图7-57所示。

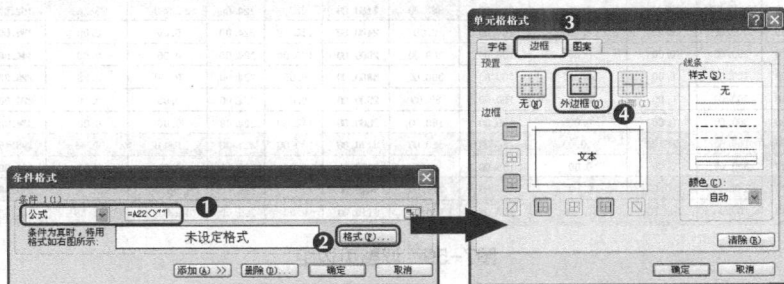

图7-57　设置条件和格式

STEP 7 确认设置后返回Excel工作表，此时从A22单元格所在行起，下方的数据都将被添加边框，调整行高后保存工作表即可，效果如图7-58所示。

	姓名	基本工资	岗位工资	管理津贴	特殊岗位津贴	工龄工资	加班工资	应发工资	考勤	社保	纳税所得额	个人所得税	小计	实发工资
22	姓名	基本工资	岗位工资	管理津贴	特殊岗位津贴	工龄工资	加班工资	应发工资	考勤	社保	纳税所得额	个人所得税	小计	实发工资
23	张明	2000	700	0	500	250	360	3810	120	224	0	0	344	3466
24														
25	姓名	基本工资	岗位工资	管理津贴	特殊岗位津贴	工龄工资	加班工资	应发工资	考勤	社保	纳税所得额	个人所得税	小计	实发工资
26	冯淑琴	2000	300	0		150	100	2550	0	224	0	0	224	2326
27														
28	姓名	基本工资	岗位工资	管理津贴	特殊岗位津贴	工龄工资	加班工资	应发工资	考勤	社保	纳税所得额	个人所得税	小计	实发工资
29	罗鸿亮	5000	1000	200	500	500	400	7600	150	224	3726	267.6	641.6	6958.4
30														
31	姓名	基本工资	岗位工资	管理津贴	特殊岗位津贴	工龄工资	加班工资	应发工资	考勤	社保	纳税所得额	个人所得税	小计	实发工资
32	李萍	2000	300	0	500	250	260	3310	110	224	0	0	334	2976
33														
34	姓名	基本工资	岗位工资	管理津贴	特殊岗位津贴	工龄工资	加班工资	应发工资	考勤	社保	纳税所得额	个人所得税	小计	实发工资
35	朱小军	2000	300	0		200	80	2580	0	224	0	0	224	2356
36														
37	姓名	基本工资	岗位工资	管理津贴	特殊岗位津贴	工龄工资	加班工资	应发工资	考勤	社保	纳税所得额	个人所得税	小计	实发工资
38	王超	2000	300	0	500	150	0	2950	0	224	0	0	224	2726
39														
40	姓名	基本工资	岗位工资	管理津贴	特殊岗位津贴	工龄工资	加班工资	应发工资	考勤	社保	纳税所得额	个人所得税	小计	实发工资
41	邓丽红	5000	1000	200	0	600	360	7160	0	224	3436	238.6	462.6	6697.4

图7-58　利用条件格式添加边框

4．打印工资表和工资条

工资表和工资条制作完成后，即可分别打印。打印工资条后，还应将每一条记录裁开，分发给对应的员工。下面将打印工资表和工资条，其具体操作如下。

STEP 1 切换到"员工工资表"工作表中，选择【文件】/【打印预览】菜单命令，进入打印预览状态，单击 设置(S)... 按钮，打开"页面设置"对话框，单击选中"横向"单选项，然后单击 确定 按钮确认设置。

STEP 2 单击 页边距(M) 按钮进入页边距调整状态，拖曳垂直页边距，使表格的所有内容都显示在一页中，效果如图7-59所示。

员工工资表

姓名	工资		津贴		其他补贴		应发工资	扣除					实发工资
	基本工资	岗位工资	管理津贴	特殊岗位津贴	工龄工资	加班工资		考勤	社保	纳税所得额	个人所得税	小计	
张明	2000.00	700.00	0.00	500.00	250.00	360.00	3810.00	120.00	224.00	0.00	0.00	344.00	3466.00
冯淑琴	2000.00	300.00	0.00	0.00	150.00	100.00	2550.00	0.00	224.00	0.00	0.00	224.00	2326.00
罗鸿亮	5000.00	1000.00	200.00	500.00	600.00	400.00	7600.00	150.00	224.00	3726.00	267.60	641.60	6958.40
李萍	2000.00	300.00	0.00	0.00	250.00	260.00	3310.00	110.00	224.00	0.00	0.00	334.00	2976.00
朱小军	2000.00	300.00	0.00	0.00	200.00	80.00	2580.00	0.00	224.00	0.00	0.00	224.00	2356.00
王超	2000.00	300.00	0.00	500.00	150.00	0.00	2950.00	0.00	224.00	0.00	0.00	224.00	2726.00
邓丽红	5000.00	1000.00	200.00	0.00	600.00	360.00	7160.00	0.00	224.00	3436.00	238.60	462.60	6697.40
邹文静	2000.00	300.00	0.00	0.00	100.00	0.00	2400.00	110.00	224.00	0.00	0.00	334.00	2066.00
张丽	2000.00	300.00	0.00	0.00	120.00	0.00	2600.00	120.00	224.00	0.00	0.00	344.00	2256.00
杨雪华	2000.00	700.00	0.00	500.00	300.00	300.00	3800.00	0.00	224.00	76.00	2.28	226.28	3573.72
彭静	2000.00	300.00	0.00	0.00	150.00	80.00	2530.00	0.00	224.00	0.00	0.00	224.00	2306.00
付晓宇	2000.00	300.00	0.00	0.00	100.00	160.00	2560.00	110.00	224.00	0.00	0.00	334.00	2226.00
洪伟	3200.00	700.00	200.00	500.00	250.00	320.00	5170.00	130.00	224.00	1316.00	39.48	393.48	4776.52
谭梓	2000.00	300.00	0.00	0.00	150.00	0.00	2450.00	0.00	224.00	0.00	0.00	224.00	2226.00
郭凯	3200.00	1000.00	200.00	0.00	400.00	240.00	5040.00	120.00	224.00	1196.00	35.88	379.88	4660.12
陈佳倩	3200.00	700.00	200.00	500.00	350.00	160.00	5110.00	0.00	224.00	1386.00	41.58	265.58	4844.42

图7-59　调整页边距

STEP 3 单击 打印(T) 按钮打印工资表，完成后切换至"工资条"工作表，选择【文件】/【页面设置】菜单命令，打开"页面设置"对话框。

STEP 4 单击"工作表"选项卡，在"打印区域"文本框中定位光标插入点，拖曳鼠标选择A22:N68单元格区域，返回"页面设置"对话框，单击 [打印预览(W)] 按钮预览打印效果，如图7-60所示。

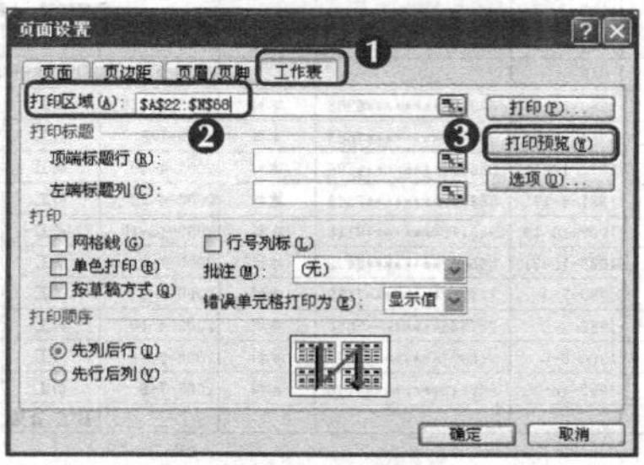

图7-60　设置打印区域

STEP 5 进入打印预览状态，设置纸张方向为"横向"，调整页边距，使每一条数据的所有信息都显示在一页中，单击 [下一页(N)] 按钮依次浏览其他页面的打印效果，完成后单击 [打印(T)...] 按钮打印工资条即可，效果如图7-61所示。

姓名	基本工资	岗位工资	管理津贴	特殊岗位津贴	工龄工资	加班工资	应发工资	考勤	社保	纳税所得额	个人所得税	小计	实发工资
张明	2000	700	0	500	250	360	3810	120	224	0	0	344	3466

姓名	基本工资	岗位工资	管理津贴	特殊岗位津贴	工龄工资	加班工资	应发工资	考勤	社保	纳税所得额	个人所得税	小计	实发工资
冯淑琴	2000	300	0	0	150	100	2550	0	224	0	0	224	2326

姓名	基本工资	岗位工资	管理津贴	特殊岗位津贴	工龄工资	加班工资	应发工资	考勤	社保	纳税所得额	个人所得税	小计	实发工资
罗鸿亮	5000	1000	200	500	500	400	7600	150	224	3726	267.6	641.6	6958.4

姓名	基本工资	岗位工资	管理津贴	特殊岗位津贴	工龄工资	加班工资	应发工资	考勤	社保	纳税所得额	个人所得税	小计	实发工资
李萍	2000	300	0	500	250	260	3310	110	224	0	0	334	2976

姓名	基本工资	岗位工资	管理津贴	特殊岗位津贴	工龄工资	加班工资	应发工资	考勤	社保	纳税所得额	个人所得税	小计	实发工资
朱小军	2000	300	0	0	200	80	2580	0	224	0	0	224	2356

图7-61　预览工资条打印效果

实训　统计分析"员工档案表"

【实训目标】

年初公司人员流失严重，为了弥补公司职位空缺，老张要求小白针对公司员工档案表，统计公司各职位目前的人员总数，确定岗位招聘人员的数量。小白认为，在分析员工档案表时，还应考虑员工学历，从职位和学历两方面综合考虑人员招聘。

要完成本实训，应掌握对表格数据进行排序、筛选和分类汇总的主要操作。本实训的最终效果如图7-62所示。

素材所在位置　光盘:\素材文件\项目七\员工档案表.xls
效果所在位置　光盘:\效果文件\项目七\员工档案表.xls

1 2 3 4	A	B	C	D	E	F	G	H	I	J	K	L
1	员工档案表											
2	职员编号	姓名	性别	出生日期	身份证号码	学历	入职时间	职位	职称	职位状态	奖励	处分
3	DXKJ-010	郭佳	女	1983-5-21	605820*********5820	本科	2005-7-8	项目经理	A级	在职		
4		1										
5	DXKJ-011	陈宇轩	男	1985-1-13	504850*********4850	本科	2003-10-15	部门主管	B级	在职		
6								部门主管 计数				
7	DXKJ-022	郭晓芳	女	1980-12-5	646208*********6208	本科	2003-10-15	员工	B级	在职	科研成果奖	
8	DXKJ-013	陆涛	男	1984-10-2	797663*********7663	本科	2006-7-8	员工	B级	在职		
9	DXKJ-009	李培林	男	1980-12-5	686596*********6596	本科	2002-4-19	员工	C级	调离		
10	DXKJ-017	马琳	女	1981-8-17	868342*********8342	本科	2002-4-19	员工	C级	在职		
11	DXKJ-003	赵芳	女	1982-10-10	949118*********9118	本科	2003-10-15	员工	C级	离职		警告处分1次
12	DXKJ-020	邓佳颖	女	1983-10-31	565432*********5432	本科	2005-7-8	员工	C级	在职		
13	DXKJ-007	刘佳宇	男	1983-7-3	747178*********7178	本科	2005-7-8	员工	C级	在职		
14	DXKJ-002	卢晓芬	女	1980-4-8	787566*********7566	本科	2002-4-19	员工	C级	在职	最佳业绩奖	
15	DXKJ-005	宋顺	女	1984-8-5	918827*********8827	本科	2006-9-12	员工	C级	在职		
16	DXKJ-016	朱海丽	女	1980-10-22	949118*********9118	本科	2005-7-8	员工	C级	在职	最佳进步奖	
17		10						员工 计数				

图7-62 "员工档案表"最终效果

【专业背景】

员工档案表主要用于记录公司员工的详细信息，包括入职信息和个人信息等。一般情况下，每个员工都有一份入职信息表，人事部在建立个人档案时，会将信息表中的主要信息汇总到一个表格中，不仅便于人事随时查阅职员信息，还在一定程度上保护了员工的信息。

【实训思路】

完成本实训需要掌握分析表格数据的具体操作方法，包括对数据进行排序、筛选表格数据，以及对不同字段进行分类汇总等，其操作思路如图7-63所示。

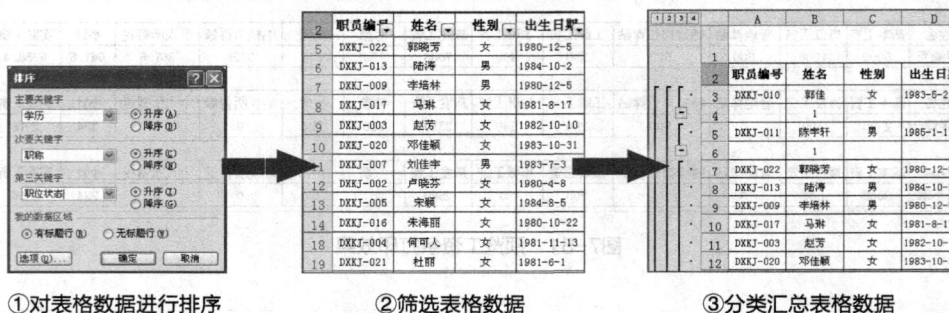

①对表格数据进行排序　　②筛选表格数据　　③分类汇总表格数据

图7-63　制作"员工档案表"的思路

【步骤提示】

STEP 1　启动Excel 2003，打开"员工档案表.xls"工作簿。

STEP 2　选择表格数据所在单元格区域，分别设置主要、次要和第三关键字为"学历"、"职称"和"职位状态"，排序方式都为"升序"。

STEP 3　浏览表格信息，选择【数据】/【筛选】/【自动筛选】菜单命令，对职位字段进行筛选，筛选出职位为"员工"的数据信息。

STEP 4　退出数据筛选状态。选择【数据】/【分类汇总】菜单命令，打开"分类汇总"对话框，设置分类字段为"学历"，汇总方式为"计数"，汇总项为"姓名"。

STEP 5　使用相同的方法进行第2次汇总，撤销选中"替换当前分类汇总"复选框，然后将分类字段更改为"职位"即可，完成后保存对工作表的修改，关闭工作簿。

常见疑难解析

问：自定义筛选数据时，能否设置多个筛选条件？

答：打开"自定义自动筛选方式"对话框，在其中可设置两个条件。在两个条件中，单击选中"与"单选项，则筛选出的数据必须同时满足两个条件；单击选中"或"单选项，则只要满足两个条件中的任意一个条件，都将被筛选出来。

问：什么是模糊筛选？

答：模糊筛选是指在不能完全确定筛选条件的情况下，对表格数据进行筛选操作。进入自定义筛选状态，在"自定义自动筛选方式"对话框中的第1个下拉列表框中，选择筛选方式，在第2个下拉列表框中输入筛选条件，此时可以以"*"符号代表多个任意字符，以"？"符号代替一个字符。即输入"李*"后，"李星"、"李星星"等信息都将被筛选出来；而输入"李？"后，只有"李星"才能被筛选出来，"李星星"则不能。

问：分类汇总后，Excel工作表区左侧将出现一些按钮，它们有什么作用？

答：分类汇总后，数据都将被分为几个层级。左侧顶端的按钮代表了分类汇总的层级，单击其中对应的按钮可展开或收缩对应层级的数据，如图7-64所示。

图7-64 分类汇总控制按钮

拓展知识

1. 利用排序功能实现隔行插入行

在工作表中插入多个空行的方法较多，如单击鼠标右键，在弹出的快捷菜单中选择"插入"命令，然后利用【F4】键快速重复插入操作等，而利用排序功能，可以轻松实现隔行插入行的功能。

具体方法为：在B列前插入一个空列，选择A1单元格，输入数字"1"，按住【Ctrl】键的同时，向下拖曳填充柄填充数据，到数据末行时释放鼠标。选择A列数据末行的下一行的单元格，输入数字"1.1"，按住【Ctrl】键的同时向下拖曳填充柄，填充与数据所在行数同样的位置（如数据有8行，则第二次填充到16行释放鼠标）。选择数据区域的任意单元格，然后选择【数据】/【排序】菜单命令，打开"排序"对话框，在"主关键字"下拉列表框中选择第一列数据，单击选中"升序"单选项，然后确认设置，如图7-65所示。

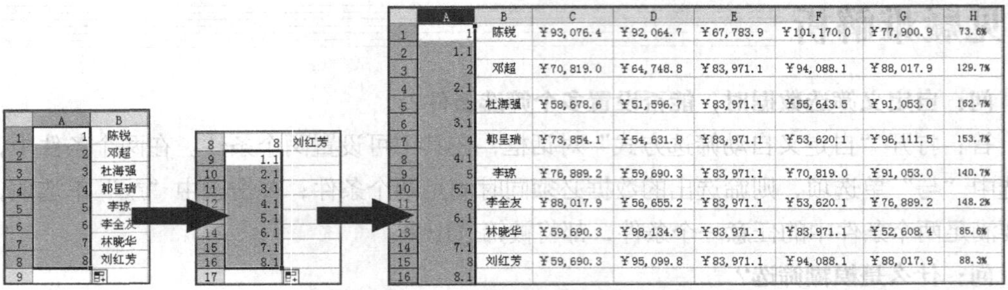

图7-65　利用排序功能实现隔行插入行

> **多学一招**　若再在其下的空白行的单元格中输入"1.2"，并填充相同行数的数据，排序后，将产生各行插入两行的效果，依此类推。

2．利用筛选功能删除空行

如果工作表中有多个空行，除了利用查找功能删除空单元格外，还可以利用筛选功能将空行删除。方法为：选择所有数据所在单元格区域，然后选择【数据】/【筛选】/【自动筛选】菜单命令，此时表头单元格中出现按钮，单击任意列单元格右侧的按钮，在打开的下拉菜单中选择"（空白）"选项，筛选出数据区域中所有空白行，此时空白行的行号在左侧显示为蓝色，选择蓝色行号的所有行，然后单击鼠标右键，在弹出的快捷菜单中选择"删除"命令，再次单击按钮，在打开的下拉菜单中选择"（全部）"选项，即可查看删除空行的效果，如图7-66所示。

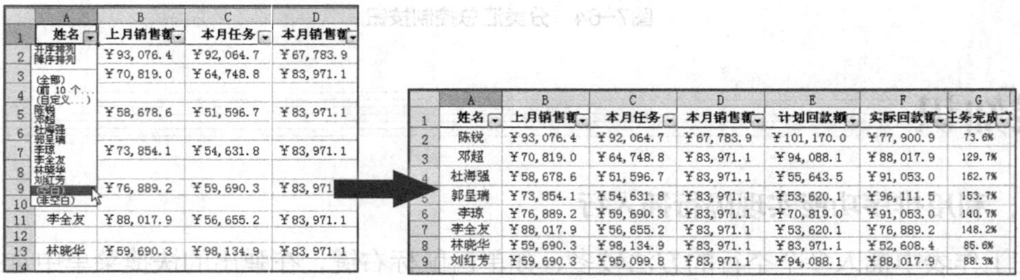

图7-66　利用筛选功能删除空行

3．利用高级筛选提取不重复值

如果表格中存在重复数据，且数据量较多时，很难检查出哪些数据是重复数据，此时可使用Excel的高级筛选功能提取不重复值。

方法为：选择数据区域的任意单元格，选择【数据】/【筛选】/【高级筛选】菜单命令，打开"高级筛选"对话框，在"方式"栏中单击选中"在原有区域显示筛选结果"单选项，在"列表区域"文本框中单击右侧的"收缩"按钮，选择A列的所有数据，单击"展开"按钮，单击选中"选择不重复的记录"复选框，然后单击 确定 按钮确认设置即可，如图7-67所示。

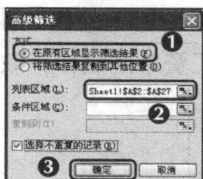

图7-67　利用高级筛选功能提取不重复数据

4．使用Office组件协同办公制作工资条

在公司日常工作中对人员进行管理，不仅仅要靠Excel 2003完成各种表格的制作，有时还需要Excel与Office的其他组件协同办公。工资条的制作可以使用Office组件中的Excel和Word共同完成。在Word 2003中，利用邮件合并功能，将Excel 2003制作的"工资表.xls"工作簿作为数据源，制作工资条。

打开Word 2003，插入表格，制作如图7-68所示的工资条格式，然后在空行的第1个单元格中定位光标插入点，选择【工具】/【信函与邮件】/【邮件合并】菜单命令，打开"邮件合并"任务窗格，依次在任务窗格下方单击超链接，进入"选择收件人"步骤。

图7-68　制作工资条格式

单击"浏览"超链接，在打开的对话框中选择"工资表.xls"工作簿并将其打开，在打开的对话框中选择工作簿中对应的工作表，确认设置后，将打开如图7-69所示的对话框，对话框中显示了选择的Excel表格中的具体项目和数据。

确认设置后返回"邮件合并"任务窗格，单击超链接进入下一步操作，单击"其他项目"超链接，打开"插入合并域"对话框，在列表框中选择"序号"选项，单击 插入(I) 按钮，将该项目插入到光标插入点处，单击 取消 按钮关闭对话框，在第二个单元格中定位光标插入点，使用相同的方法继续在其他位置插入相应的字段，如图7-70所示。

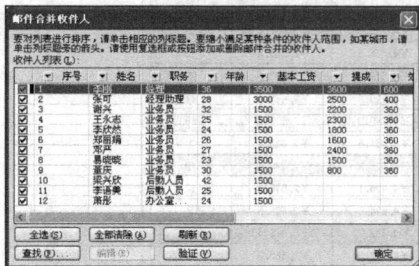

图7-69　选择数据源

图7-70　插入字段

完成后，在文档中复制一个制作好的工资条，将光标插入点定位到第2个表格的第1个单元格中，选择【插入】/【域】菜单命令，在"类别"下拉列表框中选择"邮件合并"选项，在"域名"下拉列表框中选择"NEXT"选项，确认设置后返回文档，如图7-71所示。

在"邮件合并"任务窗格中单击对应的超链接，即可预览工资条的效果，复制多次第二个表格，即可完成工资表中其他员工工资条的制作，效果如图7-72所示。

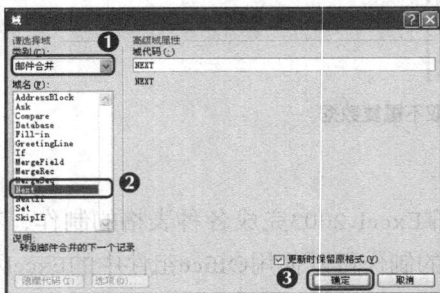

图7-71　插入域

序号	姓名	年龄	职务	应领工资				应扣工资			
				基本工资	提成	效益奖金	小计	迟到	喜假	旷工	小计
1	李刚	36	经理	3500	3600	600	7700	0	0	0	0

序号	姓名	年龄	职务	应领工资				应扣工资			
				基本工资	提成	效益奖金	小计	迟到	喜假	旷工	小计
2	张可	28	经理助理	3000	2500	400	5900			100	100

图7-72　工资条效果

课后练习

素材所在位置　光盘:\素材文件\项目七\工资汇总表.xls
效果所在位置　光盘:\效果文件\项目七\工资汇总表.xls

为公司部门制作"工资汇总表.xls"工作簿，效果如图7-73所示，其具体要求如下。

● 利用SUM函数工资总和，利用AVERAGE函数计算平均工资。
● 利用公式计算去年工资总和和今年工资总和的增减情况。
● 利用MAX函数和MIN函数获取最高工资和最低工资。
● 利用RANK函数对工资总和进行排名。
● 利用条件格式，标记年度工资减少的员工信息。

工资汇总表						
姓名	去年工资总和	工资总和	增减情况	平均工资	最高工资	最低工资	排名
张明	￥47,962.2	￥45,267.3	￥2,694.9	￥3,772.3	￥4,722.3	￥2,528.1	4
冯淑琴	￥35,692.8	￥41,308.2	￥-5,615.4	￥3,442.4	￥4,340.7	￥2,480.4	9
罗鸿亮	￥31,231.2	￥46,078.2	￥-14,847.0	￥3,839.9	￥4,722.3	￥2,528.1	2
李萍	￥54,654.6	￥39,686.4	￥14,968.2	￥3,307.2	￥4,531.5	￥2,385.0	16
朱小军	￥40,173.7	￥43,740.9	￥-3,567.2	￥3,645.1	￥4,579.2	￥2,862.0	7
王翔	￥54,096.9	￥41,022.0	￥13,074.9	￥3,418.5	￥4,770.0	￥2,480.4	11
邓丽红	￥29,558.1	￥39,924.9	￥-10,366.8	￥3,327.1	￥4,770.0	￥2,385.0	15
邹文静	￥50,750.7	￥46,269.0	￥4,481.7	￥3,855.8	￥4,531.5	￥2,623.5	1
张丽	￥34,616.1	￥41,117.4	￥-6,501.3	￥3,426.5	￥4,531.5	￥2,480.4	10
杨雪华	￥42,942.9	￥41,022.0	￥1,920.9	￥3,418.5	￥4,436.1	￥2,575.8	12
彭静	￥49,635.3	￥45,744.3	￥3,891.0	￥3,812.0	￥4,674.6	￥2,623.5	3
付晓宇	￥39,077.6	￥43,740.9	￥-4,663.3	￥3,645.1	￥4,722.3	￥2,385.0	6
洪伟	￥46,289.1	￥40,831.2	￥5,457.9	￥3,402.6	￥4,722.3	￥2,385.0	13
谭桦	￥45,173.7	￥43,740.9	￥1,432.8	￥3,645.1	￥4,770.0	￥2,432.7	5
郭凯	￥40,731.6	￥43,311.6	￥-2,580.2	￥3,609.3	￥4,674.6	￥2,718.9	8
陈佳倩	￥44,104.2	￥40,735.2	￥3,369.0	￥3,394.6	￥4,770.0	￥2,432.7	14

图7-73　"工资汇总表"最终效果

PART 8

项目八
客户管理

情景导入

　　随着业务的发展，客户量的增加，对客户进行管理已成为必不可少的环节。老张希望可以利用Excel制作一个简易的管理系统，以便能随时添加和查询客户信息，于是小白决定通过查询资料开始动手制作。

知识技能目标

● 熟练掌握在Excel中导入数据和录制宏的操作方法。
● 熟练掌握利用Excel的VAB功能制作窗体的操作方法。
● 熟练掌握数据透视表和数据透视图的操作方法。

● 了解客户管理活动的基本流程和常用表格。
● 掌握"客户投诉统计表"、"客户档案管理系统"、"客户服务管理表"等工作簿的制作方法。

项目流程对应图

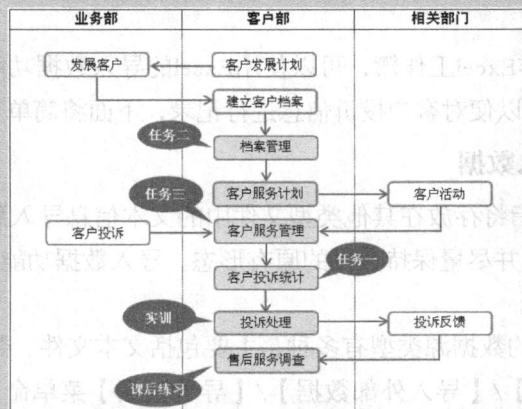

任务一 制作"客户投诉统计表"

客户投诉统计表主要记录在物流各环节中，客户对物流服务的投诉信息。在服务行业中，很难对每个客户都做到面面俱到。为了监督物流环节，企业一般都会设置客户投诉栏目，记录并分析客户投诉的详细信息，从而提高服务质量。

一、 任务目标

老张交给小白一个文本文档，并告诉他该文档是员工记录的客户投诉信息。小白通过仔细观察，发现文档中的记录以条为单位，但这种格式的信息并不适合使用文本文档来统计。老张发现了这个问题，于是要求小白根据文本文档中的内容制作一个客户投诉统计表。本任务完成后的最终效果如图8-1所示。

素材所在位置 光盘:\素材文件\项目八\投诉信息.txt
效果所在位置 光盘:\效果文件\项目八\客户投诉统计表.xls

图8-1 "客户档投诉统计表"最终效果

二、 相关知识

要根据文本文档制作Excel工作簿，可以使用Excel的导入数据功能，然后通过使用Excel宏，添加一个功能按钮，以便对客户投诉信息进行记录，下面将简单介绍相关知识。

1．在Excel中导入数据

在Excel中导入数据指将存放在其他类型文件中的文本信息导入到Excel中，使每个数据存放在不同的单元格中，并尽量保持数据的原有形态。导入数据功能主要包括导入数据和导入网页表格数据两种。

- **导入数据**：导入的数据源类型有多种，主要包括文本文件、数据库文件和Word文档等。选择【数据】/【导入外部数据】/【导入数据】菜单命令，即可打开"选取数据源"对话框，在其中选择数据源文件后，再按提示信息导入文件即可。导入数据时，为了将每个数据存放在不同的单元格中，应在数据源文件中的数据信息间插入分隔符，包括Tab键、空格、分号、逗号或其他自定义的分隔符，如图8-2所示，否则导入的数据将存放在一个单元格中。

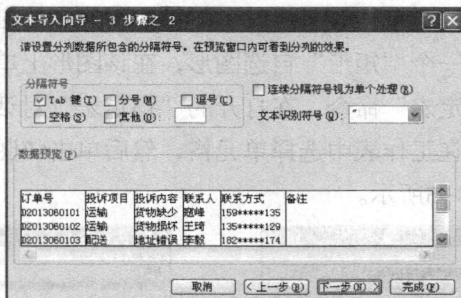

图8-2　导入数据时选择分隔符

● **导入网页表格**：当制作的表格涉及特殊数据时，可利用导入网页内容的方式将其导入到工作簿中，即先保存网址，然后通过导入的方式将网页中的表格导入Excel工作簿，自动形成新的工作表。选择【数据】/【导入外部数据】/【新建Web查询】菜单命令，打开"新建Web查询"对话框，在"地址"下拉列表框中输入网页地址，单击 转到⑥ 按钮打开网页，单击要导入的表格左上角的 ➡ 按钮，此时该按钮变为 ☑ 按钮，表格呈选中状态，如图8-3所示，单击 导入① 按钮后，再按提示进行操作即可。导入后还可根据需要设置表格格式。

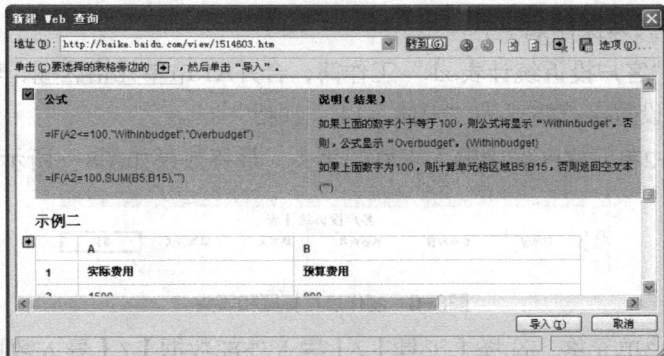

图8-3　导入网页表格

2. 认识Excel宏

宏在Excel中是一系列命令和函数的集合，它存储于Visual Basic模块中，可随时调用。制作工作表时，可以利用Excel中宏完成某些复杂或重复的操作，提高工作效率。Excel宏的应用主要体现在以下几个方面。

● **利用宏完成重复操作**：需要重复某项复杂操作时，可以录制并运行宏，从而自动执行任务。选择【工具】/【宏】/【录制新宏】菜单命令，打开"录制新宏"对话框，输入宏名后并设置快捷键，确认后返回Excel工作表。此时，对工作表所做的设置，都将自动保存在该宏下，完成录制新宏后单击工具栏中的"停止录制"按钮 ■

191

项目八　客户管理

即可。选择【工具】/【宏】/【宏】菜单命令，打开"宏"对话框，在列表框中选择录制的宏，单击 执行(R) 按钮或按设置的快捷键，即可执行，如图8-4所示。

● **指定宏完成操作**：录制宏后，将该宏加载到Excel的图形上，可使图形以按钮形式存放在工作表中，并且单击该按钮时，即可执行录制的宏。方法为：先录制宏，然后在工作表中绘制一个"矩形"自选图形，在该图形上单击鼠标右键，在弹出的快捷菜单中选择"指定宏"命令，在打开的"指定宏"对话框的列表框中选择录制的宏，确认设置后，在工作表中选择单元格，然后单击该图形即可为选择的单元格应用录制的宏，如图8-5所示。

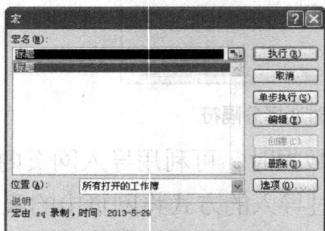

图8-4 执行录制的宏　　　　　　　　　　图8-5 指定宏

三、任务实施

1. 制作并导入表格数据

创建"客户投诉统计表.xls"工作簿，然后将原有的"投诉信息.txt"文本文档导入到Excel工作簿中，其具体操作如下。

STEP 1 新建"客户投诉统计表.xls"工作簿，合并A1:F1单元格区域，输入文本"客户投诉统计表"文本，设置字符格式为"宋体、14、加粗"。

STEP 2 在A2:F2单元格区域中输入表格的表头，最终效果如图8-6所示。

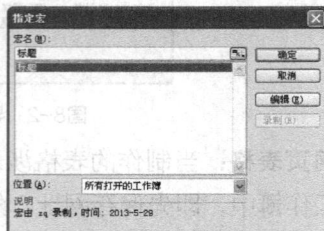

图8-6 制作表格标题和表头

STEP 3 选择A3单元格，选择【工具】/【导入外部数据】/【导入数据】菜单命令，打开"选择数据源"对话框，选择"投诉信息"文件，单击 打开(O) 按钮，如图8-7所示。

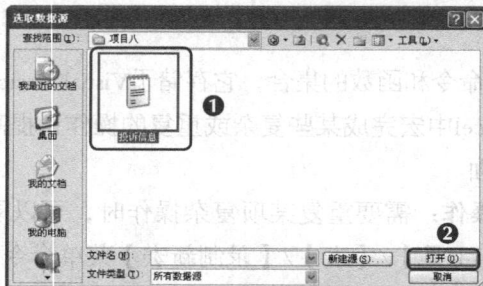

图8-7 选择数据源

STEP 4 打开"文本导入向导-3步骤之1"对话框，单击选中"分隔符号"单选项，然后单击 下一步(N) 按钮，打开"文本导入向导-3步骤之2"对话框，在"分隔符号"栏中单击选中"Tab键"复选框，然后单击 下一步(N) 按钮，如图8-8所示。

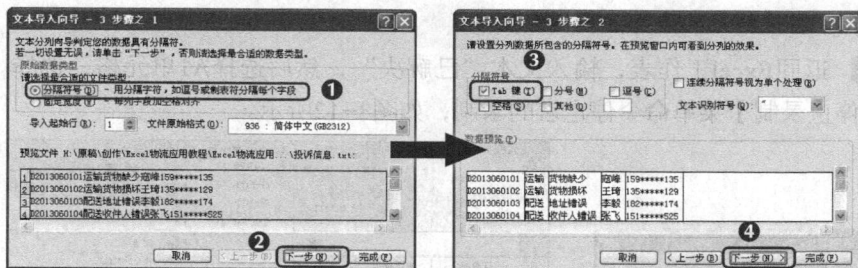

图8-8 设置分隔符号

STEP 5 打开"文本导入向导-3步骤之3"对话框，在"数据预览"栏的列表框中选择第二列数据，并在"列数据格式"栏中单击选中"文本"单选项。

STEP 6 使用相同的方法将第3列和第4列数据的格式都更改为"文本"，单击 完成(F) 按钮，打开"导入数据"对话框，保持默认设置，单击 确定 按钮后返回Excel工作表，如图8-9所示。

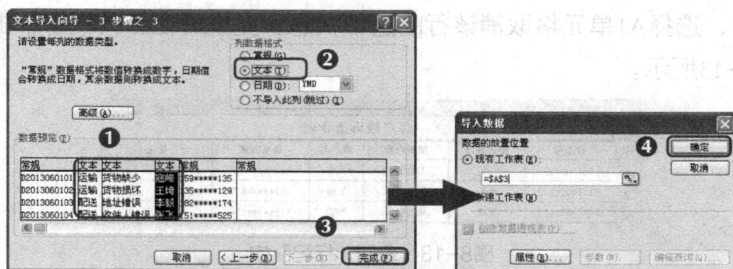

图8-9 设置数据类型和存放位置

STEP 7 此时文本文档中的数据信息将以A3单元格为起始自动导入到Excel中，导入的数据格式为默认格式，列宽也将自动调整到适合单元格内容大小，适当设置单元格格式并为表格添加边框，效果如图8-10所示。

图8-10 导入数据并设置格式

2．录制并指定宏

对于每一条投诉信息，不仅要将其统计到工作表中，还应该解决对应的投诉问题，制作表格时可利用宏控制待解决的问题和已解决的问题的不同格式，其具体操作如下。

STEP 1 选择F3单元格，选择【工具】/【宏】/【录制新宏】菜单命令，打开"录制新宏"对话框，在"宏名"文本框中输入文本"解决问题"，单击 确定 按钮确认设置，如图8-11所示。

STEP 2 返回Excel工作表，输入文本"已解决"，然后选择A1单元格，选择【工具】/【宏】/【停止录制】菜单命令停止宏的录制，如图8-12所示。

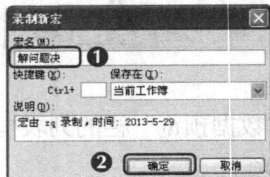

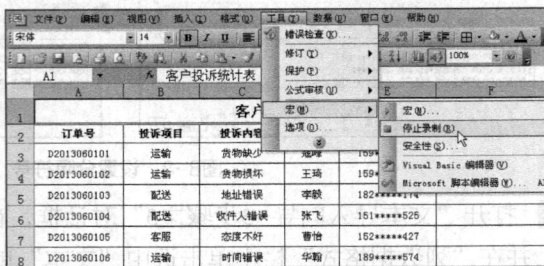

图8-11　设置宏名　　　　　图8-12　录制"已解决"宏

STEP 3 选择第3行，打开"录制新宏"对话框，设置"宏名"为"标记"，确认设置后返回Excel工作表，在工具栏中单击 ▲ 按钮右侧的下拉按钮 ，在打开的下拉菜单中设置字体颜色为"红色"，选择A1单元格取消该行的选中状态，完成后在工具栏中单击"停止录制"按钮 ，如图8-13所示。

图8-13　录制"标记"宏

STEP 4 使用相同的方法，录制新宏"插入记录"，对应操作为：先在左侧选择第3行，单击鼠标右键，在弹出的快捷菜单中选择"插入"命令，然后选择A1单元格取消该行的选中。完成宏的录制后，将录制宏过程中插入的行删除即可，如图8-14所示。

图8-14　录制"插入记录"宏

STEP 5 选择【插入】/【图形】/【自选图形】菜单命令，打开"自选图形"工具栏，单击"基本形状"按钮 ，在打开的下拉菜单中选择"矩形"选项，此时鼠标指针变为+形状，拖曳鼠标绘制一个矩形。

STEP 6 保持图形的选中状态，单击 按钮右侧的下拉按钮 ，在打开的下拉菜单中选择"其他填充颜色"命令，打开"颜色"对话框，设置如图8-15所示的底纹颜色。

STEP 7 返回Excel工作表，在形状上单击鼠标右键，在弹出的快捷菜单中选择"添加文字"命令，输入文本"已解决"，设置文本格式为"黑体、12、居中"，如图8-16所示。

在弹出文本框中，输入内容后长按该框边缘移动。

STEP 7 在单元格B16中输入公式，输入"=IF($A$16="","",(G4:SA12 COL UMN(B16))..."，表示单击A16单元格为激活，当前单元格选择并将具体为B13列框，选定区域的……以输入数据即可，如图7-15所示。选择区域编号，单击【C】选择按钮来将选择单元格 数，如图所示。

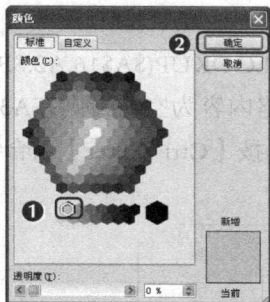

图8-15　设置图形颜色　　　　　　图8-16　添加并编辑文本格式

STEP 8 选择图形按钮，执行两次复制操作，拖曳图形将其放在合适的位置，然后分别修改文本为"标记"和"插入记录"。

STEP 9 在"已解决"形状上单击鼠标右键，在弹出的快捷菜单中选择"指定宏"命令，打开"指定宏"对话框，在列表框中选择"已解决"选项，确认设置后返回Excel工作表，如图8-17所示。

STEP 10 使用相同的方法为"标记"图形指定"标记"宏，为"插入记录"图形指定"插入记录"宏，如图8-18所示。

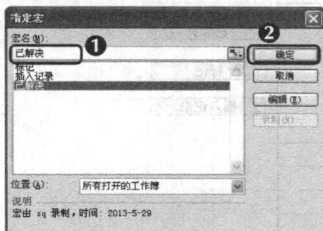

图8-17　指定宏　　　　　　　　　图8-18　为其他按钮指定宏

STEP 11 选择F4单元格，单击 已解决 按钮，该单元格内将自动输入"已解决"文本；选择第4行单元格，单击 标记 按钮，该行所有文本都变为红色；单击 插入记录 按钮，系统将自动在第3行前插入一个空行，效果如图8-19所示。

图8-19　测试按钮功能

3．制作查询模块

在Excel中还可以制作相应的查询模块，便于实时跟踪投诉信息及其解决情况，其具体操作如下。

STEP 1 删除第3行空行，将A2:F3单元格区域复制到A15单元格，删除A16:F16单元格区域中的文本内容，并将该行字体颜色更改为黑色。

STEP 2 选择B16单元格，输入函数"=IF($A$16="","",VLOOKUP($A$16,A2:$F$12,COLUMN(B1),1))"，表示当A16单元格内容为空时，当前单元格内容为空，否则在A3:F13单元格区域中查找A16单元格中的内容，并返回该行B列的数据，按【Ctrl+Enter】组合键计算函数，如图8-20所示。

B16	▼	f_x	=IF($A$16="", "", VLOOKUP($A$16, $A$2:$F$12, COLUMN(B1), 1))		
	A	B	C	D	E	F
10	D2013060108	配送	态度不好	牟宇	159*****135	
11	D2013060109	客服	态度不好	刘莎	182*****743	
12	D2013060110	其他		李峰	159*****415	
13						
14						
15	订单号	投诉项目	投诉内容	联系人	联系方式	备注
16						

图8-20 插入函数

STEP 3 向右拖曳单元格右下角的填充柄填充函数，到F16单元格处释放鼠标，在A16单元格中输入订单编号，按【Ctrl+Enter】组合键即可查找该订单编号对应的投诉信息，如图8-21所示。

	A	B	C	D	E	F	G	H
1			客户投诉统计表					
2	订单号	投诉项目	投诉内容	联系人	联系方式	备注		
3	D2013060101	运输	货物缺少	寇峰	159*****135	已解决		
4	D2013060102	运输	货物损坏	王琦	159*****427	已解决	已解决	
5	D2013060103	配送	地址错误	李毅	182*****174		标记	
6	D2013060104	配送	收件人错误	张飞	151*****525		插入记录	
7	D2013060105	客服	态度不好	曹怡	152*****427			
8	D2013060106	运输	时间错误	华翰	189*****574			
9	D2013060107	运输	货物损坏	赵照	159*****274			
10	D2013060108	配送	态度不好	牟宇	159*****135			
11	D2013060109	客服	态度不好	刘莎	182*****743			
12	D2013060110	其他		李峰	159*****415			
13								
14								
15	订单号	投诉项目	投诉内容	联系人	联系方式	备注		
16	D2013060104	配送	收件人错误	张飞	151*****525	0		

图8-21 查询投诉记录

STEP 4 选择【工具】/【选项】菜单命令，打开"选项"对话框，在"窗口选项"栏中撤销选中"零值"复选框，确认设置后返回Excel工作表，此时备注栏中的"0"将不再显示，如图8-22所示。

15	订单号	投诉项目	投诉内容	联系人	联系方式	备注
16	D2013060104	配送	收件人错误	张飞	151*****525	

图8-22 取消显示零值

知识提示 这里的函数使用的是绝对引用，所以单击 插入记录 按钮插入空行后，引用的单元格不会发生变化。函数中查询位置为A2:F12单元格区域，所以绝对引用下的第2行和第12行内，即使插入了空行，空行中的单元格地址也将被添加到查询区域中（即不管最原始数据中第2行和第12行中插入或减少了多少行，这两行中的所有单元格地址都为查询地址）。

任务二 制作"客户档案管理系统"

客户档案管理系统主要用于对客户档案进行管理，如查询、汇总和添加客户档案信息，保护客户档案统计表等。及时更新表格内容，提高档案统计效率，可减少重复工作量。除此之外，建立客户档案管理系统，还可以更好地实现企业电子化管理，便于落实资料归档、统计和查询等工作。

一、 任务目标

由于工作需要，小白需查找一合作商的客户档案，但档案库和档案统计表中的记录非常多，依次查找将浪费大量时间。于是小白找到老张，向老张说明自己遇到的问题。经过商讨，小白决定先制作一个简单的客户档案管理系统，包含查找、添加客户档案的功能。本任务完成后的最终效果如图8-23所示。

素材所在位置 光盘:\素材文件\项目八\背景.jpg
效果所在位置 光盘:\效果文件\项目八\客户档案管理系统.xls

图8-23 "客户档案管理系统"最终效果

二、 相关知识

要使用Excel制作客户档案管理系统，必须用到Excel的VAB功能。在VAB编辑窗口中添加窗体和控件，编写控件对应的程序代码，为其赋予一定的特殊功能，即可完成管理系统的制作，下面介绍相关知识。

1．使用Excel的VAB功能

VAB是Excel内置的编程功能，在Excel中可为某一模块添加程序语言，使其具有特定的功能。如为按钮添加脚本代码，以实现单击该按钮退出Excel程序或保存对工作簿所做的修改等操作。图8-24所示为Excel的VAB编辑窗口，它主要由标题栏、菜单栏、工具栏、"工程管理"任务窗格、"属性"任务窗格组成。另外，插入窗体后，在中间的操作界面中还将打开窗体编辑窗口和代码编辑窗口。

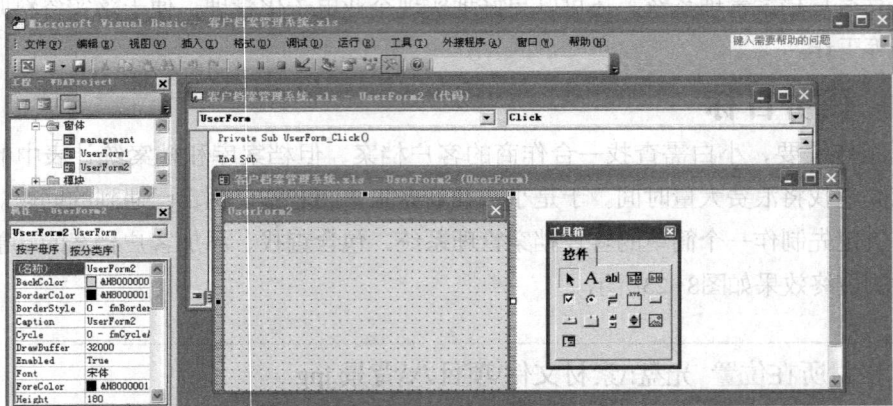

图8-24　VAB编辑窗口

- **窗体编辑窗口：**打开VAB窗口后，选择【插入】/【用户窗体】菜单命令，即可打开窗体编辑窗口，同时打开工具箱对话框。在工具箱中选择控件，鼠标指针变为十形状，此时即可在窗体中拖曳鼠标绘制控件，同时可拖曳控件调整其位置和大小，以实现窗体中控件的合理布局。
- **代码编辑窗口：**在窗体中添加控件后，要使控件具有某一功能，就必须为其添加代码。在窗体中双击控件，即可转到代码编辑窗口，且光标插入点自动定位到对应控件的代码区域，输入代码，完成后关闭窗口即可。
- **"属性"任务窗格：**主要用于更改窗体中控件的属性。选择窗体中添加的控件，"属性"任务窗格将自动转为该控件的属性设置界面。其中，"（名称）"表示控件名称；"Caption"表示控件中显示的文本；"Font"表示设置控件中显示文本的字符格式。在"Font"右侧的文本框中定位光标插入点，文本框后会出现_按钮，单击该按钮可打开"字体"对话框，在其中即可设置文本的字符格式，如图8-25所示。

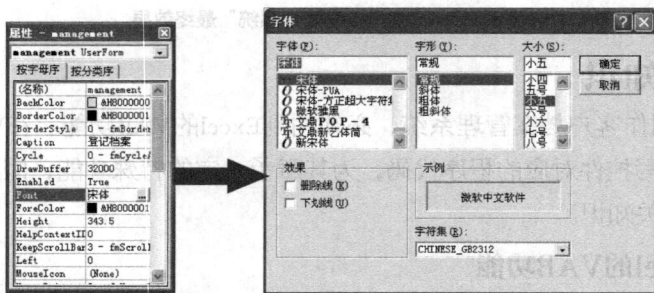

图8-25　设置文本字符格式

2．简单的Excel管理系统在物流管理中的应用

在物流活动的每个环节中，有效地管理各种信息是保证物流活动正常进行的前提，也是业务人员在业务活动中必须具备的职业技能。

通常情况下，物流公司会购买物流管理软件，对物流环节的每一阶段进行实时监控，如果公司没有条件购买管理软件，则可以利用Excel自行制作简单的管理系统，更好地管理物流信息。

一个完整的管理系统，至少应具备统计、查询和信息添加3种功能，并且不管是客户档案管理系统，还是采购供应商管理、货运文件管理、仓库货物管理、退换货物管理、物流订单管理等系统，都可以使用相同的制作思路来创建。

- **统计功能**：主要体现在对当前工作表中总信息条数的统计。
- **查询功能**：主要体现在根据某一数据查询对应的其他信息。如根据货物编号，查询货物在仓库中的存放位置；根据客户档案号，查询客户的联系方式等。
- **信息添加功能**：主要体现在向工作表的数据区域中指定位置添加信息。信息添加功能可以通过在Excel中创建VAB窗体来实现，如图8-26所示，在对应文本框中输入表格信息后，单击  登记 按钮即可将输入的信息添加到表格对应位置。

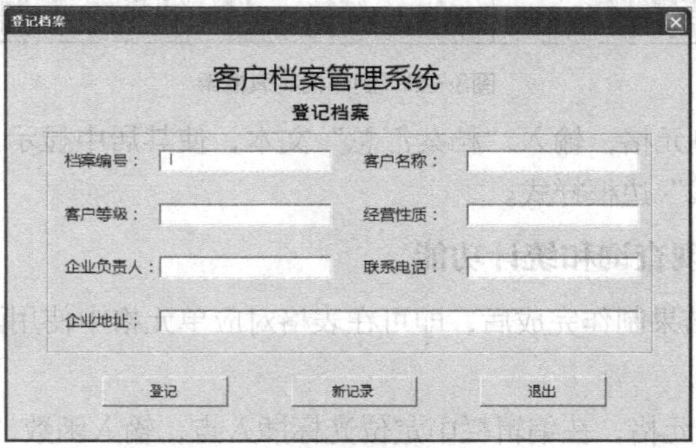

图8-26 信息添加功能

三、任务实施

1．制作表格并设置表格格式

新建"客户档案管理系统.xls"工作簿，然后制作表格框架数据结构，并输入工作表的详细数据，其具体操作如下。

STEP 1 新建"客户档案管理系统.xls"工作簿，取消工作簿中网格线的显示，并将"Sheet1"工作表重命名为"客户档案"。

STEP 2 合并A1:E1单元格区域，输入文本"档案查询"，分别合并B2:E2、B5:E5单元格区域，然后在其他文本框中输入文本。

STEP 3 选择A1:E5单元格区域，添加"全部框线"边框样式，设置标题文本字符格式为"宋体、14、加粗"，其他单元格文本字符格式为"宋体、10、居左"，如图8-27所示。

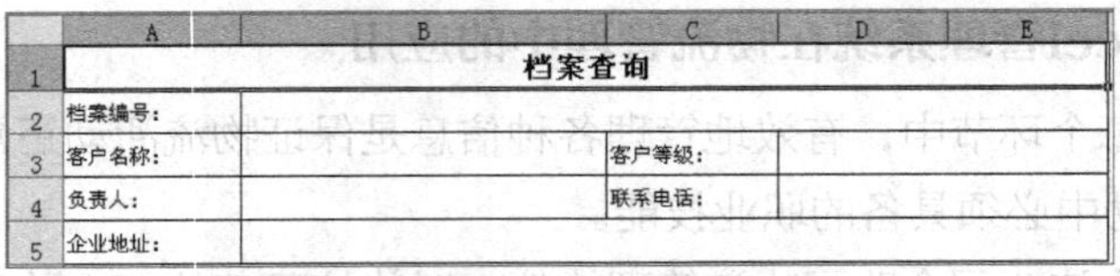

图8-27 制作档案查询框架

STEP 4 合并A7:G7单元格区域，输入文本"客户档案表"，设置字符格式为"华文宋体、18、加粗、居中"。在A8:G8单元格区中中输入表头，设置字符格式为"汉仪字典宋简、12、加粗、居中"，并在对应单元格中输入表格信息。

STEP 5 选择A8:G200单元格区域，为表格添加"全部框线"边框样式，效果如图8-28所示。

图8-28 制作档案表框架

STEP 6 选择G1单元格，输入"档案汇总"文本，使其居中显示，完成后为G1:G2单元格区域添加"全部框线"边框样式。

2. 使用函数实现查询和统计功能

表格的框架数据结果制作完成后，即可在表格对应单元格中使用函数实现查询和统计，具体操作如下。

STEP 1 选择B3单元格，在编辑栏中定位光标插入点，输入函数"=IF(B2="","",VLOOKUP($B$2,$A$9:$G$23,2,FALSE))"，表示当B2单元格为空时，当前单元格显示为空；否则，在A9:G200单元格区域中查找与B2单元格内容相同的单元格，并在当前单元格中返回该单元格所在行的第2列数据，即"客户名称"，按【Ctrl+Enter】组合键计算函数，效果如图8-29所示。

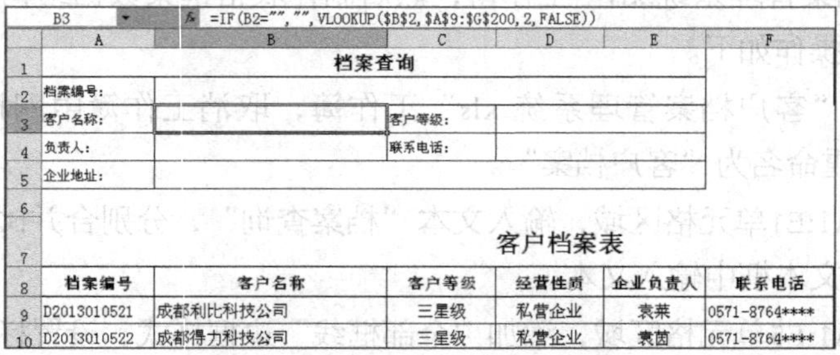

图8-29 插入函数实现查找功能

STEP 2 选择D3单元格，使用相同的方法输入函数"=IF(B2="","",VLOOKUP(B2,\$A\$9:\$G\$23,3,FALSE))"，按【Ctrl+Enter】组合键完成函数计算，如图8-30所示。

D3		fx	=IF(B2="","",VLOOKUP(B2,\$A\$9:\$G\$23,3,FALSE))		
	A	B		C	D	E
1			档案查询			
2	档案编号：					
3	客户名称：			客户等级：		
4	负责人：			联系电话：		
5	企业地址：					

图8-30 为D3单元格设置函数

STEP 3 继续在B4、D4和B5单元格中输入函数，根据文本在"客户档案表"中对应表头所在列位置，更改函数参数即可。

> **知识提示**
>
> 只需在函数"=IF(B2="","",VLOOKUP(B2,\$A\$9:\$G\$23,3,FALSE))"的基础上更改"VLOOKUP(B2,\$A\$9:\$G\$23,3,FALSE)"函数中参数对应列数即可，即B4单元格的"负责人"在"客户档案表"中为第6列参数，所以函数为"VLOOKUP(B2,\$A\$9:\$G\$23,6,FALSE)"。

STEP 4 选择B2单元格，输入客户档案编号，按【Ctrl+Enter】组合键，在各参数对应文本框中即可显示该客户编号对应的客户档案信息，效果如图8-31所示。

	A	B		C	D	E
1			档案查询			
2	档案编号：	D2013010526				
3	客户名称：	成都一体科技公司		客户等级：	三星级	
4	负责人：	张飞		联系电话：	0571-8764****	
5	企业地址：	四川成都市清江东路				

图8-31 查询档案

STEP 5 选择G2单元格，输入函数"=COUNTA(A9:A200)"，表示在当前单元格中返回A9:A200单元格区域中非空单元格记录的条数，按【Ctrl+Enter】组合键计算函数结果，即可得到档案汇总记录的条数，如图8-32所示。

G2		fx	=COUNTA(A9:A198)		
	C	D	E	F	G
1	询				档案汇总
2					15
3	客户等级：				
4	联系电话：				
5					

图8-32 统计档案条数

3.添加控件按钮

在Excel中添加控件按钮，应先使用插入图形的方法，在工作区中拖曳绘制按钮图形，然后再对其进行编辑，其具体操作如下。

STEP 1 选择【插入】/【图片】/【自选图形】菜单命令，打开"自选图形"工具栏，单击"基本形状"按钮，在打开的下拉菜单中选择"矩形"选项，此时鼠标指针变为+形状，拖曳鼠标绘制一个矩形按钮。

STEP 2 在绘制的图形上单击鼠标右键，在弹出的快捷菜单中选择"添加文字"命令，在图形中输入文本"登记档案"，然后选择文本，设置文本格式为"宋体、10、居中"，如图8-33所示。

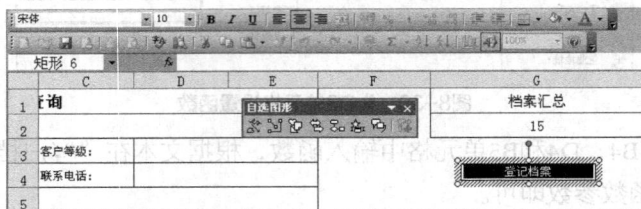

图8-33 添加文字并设置字符格式

STEP 3 在图形边框上单击鼠标，然后单击按钮右侧的下拉按钮，在打开的下拉菜单中选择"灰色-25%"选项，为图形添加底纹颜色。

STEP 4 保持图形的选中状态，按【Ctrl+C】组合键复制图形，按【Ctrl+V】组合键粘贴图形，在图形中定位光标插入点，删除原有文本后，输入文本"退出系统"，效果如图8-34所示。

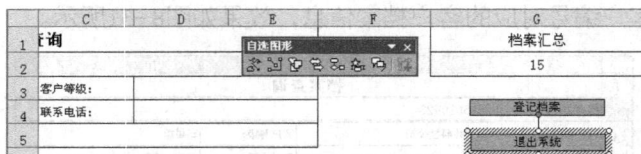

图8-34 复制形状并更改文本

STEP 5 在"退出系统"图形的边框上单击鼠标右键，在弹出的快捷菜单中选择"指定宏"命令，打开"指定宏"对话框，在"宏名"文本框中输入"退出"文本，然后单击 新建(N) 按钮，如图8-35所示。

STEP 6 此时将自动打开代码编辑窗口，直接输入如图8-36所示的代码即可。

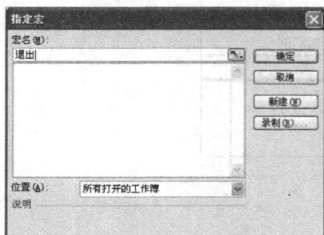

图8-35 设置宏名

图8-36 添加代码

编辑代码时，在代码后添加英文状态下的单引号"'"，表示该单引号后的文本是对当前代码的注释。

STEP 7 完成后直接关闭代码编辑窗口，返回Excel工作簿，单击绘制的图形，系统将自动保存对工作簿进行的编辑，并关闭当前工作簿。

4．建立登记档案窗体界面

要实现客户档案的登记功能，必须使用Excel的VAB设计并制作档案登记窗体，其具体操作如下。

STEP 1 重新打开"客户档案管理系统.xls"工作簿，选择【工具】/【宏】/【Visual Basic编辑器】菜单命令，打开VAB编辑窗口，选择【插入】/【用户窗体】菜单命令，插入一个空白的用户窗体，如图8-37所示。

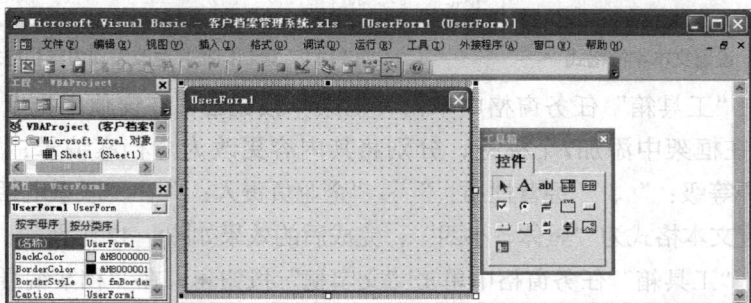

图8-37 插入用户窗体

STEP 2 在左侧"属性"任务窗格中，将"（名称）"文本框中的内容删除，并输入"Management"，将"Caption"文本框中原有文本删除，并输入"登记档案"文本，如图8-38所示。

STEP 3 拖曳"登录档案"窗体右下角的节点，调整窗体的大小，在"工具箱"任务窗格中单击"标签"按钮A，在窗体中拖曳鼠标绘制一个标签框，将"Caption"文本框中的内容更改为"客户档案管理系统"，如图8-39所示。

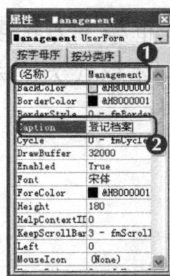

图8-38 更改窗体属性　　**图8-39 插入标签并更改标签内容**

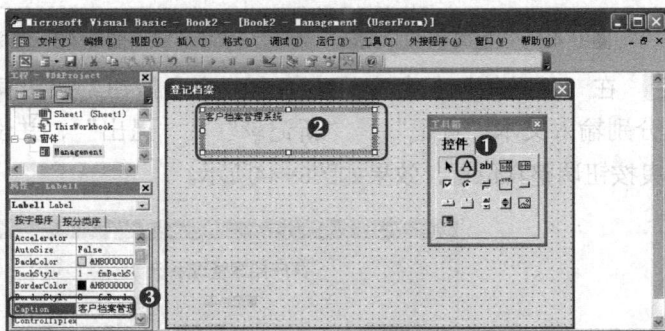

STEP 4 在"属性"任务窗格的"Font"文本框中定位光标插入点，单击文本框右侧的按钮，打开"字体"对话框，设置字符格式为"微软雅黑、二号"，完成后单击 确定 按钮，如图8-40所示。

STEP 5 拖曳节点调整标签大小和位置，复制一个标签，更改标签内容为"登记档案"，更改文本格式为"黑体、小三"，完成后的效果如图8-41所示。

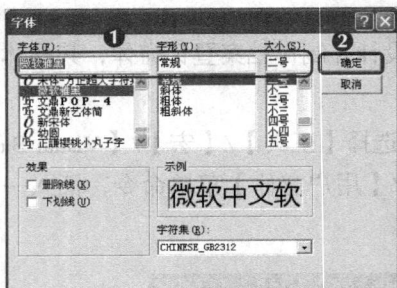

图8-40 设置文本字符格式　　　　　图8-41 复制标签并更改表现内容和格式

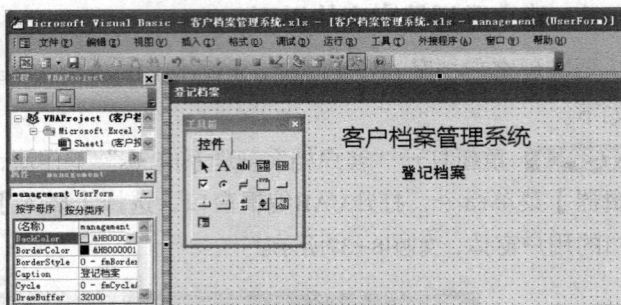

STEP 6 在"工具箱"任务窗格中单击"框架"按钮，在窗体中拖曳鼠标绘制一个框架，然后再在框架中添加7个标签，分别将其内容更改为"档案编号："、"客户名称："、"客户等级："、"经营性质："、"企业负责人："、"联系电话："、"企业地址："。设置文本格式为"黑体、小四"，完成后的效果如图8-42所示。

STEP 7 在"工具箱"任务窗格中单击"文字框"按钮，在"档案编号："标签后拖曳绘制一个文本框，使用相同的方法分别在各标签后绘制一个文本框，效果如图5-43所示。

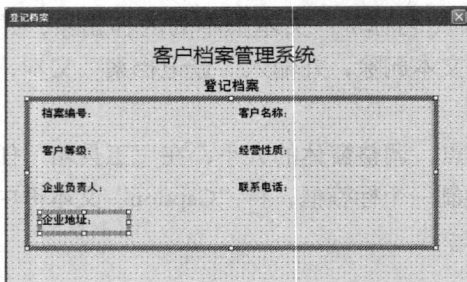

图8-42 在框架中添加标签　　　　　图8-43 在标签后添加文本框

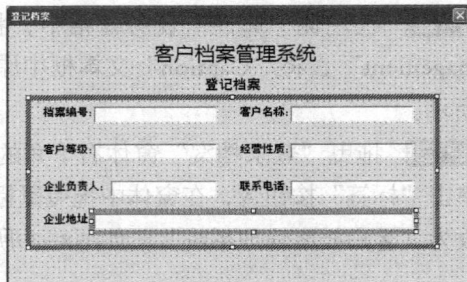

STEP 8 在"工具箱"任务窗格中单击"命令按钮"按钮，在框架下方拖曳绘制三个按钮，分别输入文本"登记"、"新记录"、"退出"，并设置文本格式为"宋体、小五"，拖曳按钮调整其位置，效果如图8-44所示。

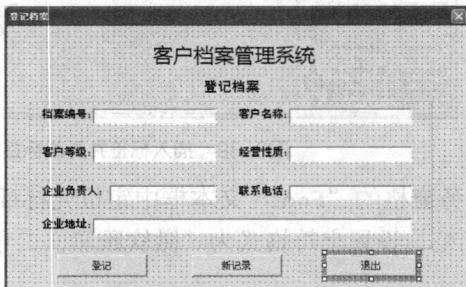

图8-44 添加三个按钮

STEP 9 返回Excel工作表，在"登记档案"图形按钮上单击鼠标右键，在弹出的快捷菜单中选择"指定宏"命令，打开"指定宏"对话框，在"宏名"文本框中输入"登记档案"文本，单击 录制(R) 按钮。

STEP 10 打开VAB代码编辑窗口，在光标插入点处输入代码"management.Show"，关闭代码编辑窗口返回Excel工作表，单击 登记档案 按钮，将打开Management窗体，如图8-45所示。

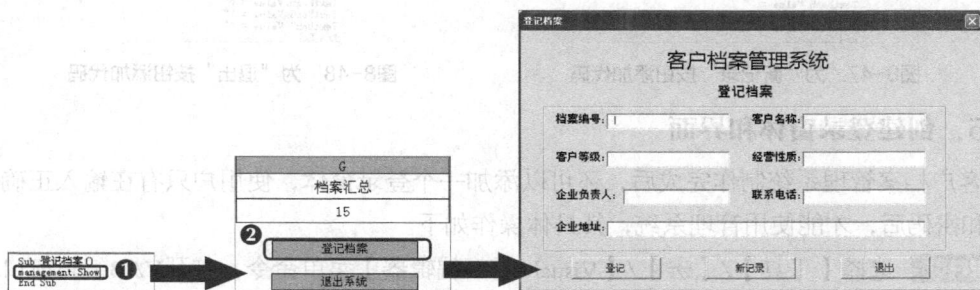

图8-45 添加代码实现单击按钮打开窗体功能

STEP 11 返回VAB代码编辑窗口，在"工程"任务窗格中的"窗体"文件夹下双击"management"窗体名称，打开"登记档案"窗体，双击 登记 按钮，打开代码编辑窗口，在光标插入点出输入代码，如图8-46所示。

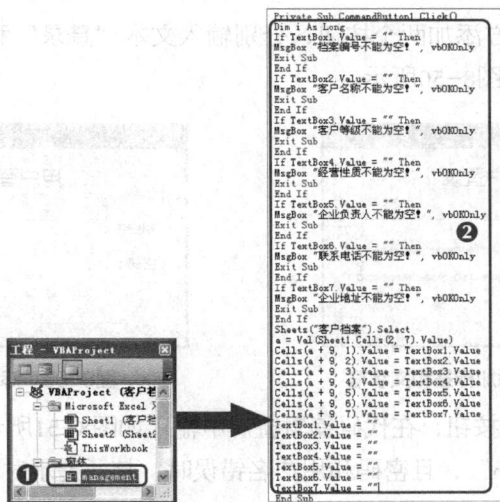

图8-46 为"登记"按钮添加代码

> 代码"If TextBox1.Value = "" Then MsgBox "档案编号不能为空！", vbOKOnly"表示TextBox1文本框中为空时，弹出提示对话框，并显示设定的文本。代码"TextBox1.Value = """表示执行上面操作后，将TextBox1文本框中内容清空。
>
> 知识提示

STEP 12 再次在"工程"任务窗格中"窗体"文件夹下双击"management"窗体名称，在窗体中双击 新记录 按钮，在打开的代码编辑窗口中输入如图8-47所示的代码。

STEP 13 使用相同的方法为 退出 按钮添加如图8-48所示的代码，完成后按【Ctrl+S】组合键保存对工作簿进行的修改即可。

```
Private Sub CommandButton2_Click()
TextBox1.Value = ""
TextBox2.Value = ""
TextBox3.Value = ""
TextBox4.Value = ""
TextBox5.Value = ""
TextBox6.Value = ""
TextBox7.Value = ""
End Sub
```

图8-47 为"新记录"按钮添加代码

```
Private Sub CommandButton3_Click()
management.Hide
TextBox1.Value = ""
TextBox2.Value = ""
TextBox3.Value = ""
TextBox4.Value = ""
TextBox5.Value = ""
TextBox6.Value = ""
TextBox7.Value = ""
End Sub
```

图8-48 为"退出"按钮添加代码

5．创建登录窗体和界面

客户档案管理系统制作完成后，还可以添加一个登录窗体，使用户只有在输入正确的用户名和密码后，才能使用管理系统，其具体操作如下。

STEP 1 选择【工具】/【宏】/【Visual Basic 编辑器】菜单命令，打开VAB编辑窗口，选择【插入】/【用户窗体】菜单命令，插入"UserForm1"窗体。

STEP 2 更改窗体"Caption"参数为"用户登录"，插入1个标签，输入文本"用户登录"文本，设置其字符格式为"微软雅黑、小二"，再添加两个标签，分别输入文本"用户名"和"密码"，设置文本格式为"微软雅黑、小四"，在标签后添加两个文字框，如图8-49所示。

STEP 3 在文本框下方添加两个按钮，分别输入文本"登录"和"退出"，设置字符格式为"宋体、小五"，如图8-50所示。

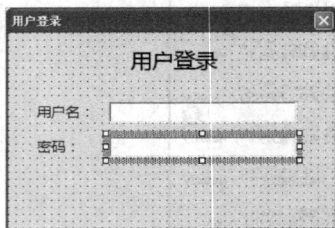

图8-49 添加标签和文字框

图8-50 添加按钮

STEP 4 双击 登录 按钮，在代码编辑窗口中输入如图8-51所示的代码，表示当前登录用户名和密码均为"admin"，且密码和用户名错误时，打开提示对话框显示错误信息。

STEP 5 返回"UserForm1"窗体，双击 退出 按钮，在代码编辑窗口中输入如图8-52所示的代码。

```
Private Sub CommandButton1_Click()
If TextBox1.Text = "admin" Then
If TextBox2.Text = "admin" Then
Sheets("客户档案").Select
UserForm1.Hide
Exit Sub
End If
Else
MsgBox "用户名或密码错误，请重新输入！"
End If
End Sub
```

图8-51 为"登录"按钮添加代码

```
Private Sub CommandButton2_Click()
ActiveWorkbook.Save
ActiveWorkbook.Close
End Sub
```

图8-52 为"退出"按钮添加代码

STEP 6 关闭VAB窗口，返回Excel工作表，切换到"Sheet2"工作表，选择【格式】/【工作表】/【背景】菜单命令，打开"工作表背景"对话框，选择素材文件"背景.jpg"，单击 插入(S) 按钮将背景插入到工作表中，如图8-53所示。

STEP 7 选择【工具】/【选项】菜单命令，打开"选项"对话框，在"视图"选项卡的"窗口选项"栏中撤销选中"网格线"复选框，完成后单击 确定 按钮，如图8-54所示。

图8-53 选择背景图片   图8-54 取消显示网格线

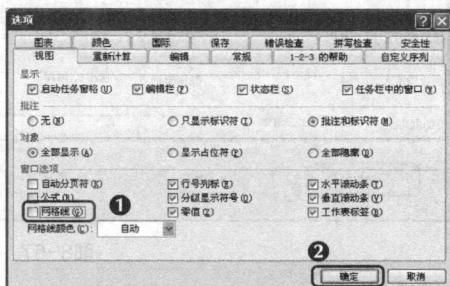

6. 测试工作簿窗体功能

完成登记窗体和登录窗体界面设计，以及程序代码编辑后，即可对工作簿的功能进行测试，其具体操作如下。

STEP 1 关闭"客户档案管理.xls"工作簿，并将其重新打开，此时系统自动打开"用户登录"对话框，且工作簿背景为设置的背景图片。

STEP 2 在"用户名"文本框中输入"ADMIN"文本，然后单击 登录 按钮，打开提示对话框，提示出错，确认后返回"用户登录"对话框。在"用户名"和"密码"文本框中分别输入"admin"，单击 登录 按钮，即可登录客户档案管理系统，如图8-55所示。

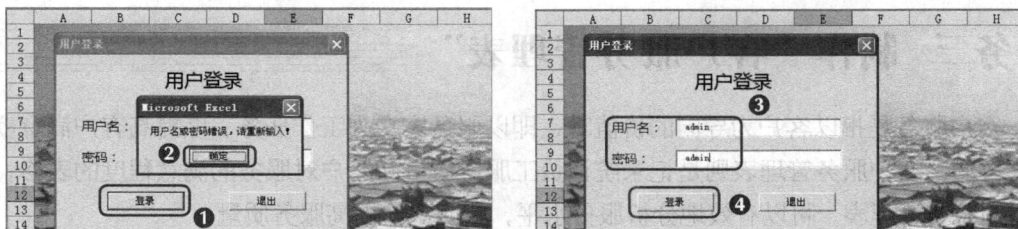

图8-55 登录管理系统

STEP 3 此时即进入"客户档案"工作表，如图8-56所示，单击 登记档案 按钮。

A	B	C	D	E	F	G
1		档案查询				档案汇总
2	档案编号：					15
3	客户名称：		客户等级：			
4	负责人：		联系电话：			登记档案
5	企业地址：					退出系统
6						
7		客户档案表				
8	档案编号	客户名称	客户等级	经营性质	企业负责人	联系电话	企业地址
9	D2013010521	成都利比科技公司	三星级	私营企业	袁莱	0571-8764****	四川宜宾市万江路

图8-56 进入管理系统界面

STEP 4 打开"登记档案"对话框，在文本框中输入客户档案对应的信息，完成后单击 登记 按钮后，系统将自动在工作表中添加一条档案信息，如图8-57所示。

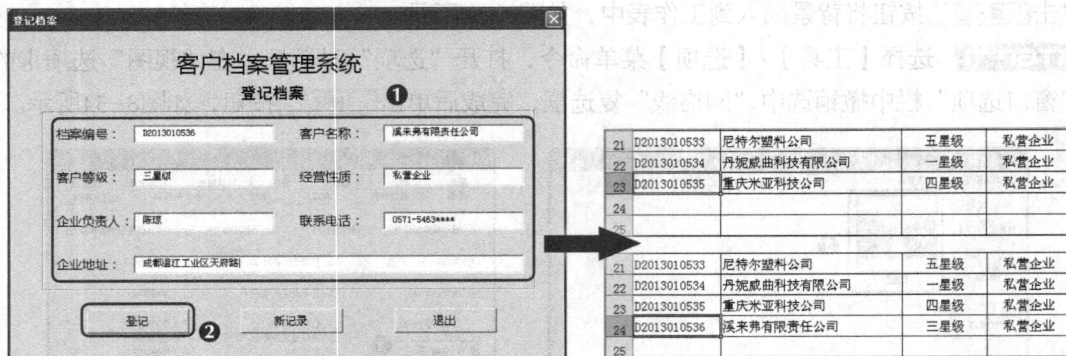

图8-57 输入客户档案信息

STEP 5 在"登记档案"对话框中单击 退出 按钮，返回Excel工作表，此时G2单元格中数据由15变为16，单击 退出系统 按钮，系统将自动保存工作簿，并将工作簿关闭，如图8-58所示。

图8-58 保存并退出管理系统

任务三 制作"客户服务管理表"

客户服务是指以客户为导向的价值观，即以服务客户为工作任务、以提高客户满意度为最终目的。客户服务管理表则是记录统计员工服务质量和客户对服务的满意程度的表格，制作客户服务管理表，可以有效地分析服务水平，从而整体提高服务质量。

一、任务目标

公司上月下达了客户开发任务和客户回访任务，主要对与公司有合作意向的新客户及已经有合作关系的老客户进行咨询和回访。老张要求小白针对这次工作制作一份客户服务管理表，小白看过资料后，觉得可以将有效数据提取出来，然后再在Excel工作簿中分析处理数据。本任务完成后的最终效果如图8-59所示。

效果所在位置 光盘:\效果文件\项目八\客户服务管理表.xls

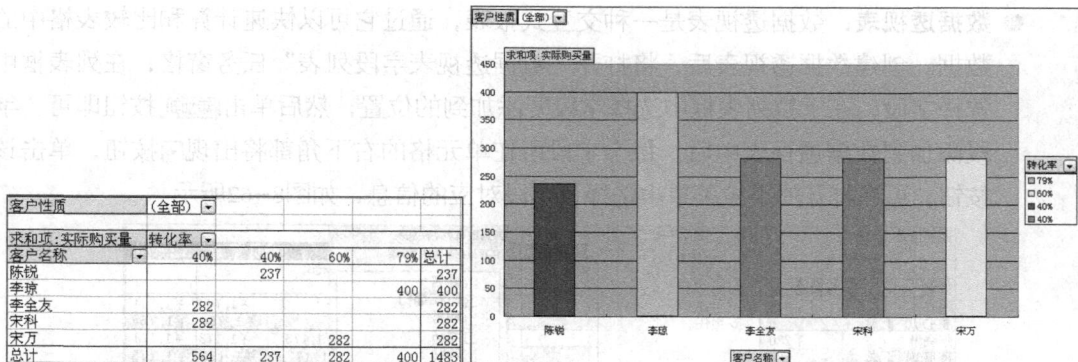

客户性质	(全部) ▼				
求和项:实际购买量	转化率 ▼				
客户名称 ▼	40%	40%	60%	79%	总计
陈锐		237			237
李琼				400	400
李全友	282				282
宋科	282				282
宋万			282		282
总计	564	237	282	400	1483

图8-59 "客户服务统计表"最终效果

二、 相关知识

使用Excel的数据透视表功能,可以分析表格数据。在制作表格前,需掌握客户服务的相关知识,下面将对这些内容进行介绍。

1. 客户服务的分类和流程

客户服务的目的是为提高客户满意度,客户满意度指客户体会到的待遇和期望的待遇之间的差距。客户服务不只包括电话接线员(客服热线),按工作方式的不同,可分为人工客服和电子客服;按内容的不同,可分为文字客服、视频客服和语音客服等。无论哪种方式或内容,都以收集客户的反馈意见、提高服务质量为目的。图8-60所示为不同服务内容。

客户流程一般分为售前服务、售中服务和售后服务3种,如图8-62所示。

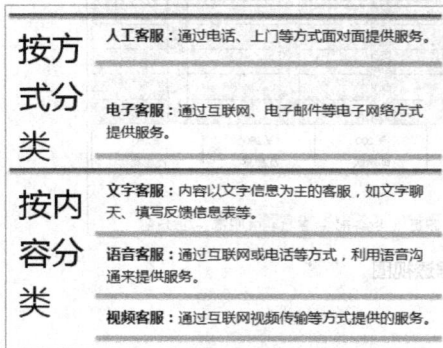

图8-60 客户服务的分类

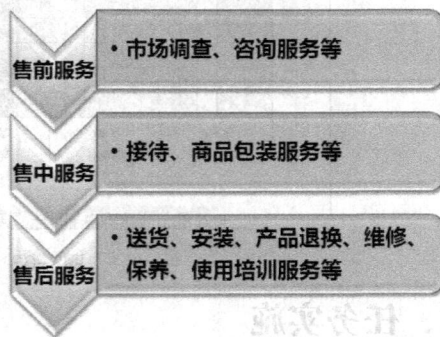

图8-61 客户服务的流程

- **售前服务**:指在销售产品之前,为客户提供的一系列服务,如市场调查和咨询等。
- **售中服务**:指在产品交易过程中向顾客提供的服务,如接待、解说、包装等。
- **售后服务**:指完成购买行为后,向客户提供的服务,如配送、安装、退换、维修、保养、使用解说、使用培训等。

2. 数据透视表和数据透视图

数据透视表和数据透视图是Excel进行数据分析和处理的重要工具。

● **数据透视表**：数据透视表是一种交互式报表，通过它可以快速计算和比较表格中的数据。创建数据透视表后，将打开"数据透视表字段列表"任务窗格，在列表框中选择字段，在下拉列表框中选择字段要添加到的位置，然后单击 添加到 按钮即可。字段添加到数据透视表中后，每个字段所在单元格的右下角都将出现 ⊡ 按钮，单击该按钮，可在打开的下拉菜单中选择该字段对应的信息，如图8-62所示。

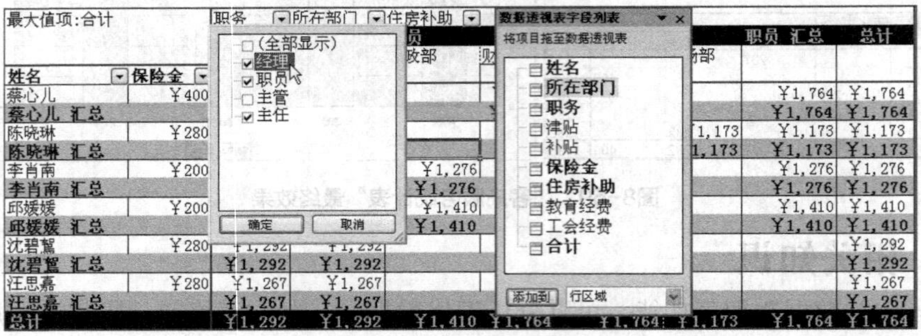

图8-62 数据透视表

● **数据透视图**：数据透视图以图表的方式显示数据透视表中的相关数据。创建数据透视图后，数据透视图中的信息将和对应的数据透视表信息关联在一起，若改变数据透视表中的数据，相应的数据透视图中的图表也会随之发生变化，如图8-63所示。

图8-63 数据透视图

三、任务实施

1．制作并计算数据

创建"客户服务管理表.xls"工作簿，在表格中输入文本内容，设置字符格式并添加表格边框，最后计算表格数据，其具体操作如下。

STEP 1 新建"客户服务管理表.xls"工作簿，合并A1:F1单元格区域，输入文本"客户服务管理表"，设置字符格式为"华文中宋、16、居中"。

STEP 2 在A2:F2单元格区域中对应单元格中输入表头内容，并设置字符格式为"宋体、11、加粗、居中"，效果如图8-64所示。

图8-64　制作表格标题和表头

STEP 3　分别在表头对应列的单元格中输入表格内容，选择表头和表内容所在单元格区域，为其添加"全部框线"边框样式，如图8-65所示。

图8-65　输入内容并添加表格边框

STEP 4　选择F3单元格，输入公式"=E3/D3"，按【Ctrl+Enter】组合键计算公式结果，向下拖曳单元格右下角的填充柄填充公式，到最后一条表内容时释放鼠标，如图8-66所示。

图8-66　计算转化率

2．插入分析数据透视表

完成表格制作后，即可根据表格内容创建数据透视表，并将需要的字段添加到数据透视表的行列中，以分析数据透视表中的详细数据，其具体操作如下。

STEP 1　在工作表中选择【数据】/【数据透视表和数据透视图】菜单命令，打开"数据透视表和数据透视图向导-3步骤之1"对话框，保持默认设置，然后单击 下一步(N) > 按钮，如图8-67所示。

STEP 2　在打开的对话框中的文本框中定位光标插入点，然后在Excel工作表中拖曳鼠标选择A2:F20单元格区域，返回对话框，单击 下一步(N) > 按钮，如图8-68所示。

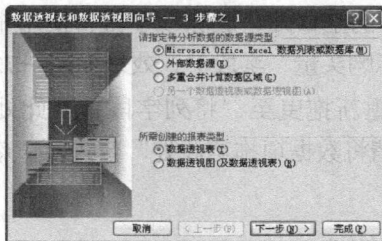

图8-67　选择报表类型

图8-68　选择数据区域

STEP 3 在打开的对话框中单击选中"新工作表"单选项，单击 完成(F) 按钮返回 "Sheet2"工作表，此时工作区中将显示空白数据透视表，如图8-69所示。

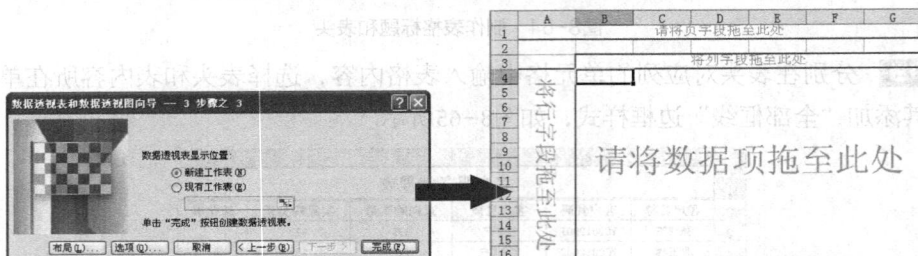

图8-69 插入数据透视表

STEP 4 在"数据透视表字段列表"任务窗格中选择"转化率"选项，然后按住鼠标左键不放，将其拖曳至A1单元格后释放鼠标，将"转化率"字段添加至该处，然后将"客户性质"也添加到该处，将"客户名称"字段拖曳到"将行字段拖至此处位置"，将"意向购买量"和"实际购买量"字段拖曳至"请将数据项拖至此处"位置，如图8-70所示。

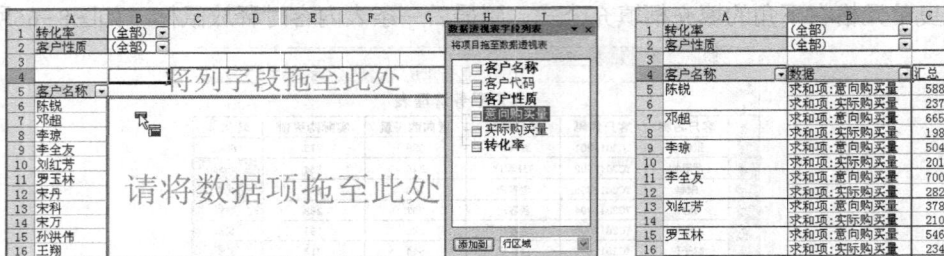

图8-70 添加字段

STEP 5 在"转化率"字段后的单元格中单击 按钮，在打开的下拉菜单中选择"81%"选项，然后单击 确定 按钮确认设置，此时"客户名称"和"数据"字段下的内容将只显示转化率为81%的客户信息，如图8-71所示。

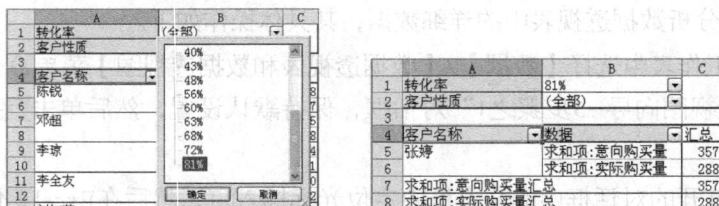

图8-71 查看客户信息

STEP 6 将"转化率"字段拖曳到工作表中的空白处，删除该字段，使用相同的方法删除"数据"字段（包括"意向购买量"和"实际购买量"字段），效果如图8-72所示。

STEP 7 在任务窗格中将"转化率"字段重新拖曳至"将列字段拖至此处"位置，将"意向购买量"和"实际购买量"字段拖至"请将数据项拖至此处"位置，重新设置数据透视表字段，效果如图8-73所示。

图8-72　删除字段

图8-73　重新设置字段效果

STEP 8　在A2单元格"客户性质"字段右侧单击按钮，在打开的下拉菜单中选择"新客户"选项，确认设置后，再单击"转化率"字段右侧的按钮，在打开的下拉菜单中单击选中所有"40%"复选框，确认设置后，"客户名称"字段和"数据"字段下的内容将只显示老客户中转化率为"40%"的客户信息，如图8-74所示。

STEP 9　将"客户性质"更改为"老客户"，数据透视表中的数据将同步更新，如图8-75所示，按【Ctrl+S】组合键保存工作表。

图8-74　筛选字段

图8-75　重新筛选字段

多学一招　　　在"数据透视表"工具栏中单击按钮，在打开的下拉菜单中选择"选项"命令，打开"数据透视表选项"对话框，在其中可对数据透视表的名称、格式选项和数据选项进行自定义设置，如图8-76所示。

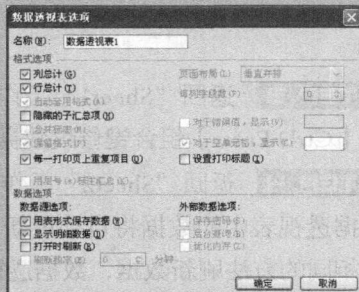

图8-76　设置数据透视表选项

3．插入分析数据透视图

数据透视图可以更直观地反映和比较数据。插入数据透视图有两种方法：一种是根据表格创建，一种是根据已存在的数据透视表创建，其具体操作如下。

STEP 1　在数据透视表中选择任意单元格，在工具栏中单击"图表向导"按钮，系统自动新建一张名为"Chart1"的工作表，在其中将根据数据透视表创建一个数据透视图，如图8-77所示。

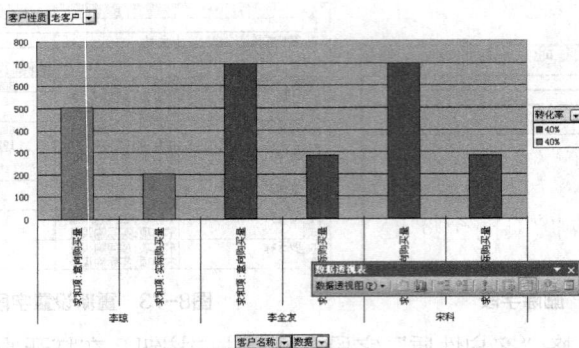

图8-77 创建数据透视图

STEP 2 数据透视表与数据透视图相对应，在数据透视图左上角的"客户等级"下拉列表框中选择"（全部）"选项，在右侧的"转化率"下拉列表框中单击选中"60%"复选框，在"数据"下拉列表框中撤销选中"求和项：意向购买量"复选框，确认设置后，数据透视图中的数据系列如图8-78所示。

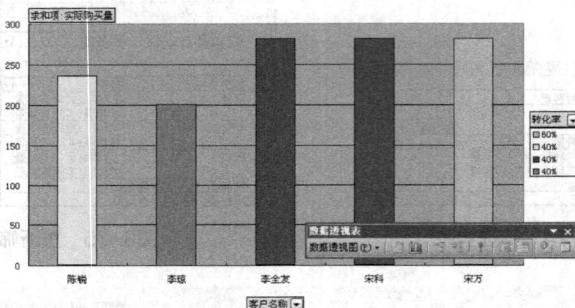

图8-78 选择数据区域

STEP 3 返回"Sheet1"工作表，选择E11单元格，将原始数据"201"修改为"400"，按【Ctrl+Enter】组合键修改数据。

STEP 4 返回"Sheet2"工作表，在"数据透视表"工具栏中单击"刷新"按钮 ，此时数据透视表中的数据将自动更新（自动添加字段并更新内容），返回"Chart1"工作表，使用相同的方法刷新数据，数据透视图中的数据系列发生变化，如图8-79所示。

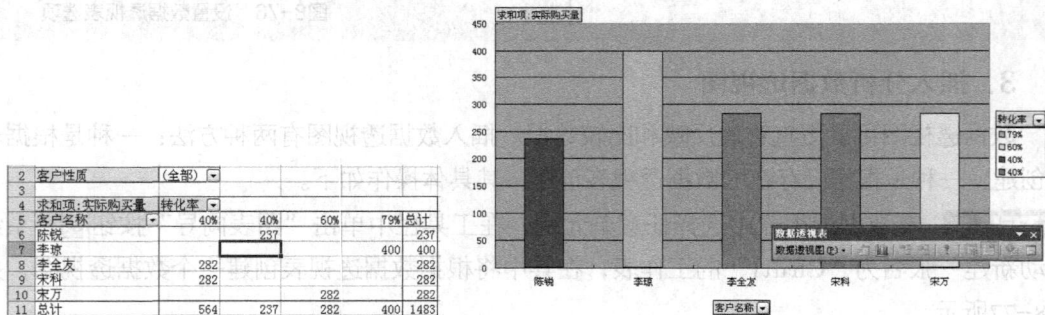

2	客户性质	(全部)				
3						
4	求和项:实际购买量	转化率				
5	客户名称	40%	40%	60%	79%	总计
6	陈锐		237			237
7	李琼				400	400
8	李全友	282				282
9	宋科	282				282
10	宋万			282		282
11	总计	564	237	282	400	1483

图8-79 刷新数据透视表和数据透视图记录

4．美化数据透视表和数据透视图

插入数据透视表和数据透视图后，还可以对其进行美化，包括为数据透视表应用表格样式，为数据透视图设置图标样式等，其具体操作如下。

STEP 1 选择"Sheet2"工作表，然后选择A2:F11单元格区域，在"数据透视表"工具栏上单击"设置报表格式"按钮，打开"自动套用格式"对话框，在列表框中选择"报表4"选项，单击 确定 按钮即可为选择的单元格区域应用该样式，如图8-80所示。

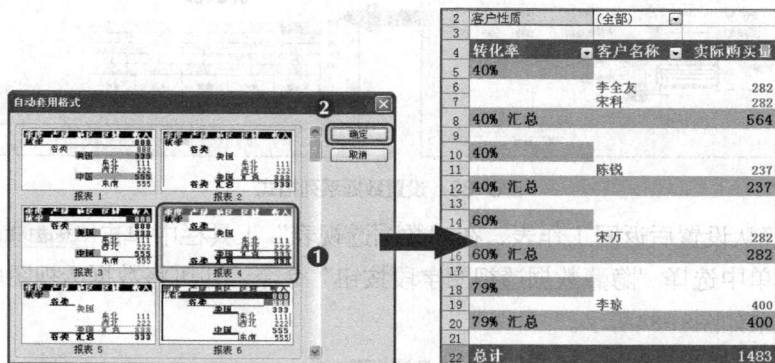

图8-80 应用表格样式

STEP 2 选择"Chart1"工作表，在"数据透视表"工具栏上单击"图表向导"按钮，在打开的对话框的左侧列表框中选择"折线图"选项，在右侧选择"数据点折线图"选项，单击 下一步(N) 按钮，在打开对话框的"图表标题"文本框中输入"客户服务管理"文本，然后单击 完成(F) 按钮确认设置，如图8-81所示。

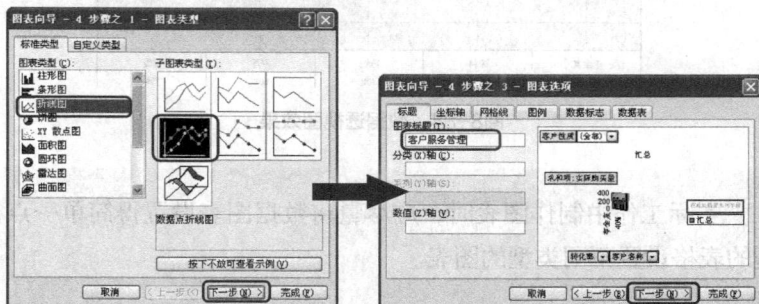

图8-81 选择图表类型

STEP 3 返回"Chart1"工作表，在图表标题上双击，打开"图表标题格式"对话框，设置标题的文本格式为"宋体、加粗、16"，如图8-82所示。

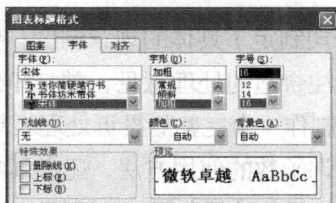

图8-82 设置图表标题格式

STEP 4 确认设置后返回工作表，在图标区中间数据线上双击，打开"数据系列格式"对话框，在"线形"栏的"粗细"下拉列表框中选择第3个选项，单击"选项"选项卡，单击选中"垂直线"复选框，如图8-83所示。

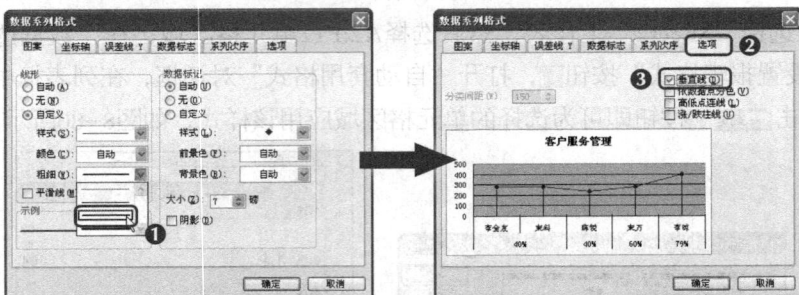

图8-83 设置数据系列格式

STEP 5 确认设置后返回工作表，在"数据透视表"工具栏中单击 数据透视图(P)▼ 按钮，在打开的下拉菜单中选择"隐藏数据透视图字段按钮"命令，即可将数据透视图中的字段按钮隐藏，最终效果如图8-84所示。

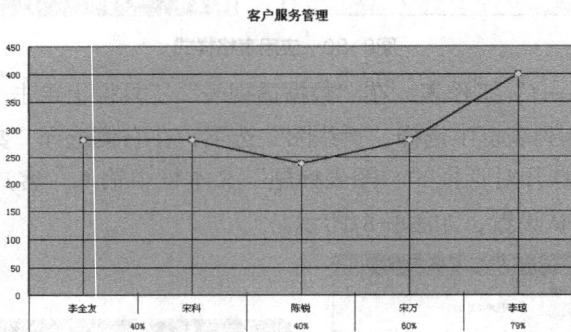

图8-84 数据透视图效果

职业素养　　实际工作中制作图表时，应尽量将数据图表设置得简单一点，为不同类型的表格设置不同类型的图表。

实训　制作"客户投诉处理表"

【实训目标】

为了提高物流服务质量，公司制定了具体的规章制度，要求客户部门对收到的每一条投诉信息都认真进行比对分析，标注合适的处理意见，并打印处理通知。老张将这项工作交给小白，小白决定利用所学知识，制作一个完整的投诉处理表单。

要完成本实训，除了掌握查询函数的使用方法，还必须掌握在Excel中导入外部数据和选择打印区域等相关知识，本实训的最终效果如图8-85所示。

素材所在位置　光盘:\素材文件\项目八\投诉处理.txt

效果所在位置　光盘:\效果文件\项目八\客户投诉处理表.xls

客户投诉处理通知单

运单号	Y2013070101		
客户名称	成都得力科技公司	所属物流环节	运输
订购日期	2013-7-1	投诉日期	2013-7-5
索赔要求	无		
发生原因及调查结果	车辆故障		
处理及公司对策	对策实施要领	发货前进行车辆检修	
	对策实施确认	正常实施	

客户投诉处理登记

运单号	客户名称	所属物流环节	订购日期	投诉日期	索赔要求	发生原因及调查结果
Y2013070101	成都得力科技公司	运输	2013-7-1	2013-7-5	无	车辆故障
Y2013070102	重庆美有科技公司	运输	2013-7-2	2013-7-6	无	车辆故障
Y2013071401	成都冬弥信息公司	配送	2013-7-3	2013-7-7	无	仓管人员疏忽
Y2013071404	成都真紫电脑维修公司	配送	2013-7-4	2013-7-8	无	仓管人员疏忽
Y2013070105	成都一休科技公司	客服	2013-7-5	2013-7-9	无	态度不好
Y2013070106	成都备善传媒公司	运输	2013-7-6	2013-7-10	无	车辆故障
Y2013070107	成都福家乐信息公司	运输	2013-7-7	2013-7-11	无	车辆故障
Y2013070108	成都友谊电脑维修	配送	2013-7-8	2013-7-12	无	仓管人员疏忽

图8-85　"客户投诉处理"最终效果

【专业背景】

在对客户投诉进行处理时，应快速查找客户投诉的原因，落实整改责任，提高企业整体物流服务水平，保持和提高企业信誉。

通常情况下，企业会为客户提供多种投诉途径，客户服务人员应在第一时间对投诉信息进行整理和反馈，并根据相关准则和报告划分投诉事件的责任归属，及时做好相关人员或部门的沟通和联系工作。最后，还应在问题解决后进行回访，并做好相关记录和确认工作。

客户投诉处理程序应遵循以下原则。

● **有章可循**：企业应设立专门的客户投诉管理制度，提供常见的客户投诉问题，以及对应的处理方案。

● **通力合作**：对于客户投诉，客户服务人员有权要求公司各部门配合，其他部门也应积极参与合作，针对投诉迅速做出反应，提出解决方案。

● **责任明晰**：客户服务人员和各部门配合进行证据收集，划清责任归属，并且明确处理投诉的部门、人员的责任、权限，以及客户投诉得不到解决时的责任归属。

【实训思路】

完成本实训需要先创建表格的基本数据框架，然后导入"投诉处理"文本文档中的信息，适当地调整表格格式和列宽，然后再在投诉处理通知表格区域对应的单元格中输入函数，实现查询功能，最后选择打印区域打印表格，其操作思路如图8-86所示。

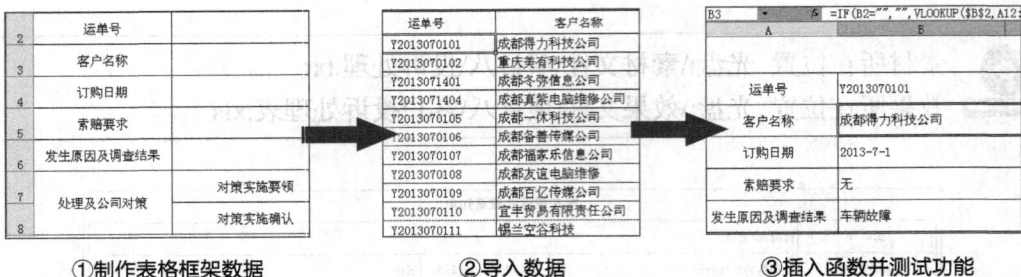

①制作表格框架数据　　　　②导入数据　　　　③插入函数并测试功能

图8-86　制作"客户投诉处理表"的思路

【步骤提示】

STEP 1 启动Excel 2003，以"客户投诉处理表"为名创建一个新工作簿。

STEP 2 通过合并单元格、输入文本、设置字符格式和添加边框等操作，制作表格的框架数据结构。

STEP 3 选择A13单元格，选择【数据】/【导入外部数据】/【导入数据】菜单命令，导入"投诉处理"文本文档中的信息，其中分隔符号选择"Tab键"，日期所在列的数据格式设置为"日期"，并在其后的下拉列表框中选择日期样式。

STEP 4 调整导入数据所在单元格区域的行高和列宽，并设置数据的对齐方式。

STEP 5 在B3单元格输入函数"=IF(B2="","",VLOOKUP($B$2,A12:I30,2,FALSE))"，表示"B2"单元格为空，显示为空，否则在A12:I20单元格区域中搜索B2单元格中的值，并将搜索到的值所在行的第2列数据返回到当前单元格，按【Ctrl+Enter】组合键计算函数结果。

STEP 6 对以上函数进行变形，在该表格的其他单元格中输入并进行计算，完成后在B2单元格中输入订单号，测试表格的查询功能。

STEP 7 保存工作表，选择【文件】/【页面设置】菜单命令，在打开的对话框中单击"工作表"选项卡，在"打印区域"文本框中输入单元格地址"$A$1:$G$8"，然后单击 打印(P)... 按钮打印单元格区域。

常见疑难解析

问：在Excel中，有没有其他制作图形按钮的方法？

答：在菜单或工具栏上单击鼠标右键，在弹出的快捷菜单中选择"窗体"命令，可打开"窗体"工具栏。该工具栏中包含Excel窗体中的多种控件，单击▭按钮，拖曳鼠标即可绘制一个窗体按钮，并且将自动打开"指定宏"对话框。制作管理系统时，可根据需要自主选择制作方法。

问：在当前工作簿中录制的宏，能否在其他工作簿中使用？

答：录制新宏时，在打开的"宏"对话框的"保存在"下拉列表框中可设置录制的宏的保存位置。若选择"当前工作簿"选项，打开其他工作簿后无法运行宏；若选择"新工作簿"选项，则只有在新建的工作簿中才能运行宏；选择"个人宏工作簿"选项，将新建专用保存宏的工作簿，实现在任意工作簿中运行录制的宏的目的。

218

问：如果没有先创建数据透视表，能否直接创建数据透视图呢？

答：即使没有创建数据透视表，也可以通过向导创建数据透视图。选择【数据】/【数据透视表和数据透视图】菜单命令，在打开对话框中单击选中"数据透视表和数据透视图"单选项，然后根据提示进行操作即可。创建的数据透视图可存放在当前工作表，也可选择存放在新工作表中。

问：插入数据透视表后，应该如何将其删除？

答：删除数据透视表是指将数据透视表中的数据和区域格式一并清除。具体方法为选择需要删除的整个数据透视表，然后选择【编辑】/【清除】/【全部】菜单命令，即可删除数据透视表。另外，选择数据透视表后，按【Delete】键可删除数据透视表的数据，单元格区域的边框和格式不能被删除。

拓展知识

当一列单元格的每个单元格中都包含多种数据信息时，可将不同种类的信息放置在不同的单元格中。要实现该功能，需使用Excel自带的"分列"功能。

选择数据所在单元格区域，选择【数据】/【分列】菜单命令，打开"文本分列向导–3步骤之1"对话框，在"原始数据"栏中单击选中"分隔符号"，然后单击下一步(N)按钮，打开"文本分列向导–3步骤之2"对话框，在"分隔符号"栏单击选中"其他"单选项，然后再其后的文本框中输入符号"–"，单击下一步(N)按钮，打开"文本分列向导–3步骤之3"对话框，保持默认设置不变，单击完成(F)按钮，如图8-87所示。完成后返回Excel工作表，修改表头并设置数据格式即可。表格数据分列前后对比效果如图8-88所示。

> **多学一招**
>
> 分列数据时，应根据单元格数据的连接方式选择合适的分隔符，如单元格数据格式为"四川；宜宾市万江路"，则应在步骤2中单击选中"分号"单选项。在步骤3中，还可以自定义"目标位置"文本框中存放分列后的数据的单元格位置。

图8-87 分列表格数据

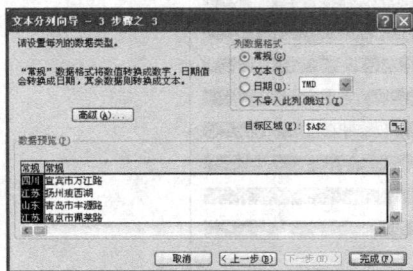

图8-88 数据分列前后对比效果

多学一招

在Excel中还可以将两列数据合并为一列数据，如图8-89所示，选择C2单元格，输入公式“=A2&B2”，确认公式后向下拖曳填充柄填充公式。保持单元格数据的选中状态，按【Ctrl+C】组合键复制单元格区域，选择D2单元格，打开“选择性粘贴”对话框，单击选中“数值”单选项，确认设置后返回Excel工作表，此时D列中的单元格数据将不再包含公式。

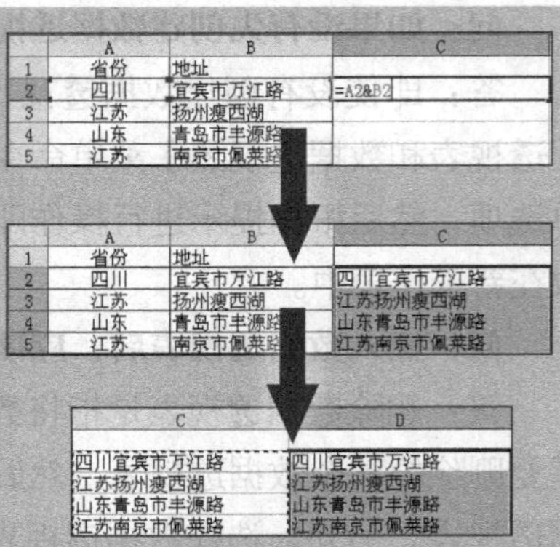

图8-89　合并数据

课后练习

效果所在位置　光盘:\效果文件\项目八\售后服务调查表.xls

销售产品后，为了保证客户服务质量，公司决定进行售后服务调查，制作一份售后服务调查清单，完成效果如图8-90所示，其具体要求如下。

- 制作表格基本数据框架结构，设置表标题颜色为绿色，表头颜色为白色，为表头设置黑色底纹，表内容隔行插入绿色底纹。
- 添加“已审阅”按钮，录制宏，实现单击该按钮时，表内容字体颜色自动变为红色的功能。

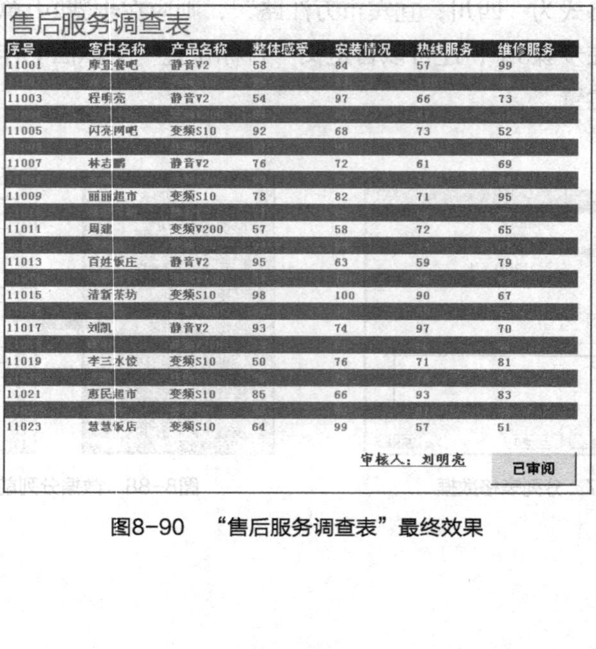

售后服务调查表

序号	客户名称	产品名称	整体感受	安装情况	热线服务	维修服务
11001	摩登餐吧	静音V2	58	84	57	99
11003	程明亮	静音V2	54	97	66	73
11005	闪亮网吧	变频S10	92	68	73	52
11007	林志鹏	静音V2	76	72	61	69
11009	丽丽超市	变频S10	78	82	71	95
11011	周建	变频V200	57	58	72	65
11013	百姓饭庄	静音V2	95	63	59	79
11015	清新茶坊	变频S10	98	100	90	67
11017	刘凯	静音V2	93	74	97	70
11019	李三水饺	变频S10	50	76	71	81
11021	惠民超市	变频S10	85	66	93	83
11023	慧慧饭店	变频S10	64	99	57	51

审核人：刘明亮　已审阅

图8-90　“售后服务调查表”最终效果

PART 5

项目九
成本核算管理

情景导入

　　由于公司发展壮大，需要向银行借款，所以老张和财务部希望能通过对公司的成本费用核算，以及各种借款方案的分析，制作一种模拟还贷方案。小白为了锻炼自己，主动接受了该项工作。

知识技能目标

- 熟练掌握财务分析、预测及Excel方案管理器和模拟运算的操作方法。
- 熟练掌握图表的创建、美化的操作方法。
- 熟练掌握制作双轴线组合图表的操作方法。

- 了解员工考核和员工工资的构成，掌握人员管理常用表格的制作方法。
- 掌握"财务分析表"、"物流成本核算表"等工作簿的制作方法。

项目流程对应图

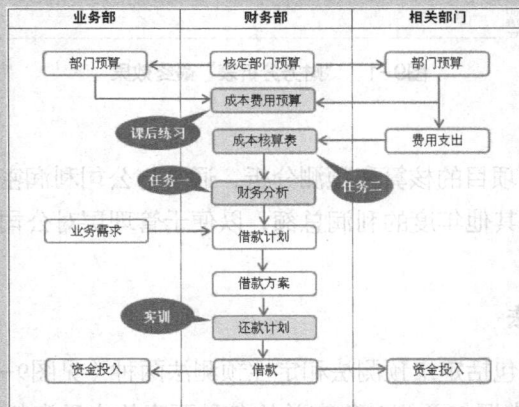

任务一 制作"财务分析表"

根据公司年度销售额和年度销售明细，制作财务分析表预测，借此分析公司销售成本、公司销售利润，并根据不同银行的利率，核算和分析最佳利益的借款方案等。

一、 任务目标

为了预测财务走向，分析成本、利润等财务数据，老张要求小白制作一份财务分析表，并核算分析从银行取得贷款时，公司的偿还能力和最小利息支付的方案。小白对Excel有了充分的认识，他决定使用Excel自带的数据分析功能制作表格。本任务完成后的最终效果如图9-1所示。

素材所在位置 光盘:\素材文件\项目九\财务分析表.xls
效果所在位置 光盘:\效果文件\项目九\财务分析表.xls

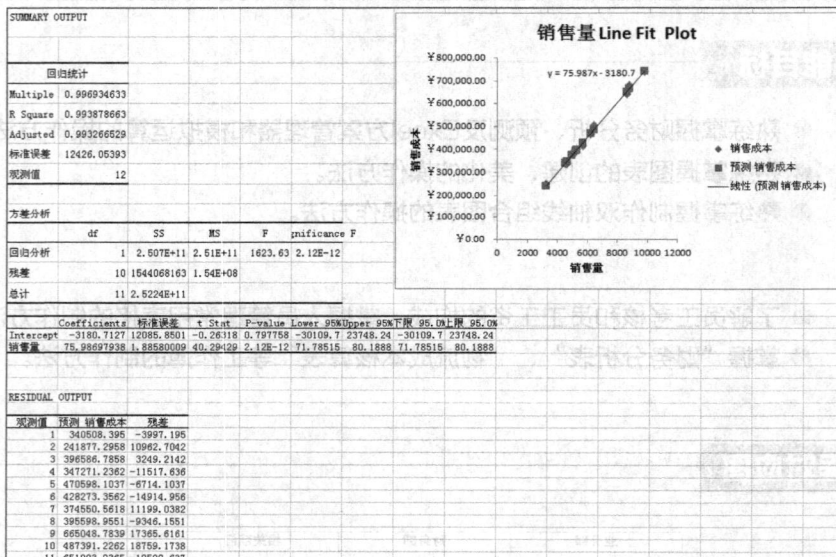

图9-1 "财务分析表"最终效果

二、 相关知识

公司销售额和成本等项目的核算和预测分析，通常与公司利润密切相关，对不同年度的利润进行分析，可以预测其他年度的利润总额，以便于管理层对公司运营进行决策，下面将针对这些知识进行介绍。

1．预测分析的方法

预测分析的方法主要包括定量预测法和定性预测法两种（见图9-2）。

● **定量预测法**：在掌握与预测对象有关的各种要素的定量资料基础上，运用现代数学方法处理数据，建立能够反映有关变量之间规律性联系的各类预测模型的方法体系。定量预测法又分为趋势外推分析法和因果分析法两种。

- **定性预测法**：指根据有关方面的专业人员或专家的经验和知识，结合预测对象的特点进行综合分析，对事物的未来状况和发展趋势做出推测的预测方法。

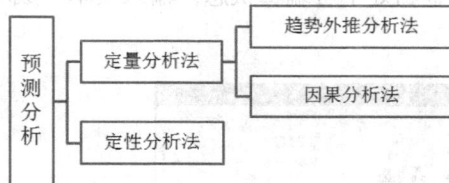

图9-2　设置多个条件格式

2．方案管理器与模拟运算

方案管理器与模拟运算也是Excel分析与计算表格数据的常用功能。在日常工作中，其主要用于销售、成本、利润等的预测、分析、计算。

- **方案管理器**：是一种模拟分析工具，可以保存多种方案数据，通过删除摘要的方式对比各方案的详情。使用方案管理器前，需要创建方案，然后通过确定含有公式的结果单元格，输出与之对应的其他方案结果。除此之外，方案管理器还可以输出数据透视表，以数据的形式进行动态分析，如图9-3所示。
- **模拟运算表**：主要用于分析在一种或两种数据参数波动的情况下，与之相关的数据变化情况。当在"模拟运算表"对话框中仅指定引用的行或列之中的任意一种单元格时，将得到单变量模拟运算结果；同时指定行和列的单元格，则得到双变量模拟运算结果。图9-4所示为年利率波动、年利率、还款期限同时波动的情况下，还款数额数值的计算。

图9-3　方案管理器

图9-4　模拟运算表

三、任务实施

1．制作表格表头

在"财务分析表.xls"工作簿中新建工作表标签，分别将物流成本和物流利润两方面数据存放在不同的工作表中，方便对其进行核算和分析，其具体操作如下。

STEP 1 打开"财务分析表.xls"工作簿，在"明细"工作表标签上单击鼠标右键，在弹出的快捷菜单中选择"插入"命令，打开"插入"对话框。

STEP 2 选择"工作表"选项，然后单击 ┌确定┐ 按钮插入一张空白工作表，在插入的工作表标签上双击，工作表标签名处于可编辑状态，输入文本"成本"，按【Enter】键确认，如图9-5所示。

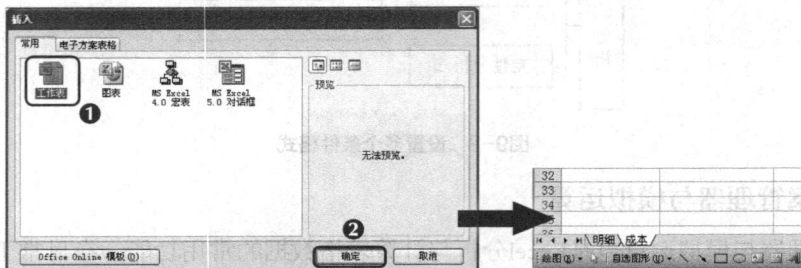

图9-5 插入工作表

STEP 3 使用相同的方法再插入一张工作表，分别更改工作表名称为"利润"，拖曳调整工作表标签的顺序，使其以"明细"、"成本"、"利润"的顺序排列。

STEP 4 选择"成本"工作表，选择A1:C1单元格区域，单击"合并及居中"按钮囯，输入文本"成本预测分析"，设置其文本格式为"华文中宋、16"。

STEP 5 在"明细"工作表中复制A2:B14单元格区域，返回"成本"工作表，选择A2单元格，按【Ctrl+V】组合键粘贴数据。选择C2:C14单元格区域，输入"="符号，然后单击"明细"工作表，单击E2单元格，按【Ctrl+Enter】组合键返回"成本"工作表，系统自动获取数据，如图9-6所示。

图9-6 引用表格数据

STEP 6 调整行高和列宽，然后设置表头字符格式为"宋体、11、加粗"，表内容字符格式为"宋体、10"，设置C列数据类型为"货币"，添加货币符号并设置小数位数为两位，最终效果如图9-7所示。

图9-7 成本预测分析表效果

STEP 7 使用相同的方法，在"利润"工作表中复制和引用表格数据，完成利润预测分析表的制作，表格C列数据应引用"明细"工作表F列中"实际利润"下的数据，效果如图9-8所示。

	A	B	C
1		利润预测分析	
2	月份	销售量	实现利润
3	1	4523	￥84,127.80
4	2	3225	￥63,210.00
5	3	5261	￥99,959.00
6	4	4612	￥83,938.40
7	5	6235	￥115,971.00
8	6	5678	￥103,339.60
9	7	4971	￥96,437.40
10	8	5248	￥96,563.20
11	9	8794	￥170,603.60
12	10	6456	￥126,537.60
13	11	8621	￥160,350.60

图9-8 利润预测分析表完成效果

职业素养 实际工作中，"明细"工作表中的数据应该结合公司实际销售量、销售额、成本、利润进行制作，数据要真实可靠，核算和录入数据时要认真仔细，任何差错都可能导致公司管理人员作出不正确的决策。

2．预测和分析销售数据

完成数据的录入和计算后，即可在"成本"工作表中使用回归计算方法预测和分析销售数据，其具体操作如下。

STEP 1 选择"成本"工作表，选择【工具】/【加载项】菜单命令，打开"加载宏"对话框，在"可用加载宏"列表框中单击选中"分析工具库"复选框，然后单击 确定 按钮返回Excel工作表，如图9-9所示。

知识提示 若是第一次使用"分析工具库"加载项，在"加载宏"对话框中确认设置后将打开提示对话框，提示该加载宏无法运行，单击 是(Y) 按钮后，系统自动安装该加载项。

STEP 2 选择【工具】/【数据分析】菜单命令，打开"数据分析"对话框，在"分析工具"列表框中选择"回归"选项，单击 确定 按钮确认设置，如图9-10所示。

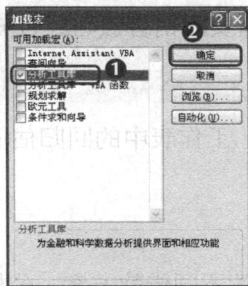

图9-9 添加加载宏 　　　　图9-10 选择数据分析工具

STEP 3 打开"回归"对话框，在"输入"栏的"Y值输入区域"文本框中定位光标插入点，然后在工作表中拖曳鼠标选择C2:C14单元格区域，并使用相同的方法在"X值输入区域"文本框中选择B2:B14单元格区域，如图9-11所示。

STEP 4 单击选中"标志"复选框，然后在"输出选项"栏中单击选中"输出区域"单选项，并在其后的文本框中引用F2单元格，在"残差"栏中单击选中"残差"和"线性拟合图"复选框，单击 确定 按钮确认设置，如图9-12所示。

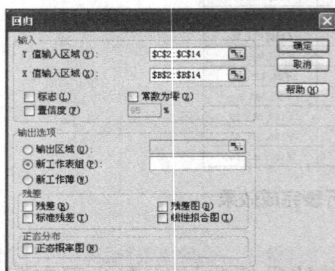

图9-11 设置X轴和Y轴数据　　　　图9-12 设置输出位置与残差

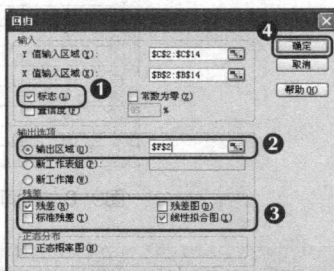

STEP 5 此时工作表中将显示回归数据分析工具根据提供的单元格区域的数据得到的预测结果，在表格数据右侧，还配有一个散点图图表直观地显示数据趋势，如图9-13所示。

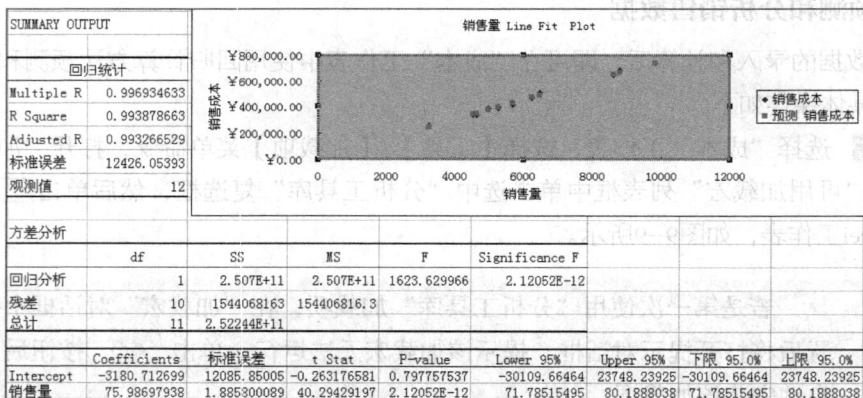

图9-13 回归分析数据

> **知识提示**
> 残差是指观测值与预测值（拟合值）之间的差，即实际观察值与回归估计值的差。在以上的分析数据中，残差指实际销售额与经过分析预计的销售额（预测值）之间的差值。

STEP 6 使用相同的方法核算和预测分析"利润"工作表中的回归估值，观察实际观测值与回归估计值之间的差额，完成后保存工作簿。

3. 核算长期借款还贷方案

如果企业需要向银行贷款，在贷款前应根据银行的不同借款方案，分析每种方案的利息值，其具体操作如下。

STEP 1 新建"借款方案"工作表，制作表格框架数据结构，输入表标题、表头和表内容，并分别设置不同的字符格式，将E、F、G列数据类型设置为货币，添加货币符号，并将小数位数设置为"2"，效果如图9-14所示。

	A	B	C	D	E	F	G
1	借款方案						
2	方案	货款总额	期限（年）	年利率	每年还款额	季度还款额	月还款额
3	1	1000000	3	6.60%			
4	2	1500000	5	6.90%			
5	3	2000000	5	6.75%			
6	4	2500000	10	7.20%			

图9-14 制作表格框架数据结构

STEP 2 选择E3单元格，输入函数"=PMT(D3,C3,-B3)"，计算在该年利率下，每年偿还的金额，按【Ctrl+Enter】组合键计算函数结构，完成后拖曳填充柄到E6单元格释放鼠标。

STEP 3 选择F3单元格，输入函数"=PMT(D3/4,C3*4,-B3)"，计算在该季度利率下，每季度偿还的金额，按【Ctrl+Enter】组合键计算函数结构，完成后拖曳填充柄到E6单元格释放鼠标。

> **知识提示**
>
> 使用PMT函数时，默认得到的数据为负数，因此在函数中B3单元格前添加了负号"-"，如果使用该函数时，没有输入负号，可更改单元格区域的"货币"类型数据的负数显示样式形式。另外，F3单元格中的函数"=PMT(D3/4,C3*4,-B3)"与E3单元格函数类似，只是将D3单元格对应的年利率换算成了季度利率，将C3单元格的年限换算成了季度。计算月还款额时，可使用相同的换算方法进行核算。

STEP 4 使用相同的方法在G3单元格中输入函数"=PMT(D3/12,C3*12,-B3)"，确认计算后填充函数，完成效果如图9-15所示。

G6	▼	ƒx	=PMT(D6/12,C6*12,-B6)				
	A	B	C	D	E	F	G
1	借款方案						
2	方案	货款总额	期限（年）	年利率	每年还款额	季度还款额	月还款额
3	1	1000000	3	6.60%	¥378,270.09	¥92,538.81	¥30,694.54
4	2	1500000	5	6.90%	¥364,857.04	¥89,318.66	¥29,631.08
5	3	2000000	5	6.75%	¥484,520.75	¥118,655.94	¥39,366.92
6	4	2500000	10	7.20%	¥359,241.56	¥88,214.38	¥29,285.47

图9-15 计算函数并填充结果

STEP 5 选择【工具】/【方案】菜单命令，打开"方案管理器"对话框，单击 添加(A)... 按钮，打开"编辑方案"对话框。

STEP 6 在"方案名"文本框中输入"甲银行"，在"可变单元格"文本框中定位光标插入点，删除原有数据后，在工作表中拖曳选择B3:D3单元格区域，完成后单击 确定 按钮，打开"方案变量值"对话框，保持默认值不变，确认设置，如图9-16所示。

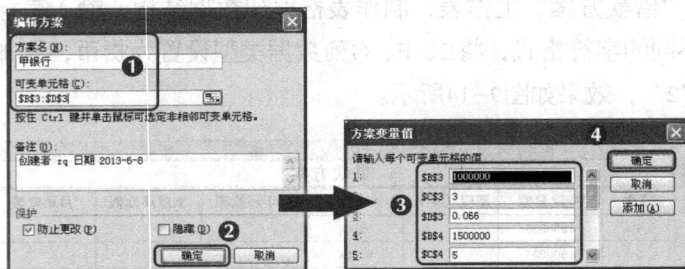

图9-16　添加方案

STEP 7 用相同的方法创建不同的方案，其中将可变单元格都设置为B3:D3单元格区域，如图9-17所示，单击 摘要(U)... 按钮，打开"方案摘要"对话框，单击选中"方案摘要"单选项，删除"结果单元格"文本框原有数据，引用G3单元格，完成后单击 确定 按钮确认设置。

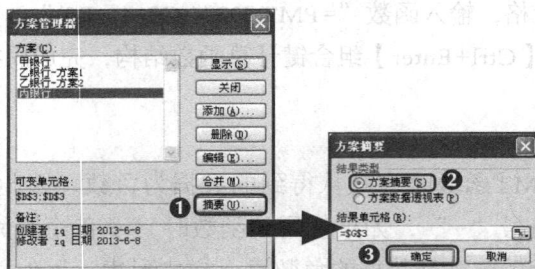

图9-17　设置方案摘要

STEP 8 此时系统将自动创建一个"方案摘要"工作表，将其复制到"借款方案"工作表的A9单元格中，删除创建者信息所在行，使用相同的方法，将结果单元格设置为G4单元格后，重新生成方案摘要，效果如图9-18所示。

方案摘要					
	当前值:	甲银行	乙银行-方案1	乙银行-方案2	丙银行
可变单元格:					
$B$3	1000000	1000000	1000000	1000000	1000000
$C$3	3	3	3	3	3
$D$3	6.60%	6.60%	6.60%	6.60%	6.60%
结果单元格:					
$G$3	￥30,694.54	￥30,694.54	￥30,694.54	￥30,694.54	￥30,694.54
注释："当前值"这一列表示的是在					
建立方案汇总时，可变单元格的值。					
每组方案的可变单元格均以灰色底纹突出显示。					

方案摘要					
	当前值:	甲银行	乙银行-方案1	乙银行-方案2	丙银行
可变单元格:					
$B$3	1000000	1000000	1000000	1000000	1000000
$C$3	3	3	3	3	3
$D$3	6.60%	6.60%	6.60%	6.60%	6.60%
结果单元格:					
$G$4	￥29,631.08	￥29,631.08	￥29,631.08	￥29,631.08	￥29,631.08
注释："当前值"这一列表示的是在					
建立方案汇总时，可变单元格的值。					
每组方案的可变单元格均以灰色底纹突出显示。					

图9-18　添加方案

任务二 分析"物流成本核算表"

物流成本核算表主要用于对近几年物流各环节阶段的成本进行统计计算和分析，除此之外，在制作物流成本核算表时，还可核算半年度、季度、月度等期间的物流成本，或将物流成本核算表演化为物流利润核算表，对各会计期间（业务期间）的净利润进行统计核算和分析。

一、 任务目标

随着公司的壮大和物流业务的增多，公司各环节成本的核算也变得尤位重要。老张将近几年的利润表交给小白，要求他对利润表中的成本进行核算和分析。小白决定先核算成本增长率，然后创建图表对其进行分析。本任务完成后的最终效果如图9-19所示。

效果所在位置　光盘:\效果文件\项目九\物流成本核算表.xls

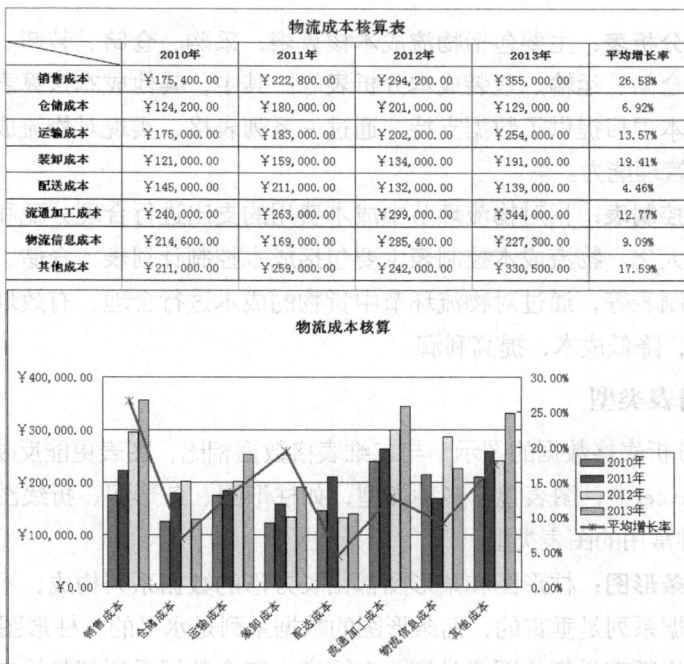

物流成本核算表

	2010年	2011年	2012年	2013年	平均增长率
销售成本	￥175,400.00	￥222,800.00	￥294,200.00	￥355,000.00	26.58%
仓储成本	￥124,200.00	￥180,000.00	￥201,000.00	￥129,000.00	6.92%
运输成本	￥175,000.00	￥183,000.00	￥202,000.00	￥254,000.00	13.57%
装卸成本	￥121,000.00	￥159,000.00	￥134,000.00	￥191,000.00	19.41%
配送成本	￥145,000.00	￥211,000.00	￥132,000.00	￥139,000.00	4.46%
流通加工成本	￥240,000.00	￥263,000.00	￥299,000.00	￥344,000.00	12.77%
物流信息成本	￥214,600.00	￥169,000.00	￥285,400.00	￥227,300.00	9.09%
其他成本	￥211,000.00	￥259,000.00	￥242,000.00	￥330,500.00	17.59%

图9-19 "物流成本核算表"最终效果

二、 相关知识

物流成本管理是财务活动的重要环节，涉及多种表格的制作和分析，且表格数据的分析常通过创建图表来实现，下面将对表格和图表等相关知识进行介绍。

1. 物流成本管理中的常用表格

物流成本管理活动中，主要涉及三大类表格的制作，包括成本费用预算表、成本核算分析表和物流成本控制表等，如图9-20所示。

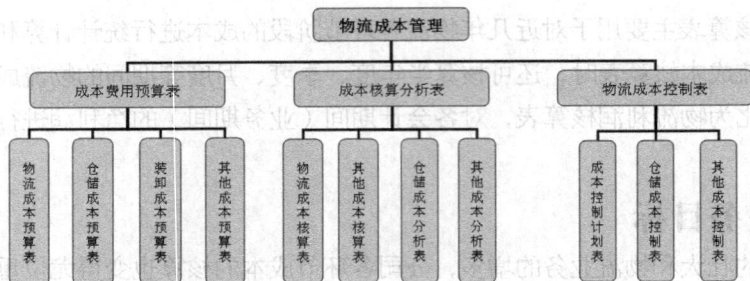

图9-20　物流成本管理常用表格

- **成本费用预算表**：主要包括物流成本预算表，仓储、装卸、加工、包装、库存成本预算表，以及运输车辆费用预算表等。其中，物流成本预算表中应对其他预算表中的主要项目进行核算，以成本费用为依据，与预算年度内其他相关环节紧密衔接。制作成本费用预算表，不仅可以规范企业成本费用预算的核算，还能提升企业经营管理能力。

- **成本核算分析表**：主要包括物流成本核算表，采购、仓储、装卸、库存、运输成本核算表，仓储、运输、包装成本分析表等。其中，其他成本核算表为物流成本核算表中的成本项目提供了数据支持，通过一系列表格，实现对物流成本的有效核算，提高物流管理能力。

- **物流成本控制表**：指对物流环节中成本费用的支出进行合理分配和控制，以实现净利润的最大化。物流成本控制表主要包括成本控制计划表，仓储、存货、运输、配送成本控制表等，通过对物流环节中货物的成本进行合理、有效地控制，完善成本管理制度，降低成本，提高利润。

2．Excel图表类型

图表是一种分析表格数据的图示，与二维表格数据相比，图表更能反映和判断不同数据之间的关系。在Excel中，图表包含多种类型，如柱形图、条形图、折线图、饼图、散点图等，下面介绍几种常用的图表类型。

- **柱形图和条形图**：柱形图和条形图都由长方形的数据系列构成，不同之处在于：柱形图的数据系列是垂直的，而条形图的数据系列是水平的。柱形图和条形图是Excel图表中使用频率最高的图表类型，在图表中每个数据系列都紧挨在一起，且每个数据系列都用不同的颜色进行区分，能够直观地查看和比较数据。常用的柱形图和条形图中，簇状、三维簇状等子类型图表的使用率较高，图9-21所示为柱形图中的簇状柱形图。

- **折线图**：折线图主要由点和线构成。其中，点表示数据在图表中的位置（即在y轴对应的数值），线表示相邻两个数据之间的走向（即数据是涨幅还是跌幅）。折线图通常用于对不同期间某一种类型的数据大小进行比较，如不同年度的销售额比较、不同月份费用的比较、不同季度收入的比较等。图9-22所示为折线图中的"数据点折线图"。

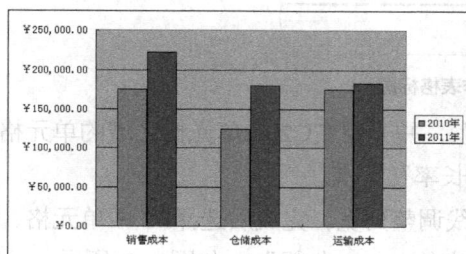

图9-21　柱形图

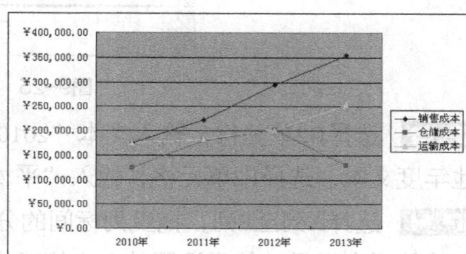

图9-22　折线图

● **饼图**：用于表示某部分的数额和在总数量中所占百分比，如图9-23所示。默认创建的饼图中，并不会包含各部分的值和所占百分比，必须在数据系列上双击，在打开的"数据系列格式"对话框的"数据标志"选项卡中单击选中"值"和"百分比"复选框。

● **组合图**：组合图并不是Excel默认的图表类型，而是通过操作设置和创建的一种组合型的图表。在Excel工作表中，一个图表中并不是只能包含一种图表类型，若同时使用了两种或两种以上的图表类型，该图表就称为组合图，如图9-24所示即为线柱组合图，由线形图和柱形图两种图表组成。与普通的图表相比，组合图更能在两个数据间产生对比效果，方便图表使用者阅读和分析。

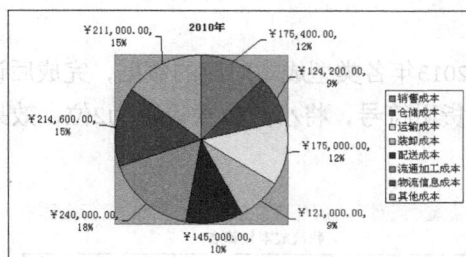

图9-23　饼图

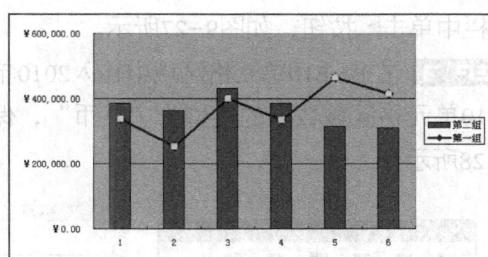

图9-24　线柱组合图

三、任务实施

1．创建表格框架数据

首先应创建"物流成本核算表.xls"工作簿，在其中创建数据的框架结构，然后设置文本的字符格式并添加表格边框，其具体操作如下。

STEP 1　启动Excel 2003，选择【文件】/【保存】菜单命令，将工作簿命名为"物流成本核算表"进行保存。

STEP 2　选择A1:F1单元格区域，单击█按钮合并并居中单元格，输入文本"物流成本核算表"，并在工具栏中设置其字符格式为"华文中宋、16"，拖曳第1行和第2行的分隔线，调整第1行的行高，如图9-25所示。

图9-25　制作表格标题

STEP 3　选择B2单元格，输入文本"2010年"，并分别在C2:E2单元格区域的单元格中输入其他年度文本，选择F2单元格，输入"平均增长率"文本。

STEP 4　选择A列至F列，拖曳列标间的分隔线调整列宽，完成后选择B2:F2单元格，单击 ■按钮使其居中显示，然后设置其文本格式为"宋体、10、加粗"，如图9-26所示。

图9-26　制作表格表头

STEP 5　选择A3单元格，输入"销售成本"文本，并在其下的单元格中分别输入各成本的名称，选择A3:A10单元格区域，设置其字符格式为"宋体、11、加粗"，然后单击"居中"按钮■使其居中显示。

STEP 6　调整第2行至第10行的行高，完成后选择A2:F10单元格区域，为其添加"全部框线"边框样式；选择A2单元格，打开"单元格格式"对话框，单击"边框"选项卡，在"边框"栏中单击■按钮，如图9-27所示。

STEP 7　在B3:E10单元格区域中输入2010年至2013年各类型成本对应的数据，完成后设置B3:E10单元格区域数据的类型为"货币"，保留货币符号，将小数位数设置为2位，效果如图9-28所示。

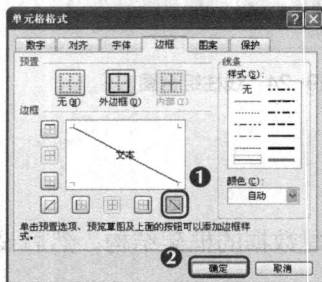

图9-27　添加表格框线

	2010年	2011年	2012年	2013年
销售成本	￥175,400.00	￥222,800.00	￥294,200.00	￥355,000.00
仓储成本	￥124,200.00	￥180,000.00	￥201,000.00	￥129,000.00
运输成本	￥175,000.00	￥183,000.00	￥202,000.00	￥254,000.00
装卸成本	￥121,000.00	￥159,000.00	￥134,000.00	￥191,000.00
配送成本	￥145,000.00	￥211,000.00	￥132,000.00	￥139,000.00
流通加工成本	￥240,000.00	￥263,000.00	￥299,000.00	￥344,000.00
物流信息成本	￥214,600.00	￥169,000.00	￥285,400.00	￥227,300.00
其他成本	￥211,000.00	￥259,000.00	￥242,000.00	￥330,500.00

图9-28　输入数据并设置数据格式

STEP 8　选择F3单元格，输入公式"=((C3-B3)/B3+(D3-C3)/C3+(E3-D3)/D3)/3"，计算2010年到2013年的平均增长率，按【Ctrl+Enter】组合键确认，完成后拖曳填充柄填充数据，到F10单元格后释放鼠标。

STEP 9　选择F3:F10单元格区域，打开"单元格格式"对话框，在"数字"选项卡的"分类"列表框中选择"百分比"选项，在右侧设置"小数位数"为"2"，返回Excel工作表，表格最终效果如图9-29所示。

	A	B	C	D	E	F
1	物流成本核算表					
2		2010年	2011年	2012年	2013年	平均增长率
3	销售成本	￥175,400.00	￥222,800.00	￥294,200.00	￥355,000.00	26.58%
4	仓储成本	￥124,200.00	￥180,000.00	￥201,000.00	￥129,000.00	6.92%
5	运输成本	￥175,000.00	￥183,000.00	￥202,000.00	￥254,000.00	13.57%
6	装卸成本	￥121,000.00	￥159,000.00	￥134,000.00	￥191,000.00	19.41%
7	配送成本	￥145,000.00	￥211,000.00	￥132,000.00	￥139,000.00	4.46%
8	流通加工成本	￥240,000.00	￥263,000.00	￥299,000.00	￥344,000.00	12.77%
9	物流信息成本	￥214,600.00	￥169,000.00	￥285,400.00	￥227,300.00	9.09%
10	其他成本	￥211,000.00	￥259,000.00	￥242,000.00	￥330,500.00	17.59%

图9-29　计算并设置表格数据格式

2．插入图表

表格框架数据结构制作完成后，即可根据表格中的数据创建图表，下面先创建饼图，分析核算2013年的成本，其具体操作如下。

STEP 1 选择A2:A10单元格区域，按住【Ctrl】键的同时拖曳鼠标选择E2:E10单元格区域，选择【插入】/【图表】菜单命令，打开"图表向导"对话框。

STEP 2 在"图表类型"列表框中选择"饼图"选项，在右侧的"子图表类型"列表框中选择"饼图"选项，单击 下一步(N) 按钮，在打开的对话框中保持默认设置，然后单击 下一步(N) 按钮进入下一步操作，如图9-30所示。

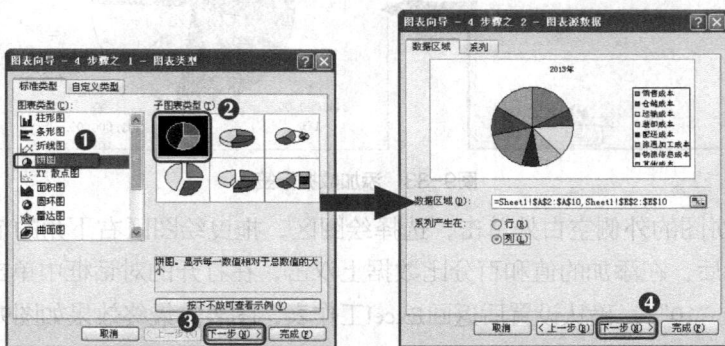

图9-30　选择图表类型并设置数据

STEP 3 在打开的对话框中输入标题后单击 下一步(N) 按钮，如图9-31所示。

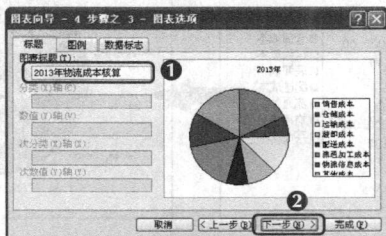

图9-31　输入图表标题

STEP 4 在打开的对话框中保持默认设置，然后单击 完成(F) 按钮完成设置，此时在Excel工作表中将自动插入一个标题为"2013年物流成本核算"的饼图，如图9-32所示。

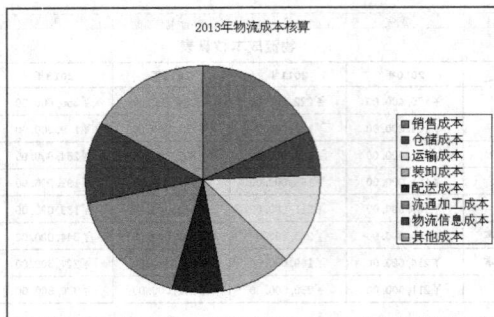

图9-32 插入图表

STEP 5 在饼图的数据系列上双击，打开"数据系列格式"对话框，单击"数据标志"选项卡，在"数据标签包括"栏中单击选中"值"和"百分比"复选框，确认设置后返回Excel工作表，此时饼图中每个数据系列代表的值和在总额中所占百分比都将显示在对应数据系列的旁边，如图9-33所示。

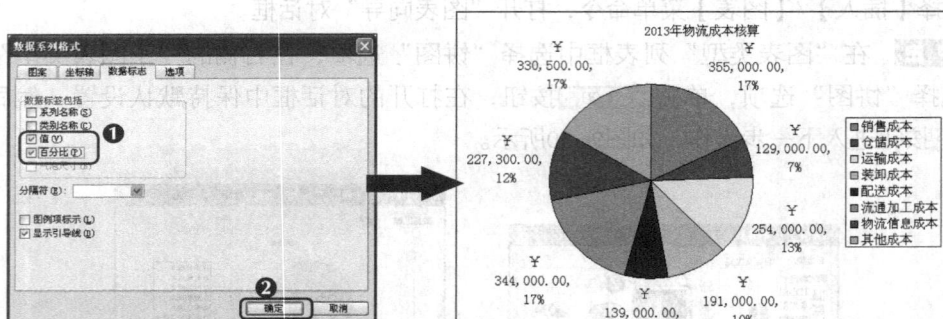

图9-33 添加数据标签

STEP 6 在饼图的外侧空白处单击，选择绘图区，拖曳绘图区右下角的节点调整饼图的大小，释放鼠标后，在添加的值和百分比数据上双击，在打开的对话框中单击"字体"选项卡，设置字号为"10"，确认设置后返回Excel工作表，图表的最终效果如图9-34所示。

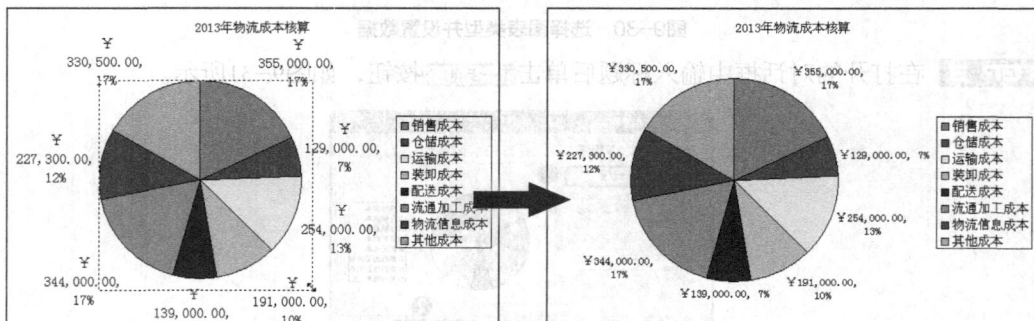

图9-34 调整饼图显示效果

STEP 7 分析图表中各项目成本在2013年总成本中的所占份额，并根据结果指定具体的降低成本计划。

3．更改数据源和图表类型

除了利用饼图单独分析核算年度成本外，还应该对近几年所有年度的成本进行综合计算，下面在已创建的饼图上更改数据源，核算其他年度的成本，其具体操作如下。

STEP 1 在创建的饼图上选择数据系列，单击鼠标右键，在弹出的快捷菜单中选择"源数据"命令，打开"源数据"对话框，删除"数据区域"文本框原有单元格地址，并在Excel中拖曳选择A2:F10单元格区域，然后单击 确定 按钮，如图9-35所示。

STEP 2 保持图表的选中状态，然后选择【图表】/【图表类型】菜单命令，打开"图表类型"对话框，在"图表类型"列表框中选择"柱形图"选项，在"子图表类型"列表框中选择"簇状柱形图"选项，然后单击 确定 按钮，如图9-36所示。

图9-35　更改数据源　　　　　　图9-36　更改图表类型

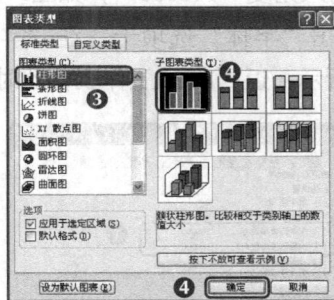

多学一招

选择全部年度的成本所在单元格区域后，原始图表的类型并不会发生变化，此时在"源数据"对话框中单击"系列"选项卡，在"系列"列表框中选择其他年度对应选项，如图9-37所示，此时"名称"、"值"、"分类标志"文本框中的引用单元格区域将自动变为所选年度成本所在单元格区域的地址，确认设置后返回Excel工作表，此时工作表中插入的图表也将自动进行更新。

图9-37　更改数据系列

STEP 3 返回Excel工作表，此时图表中的数据系列变为柱形图，拖曳调整绘图区，将图表中的数据系列适当放大，选择数据系列上的值标签，按【Delete】键将其删除，效果如图9-38所示。

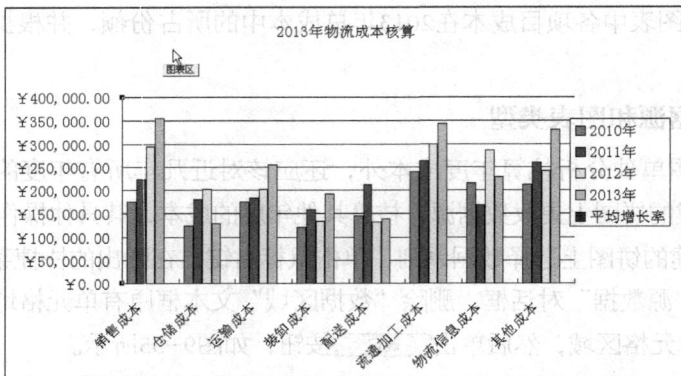

图9-38 调整图表格式和显示效果

STEP 4 在数值轴上双击，打开"坐标轴格式"对话框，单击"刻度"选项卡，在"自动设置"栏撤销选中"主要刻度单位"和"次要刻度单位"复选框，然后在"主要刻度单位"文本框中输入刻度"100000"，如图9-39所示。

STEP 5 单击"字体"选项卡，在"字号"列表框中选择"12"选项，单击 确定 按钮，如图9-40所示，返回Excel工作表，此时图表数值轴的格式发生变化。

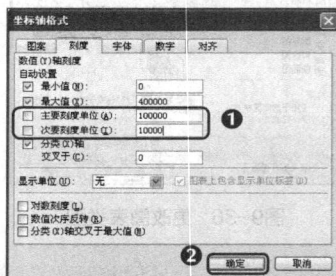

图9-39 设置数值轴刻度

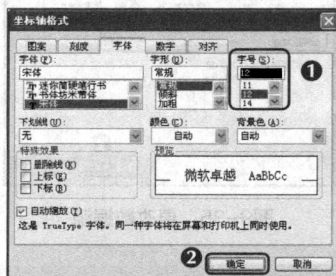

图9-40 设置数值轴字号

STEP 6 使用相同的方法将分类轴和图例中文本的字号都设置为"12"，然后将图表标题更改为"物流成本核算"，并打开"图表标题格式"对话框（在图表标题所在文本框的边框上双击），将其加粗显示，图表最终效果如图9-41所示。

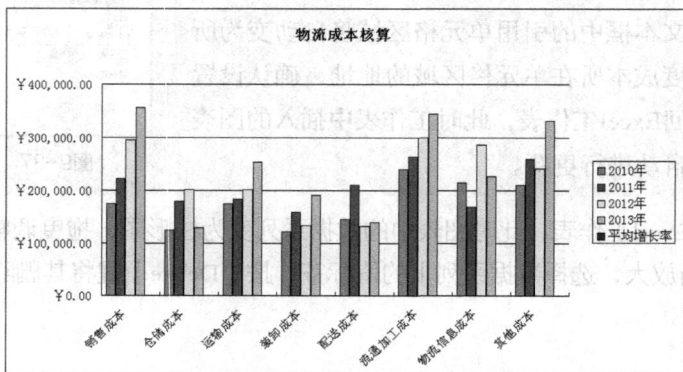

图9-41 设置图表格式后的效果

4．创建两轴线组合图

图表中"平均增长率"数据系列的数值太小，在图表中几乎没有显示，此时需要创建两轴线组合图来显示该数据系列，其具体操作如下。

STEP 1 选择图表，在"图表"工具栏的下拉列表框中选择"系列'平均增长率'"选项，选择平均增长率数据系列，如图9-42所示。

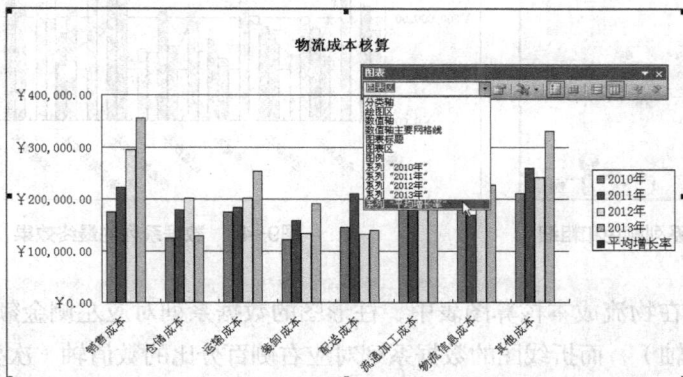

图9-42 选择"平均增长率"数据系列

STEP 2 选择【格式】/【数据系列】菜单命令，打开"数据系列格式"对话框，单击"坐标轴"选项卡，在"系列绘制在"栏中单击选中"次坐标轴"单选项，单击 确定 按钮，如图9-43所示。

STEP 3 返回Excel工作表，此时该数据系列将显示在原来的数据系列的最前方，其数据类型为柱形，保持该数据系列的选中状态，在"图表"工具栏中单击"图表类型"按钮右侧的下拉按钮，在打开的下拉菜单中选择"折线图"选项，如图9-44所示。

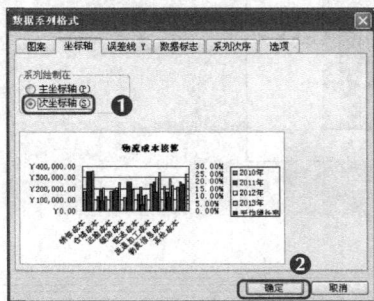

图9-43 设置次坐标轴

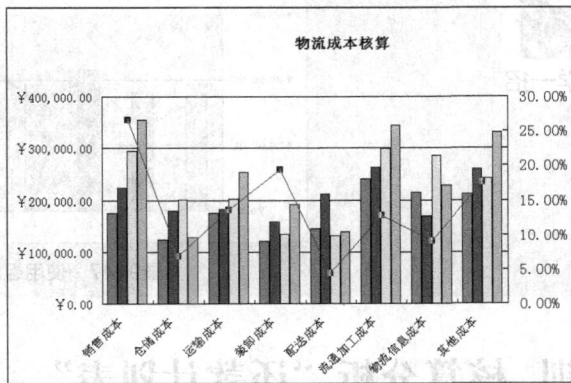

图9-44 更改数据系列的图表类型

STEP 4 在折线图系列上双击，打开"数据系列格式"对话框，单击"图案"选项卡，在"颜色"下拉列表框中选择"绿色"选项，在"粗细"下拉列表框中选择最后一个选项，单击 确定 按钮，如图9-45所示。

STEP 5 确认设置后返回Excel图表，此时"平均增长率"数据系列的折线图粗细发生变化，效果如图4-46所示。

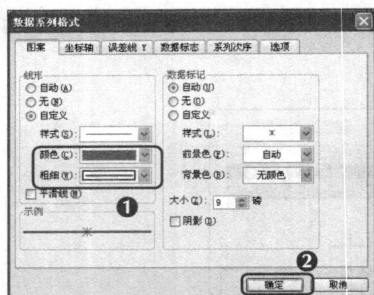

图9-45　设置数据系列颜色和粗细

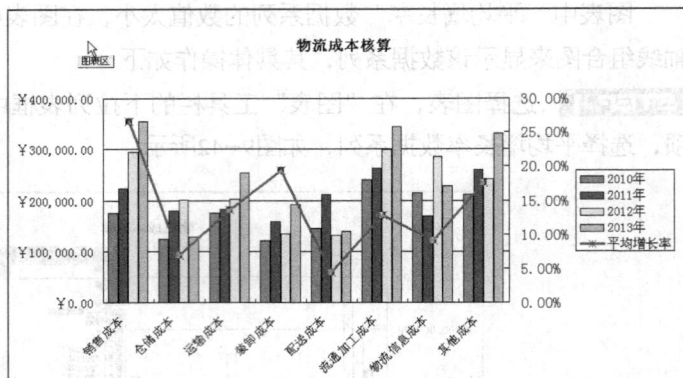

图9-46　数据系列的最终效果

　　　在物流成本核算图表中，柱形图的数据系列对应左侧金额的数值轴（主坐标轴），而折线图的数据系列对应右侧百分比的数值轴（次坐标轴）。

　　　除了可为数据系列使用两种图表类型外，在同一数值轴中也可以为不同的数据系列设置不同的图表类型（组合图）。方法为：选择数据系列，选择【图表】/【图表类型】菜单命令，在打开的对话框中设置，或直接在"图表"工具栏中单击右侧的下拉按钮，在打开的下拉菜单中选择需要的图表类型即可，完成后的效果如图9-47所示。

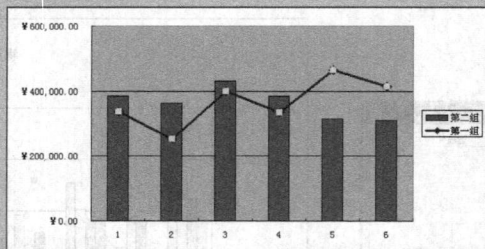

图9-47　使用组合图

实训　核算分析"还款计划表"

【实训目标】

　　下班前老张找到小白，要他统计最近几年银行的利率，并希望他能通过利率波动和当前年利率，核算出不同年利率下的年度还款金额。小白认为，除了核算出还款额外，还应该创建图表，对每种利率进行分析对比。

要完成本实训，需掌握函数和模拟运算表的使用方法。除此之外，还应熟练掌握图表的创建和美化操作。本实训的最终效果如图9-48所示。

素材所在位置　光盘:\素材文件\项目九\还款计划表.xls
效果所在位置　光盘:\效果文件\项目九\还款计划表.xls

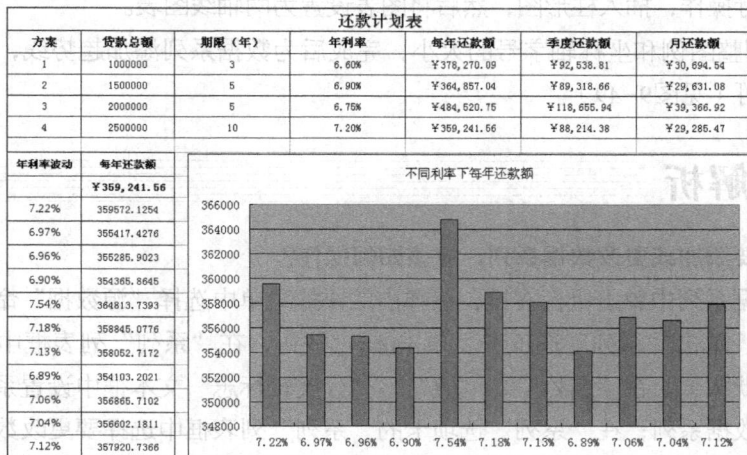

还款计划表

方案	贷款总额	期限（年）	年利率	每年还款额	季度还款额	月还款额
1	1000000	3	6.60%	￥378,270.09	￥92,538.81	￥30,694.54
2	1500000	5	6.90%	￥364,857.04	￥89,318.66	￥29,631.08
3	2000000	5	6.75%	￥484,520.75	￥118,655.94	￥39,366.92
4	2500000	10	7.20%	￥359,241.56	￥88,214.38	￥29,285.47

年利率波动	每年还款额
	￥359,241.56
7.22%	359572.1254
6.97%	355417.4276
6.96%	355285.9023
6.90%	354365.8645
7.54%	364813.7393
7.18%	358845.0776
7.13%	358052.7172
6.89%	354103.2021
7.06%	356865.7102
7.04%	356602.1811
7.12%	357920.7366

图9-48　"还款计划表"最终效果

【专业背景】

银行贷款的年利率并不固定，人民银行会根据整体存贷情况进行不定期调整。其中短期贷款6个月以内（含6个月）5.85%；6个月至1年（含1年）6.31%；中长期贷款1~3年（含3年）6.40%；3~5年（含5年）6.65%；5年以上6.80%。在对还款金额进行核算时，应充分考虑不同利率下的还款金额，以实现利益最大化。

【实训思路】

完成本实训需要重点掌握创建和美化图表的具体操作方法，除此之外，还应掌握PMT函数和模拟运算表的使用，其操作思路如图9-49所示。

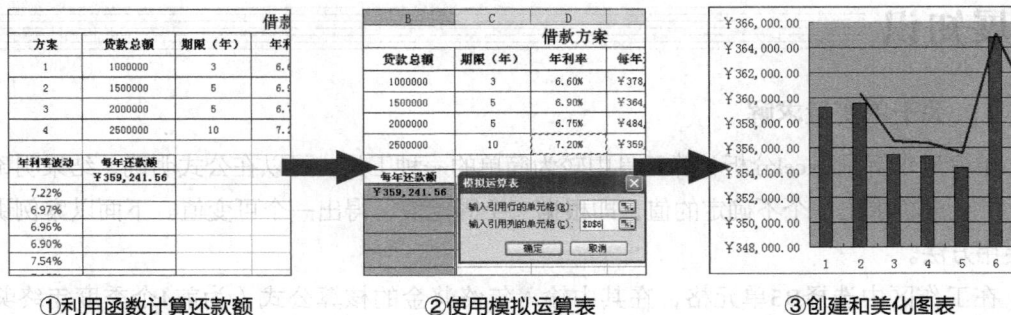

①利用函数计算还款额　　　②使用模拟运算表　　　③创建和美化图表

图9-49　制作"还款计划表"的思路

【步骤提示】

STEP 1　打开"还款计划表.xls"工作簿，选择B9单元格，在编辑栏中定位光标插入点，然后输入函数"=PMT(D6,C6,-B6)",计算函数结果,设置该单元格格式为"宋体、10、加粗"。

STEP 2 选择A9:B20单元格区域,选择【数据】/【模拟运算表】菜单命令,打开"模拟运算表"对话框,在"输入引用列的单元格"文本框中引用D6单元格数据,确认设置,B9:B20单元格中将自动产生数据。

STEP 3 保持单元格区域的选中状态,选择【插入】/【图表】菜单命令,在打开的对话框中按提示进行操作,插入柱形图,然后将图表设置为两轴线图表。

STEP 4 调整图例和坐标轴字号的大小,完成后为数据系列添加趋势线,然后保存对工作簿的修改即可(见图9-49)。

常见疑难解析

问:如果要添加或更改数据系列,应该如何操作?

答:在数据系列中单击鼠标右键,在弹出的快捷菜单中选择"源数据"命令,打开"源数据"对话框,单击"系列"选项卡,单击 添加(A) 按钮,在"系列"列表框中将自动添加一个系列名称(默认),在"名称"、"值"、"分类轴标志"文本框中设置系列对应的参数后,即可添加数据系列;在"系列"选项卡的"系列"列表框中选择要更改数据系列对应的选项,然后在对应的文本框中即可更改数据系列内容。

问:不小心将图例删除,如何才能将其显示出来?

答:选择【图表】/【图表选项】菜单命令,打开"图表选项"对话框,单击"图例"选项卡,然后单击选中"显示图例"复选框,确认设置后即可在图表中显示图例。除此之外,还可在该选项卡的"位置"栏中,通过单击选中对应的单选项,设置图例在图表中的位置。

问:有时饼图中的系列都是分开的,对数据有什么影响吗?

答:在饼图中,如果数据系列是分开的,创建的饼图则可能为分离型的饼图。而一般的饼图也可以通过拖曳分离数据系列。方法为选择饼图的任意数据系列,按住鼠标左键不放向外拖曳,到一定位置后释放鼠标,所有数据系列都将被分离。

拓展知识

1.关于单变量求解

单变量求解是Excel分析计算工具中较为简单的一种工具,可以在公式明确、结果明确的条件下,分析求出一个不确定的值,即根据一个固定值,得出一个可变值。下面以案例讲解其使用方法。

在工作区中选择B5单元格,在其中输入年终奖金的核算公式(为前4个季度年终奖金的10%)。由于第4季度的奖金未知,是一个可变量。保持B5单元格的选中状态,选择【工具】/【单变量求解】菜单命令,打开"单变量求解"对话框,在"目标单元格"中输入"B5",在"目标值"文本框中输入"15000",将光标插入点定位到"可变单元格"文本框，然后在工作区中单击B4单元格，单击 确定 按钮确认设置，返回工作表后，B4单元格中将自动获取第4季度的奖金。该操作的目的在于以固定金额年终奖金，获取可变金额第4季度的值，如图9-50所示。

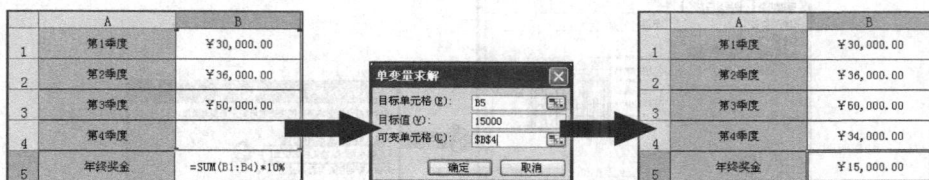

图9-50　使用单变量求解

2．使用趋势线

在图表中添加趋势线可直观地查看数据系列的发展趋势，但并不是所有类型的图表都能添加趋势线，即便是同类型的图表，也只有二维图表才能添加，三维图表则无法使用，如柱形图中的二维柱形图能添加趋势线，而三维柱形图则无法添加。

在图表中的数据系列上单击鼠标右键，在弹出的快捷菜单中选择"添加趋势线"命令，打开"添加趋势线"对话框，在"趋势预测/回归分析类型"栏中选择"线性"选项，确认设置后返回Excel图表，此时图表的数据系列上方即可添加一条趋势线，如图9-51所示。利用趋势线分析数据系列可知，在线性水平增长的趋势下，2011年并未达到增长标准，而2012年和2013年的利润增长都在线性增长趋势之上。

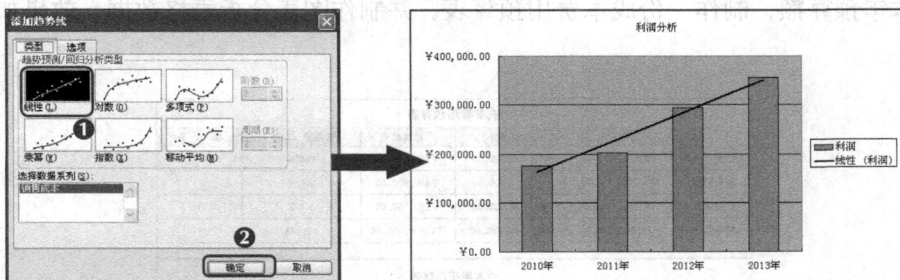

图9-51　添加趋势线

3．将图表另存为模板

制作一个完整、美观的图表需要花费较多的时间和精力。Excel图表和工作簿一样，都可以保存为模板文件，所以可通过将图表另存为模板的操作，在以后的工作中调用图表模板。

方法为：选择制作好的图表，然后选择【图表】/【图表类型】菜单命令，打开"图表类型"对话框，单击"自定义类型"选项卡，单击选中"自定义"单选项，单击 添加(A)… 按钮，打开"添加自定义图表类型"对话框，在"名称"文本框中输入图表模板的名称，完成后单击 确定 按钮返回"图表类型"对话框，在"图表类型"列表框中即可查看添加的图表模板，如图9-52所示。

应用图表模板时，只需选择图表系列，然后打开"图表类型"对话框的"自定义类型"

选项卡，单击"自定义"单选项，在"图表类型"列表框中选择对应的图表模板选项，确认
设置即可。

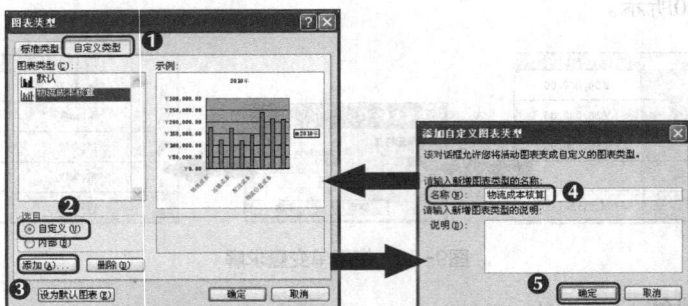

图9-52 将图表保存为模板

课后练习

效果所在位置 光盘:\效果文件\项目九\成本费用预算表.xls

　　根据公司情况，统计公司主营业务收入、销售费用、管理费用、财务费用等上一年实际
数额和本年预算额，制作一份成本费用预算表，并制作图表分析表格数据，效果如图9-53
所示。

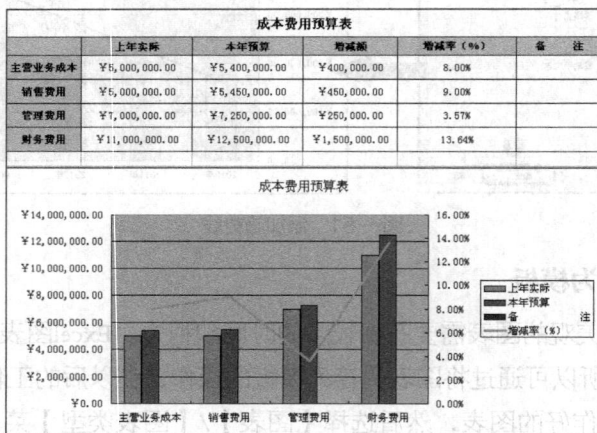

成本费用预算表					
	上年实际	本年预算	增减额	增减率（%）	备　注
主营业务成本	￥5,000,000.00	￥5,400,000.00	￥400,000.00	8.00%	
销售费用	￥5,000,000.00	￥5,450,000.00	￥450,000.00	9.00%	
管理费用	￥7,000,000.00	￥7,250,000.00	￥250,000.00	3.57%	
财务费用	￥11,000,000.00	￥12,500,000.00	￥1,500,000.00	13.64%	

图9-53 "成本费用预算表"最终效果

附录 Excel物流应用表格模板查询

为了有效地帮助物流管理工作人员开展工作，提高工作执行力，编者对物流应用相关的各个工作环节进行了重新梳理，并在本书配套光盘中的"模板库"文件夹中提供了大量的表单、制度、细节和方案等模板，包括"物流工作管理与计划模板"、"采购管理模板"、"仓储管理模板"、"运输管理模板"、"配送中心管理模板"、"国际货运管理模板"、"客户服务管理模板"、"物流人员管理模板"和"物流成本管理模板"等。使用模板时，读者可根据实际情况和工作的具体要求对其进行修改和套用，以能提高实际工作效率。

以下为"模板库"中的模板查询索引，供大家查询使用，具体内容请参见光盘。

一、物流工作管理与计划模板

1. 物流部门工作综合测量表.xls
2. 物流项目进展表.xls
3. 物流业务任务计划表.xls
4. 物流业务质量跟踪表.xls
5. 物流业务考核表.xls
6. 物流业务订单统计表.xls
7. 物流业务订单跟踪表.xls
8. 物流订单汇总表.xls
9. 物流行业业务调查表.xls

二、采购管理模板

10. 供应商比价表.xls
11. 报价单.xls
12. 采购付款结算单.xls
13. 采购计划表.xls
14. 采购计划调整表.xls
15. 采购记录表.xls
16. 采购申请表.xls
17. 采购授权表.xls
18. 采购统计表.xls
19. 采购需求统计表.xls
20. 采购询价单.xls

21. 产品订货单.xls
22. 分散采购统计表.xls
23. 价格谈判记录表.xls
24. 请购物品登记表（一）.xls
25. 请购物品登记表（二）.xls
26. 物流采购汇总表.xls
27. 供应商资料卡.xls
28. 采购验收异常处理表.xls

三、仓储管理模板

29. 仓库结存日报表.xls
30. 仓库盘点记录表.xls
31. 货物仓储管理表.xls
32. 货物出库单.xls
33. 货物出库登记表.xls
34. 货物入库单.xls
35. 货物处置表.xls
36. 进货销货通知.xls
37. 库存报表.xls
38. 库存供需分析表.xls
39. 库存账面对照表.xls
40. 内部调货单.xls
41. 企业进料对账表.xls
42. 入库汇总表（季度）.xls
43. 收货单.xls
44. 盘点调节表.xls
45. 盘点汇总表.xls
46. 补货申请表.xls
47. 仓库验收单.xls
48. 仓库出（入）库日报表.xls

收货单

类别			申请号码	厂商名称		约交日期	收货日期		统一发票号码	
□材料 □半成品 □成品										
项次	订单号码	品名规格	材料编号	申请数量	单位	实收		单价	金额	累计数量
						数量	件数			

四、运输管理模板

49. 车辆保养维修记录表.xls
50. 车辆调度登记表.xls
51. 车辆使用申请表.xls
52. 车辆事故报告表.xls
53. 货物运输单.xls
54. 货物运输通知单.xls
55. 货物运输一览表.xls
56. 货物运输月报表.xls
57. 交运物品清单.xls
58. 运输合同台账.xls

车辆事故报告表

日期：

事故发生时间	____年____月____日____时____分				
事故发生地点					
事故发生车辆牌号					
事故发生种类	1. 人车相撞（□轻伤 □住院 □重伤 □病危 □死亡） 2. 车辆本身（□颠覆 □冲撞 □冲出路外 □零件损坏 □其他） 3. 车辆间相撞（□擦撞 □追撞 □冲撞 □其他）				
事故发生车辆情况					
驾驶员姓名					
车辆同行人员			见证人		
当事人		对方			
姓名		个人		车辆	
所属部门		姓名		司机姓名	
车种及年份		个人住址		公司名称	
证件号码		证件号码		联系方式	
驾照号码		联系方式		车种及年份	
保险公司		个人情况说明		车牌号码	
保险单号				驾照号码	
损失金额明细				损失金额	
备　注					

五、配送中心管理模板

货物调运单

编号:				日期:		
收货人		电话		地址		
运输方式		承运人		车号		
调货单号		发货时间		到货时间		
货物信息						
名称	编号	规格	单位	数量	金额	备注

填表:　　　　发货人:　　　　审核:

六、国际货运管理模板

货物免征税证明

申请单位					项目名称		
发证日期					有效期		
到货口岸					合同号		
序号	商品名称	规格型号	数量	单位	金额	币制	主管海关审批免意见
1							
2							
3							
4							
5							
备注							

注意事项	审批海关签章	核放海关批注
1.本表使用一次有效。如同一合同货物分口岸进口,应分别填写。一份合同内货物分期到货,应向审批海关申明,并按到货期分别填写本单。 2.本表中的"项目名称"栏应按减免税项目填写,如技术改造、世行贷款等。 3.货物进口时应向海关交验本表单,复印件无效。 4.自签发之日起半年内有效,逾期应向原审批海关申请延期或退单。 5.经批准进口的货物如拟作他用、转让或出售,原申请免税单位应事先报请原批准海关核准,并应依法补税,否则,海关将依法处理	负责人:　　　 日期:	负责人:　　　 日期:

七、客户服务管理模板

八、物流人员管理模板

个人绩效考核表

姓名：		公司：		考核时期：	
考核项目	个人成绩情况			考核情况	
	时间	事迹	获奖		
工作能力					
团队能力					
加薪能力					

备注：希望每位员工实事求是地进行填写工作，经查证与事实不符者，将予以重处。

九、物流成本管理模板

费用统计表

	类别	第一季度		第二季度		第三季度		第四季度	
		人数	金额	人数	金额	人数	金额	人数	金额
人工费用	管理人员								
	主管人员								
	一般员工								
	合计								
	费用类别	说明	金额	说明	金额	说明	金额	说明	金额
其他费用	销售费用								
	仓储费用								
	设备折旧								
	管理费用								
	维修费用								
	运输费用								
	风险赔偿费用								
	配送费用								
	信息管理费用								
	其他								
合计									